베테랑 직장인의 —— 충고

베테랑 직장인의 충고

먹어라
그렇지
않으면
먹힌다

필 포터 지음 ― 최인자 옮김

굿모닝미디어

당신이 어린아이였을 때 당신은 어떤 놀이를 즐겼는가? 먼저 그 놀이가 어떤 것이었는지 생각해보도록 하자. 고지 빼앗기 놀이? 땅 따먹기 놀이? 당신이 즐겼던 놀이가 어떤 것이었든지 간에 규칙은 아주 간단하다. 다른 아이들을 밀어내고 그 자리를 차지한다. 그리고 다시 그 자리를 빼앗으려는 아이들의 공격에 맞서서 자리를 지키는 것!

회사라는 조직으로 눈길을 돌리자. 회사에서 영향력이 있는 자리에 앉아 있는 사람들은 고지를 차지하고 있는 왕이라고 할 수 있다. 그와 동시에 그들은 자신이 차지하고 있는 고지를 사수하고 더욱 큰 고지를 점령하기 위해서 부단히 노력하는 사람들이다. 나는 이 책을 통해 고지에 오르기 위한 규칙과 기술 그리고 고지를 사수하는 방법에 대해서 제시할 것이다. 사실 거대한 조직에서는 더 높은 자리에 올라갈수록 직업의 기술적인 측면을 위해 소비할 시간은 적어지는 반면에 정복과 살아남기, 다시 말하자면 앞으로 이 책에서 다룰 내용들을 위해 더욱 많은 시간을 소비하게 되는 법이다.

이 책은 만약 당신이 고위 간부라면 하위 직원들을 한낱 고깃덩어리로 바꾸는 방법에 대해 제시하고 있다. 물론 당신이 하위 직원이라면 오늘 저녁 식탁에 고기 요리가 되어서 올라갈 운명으로부터 벗어나는 방법을 담고 있다. 그렇다! 현실 세계는 허황된 덕담이나 늘어놓는 그런 공간이 아니다. 오직 냉정한 사실들만이 존재하는 무자비한 공간이다.

이 책을 통해 당신은 새로운 사실들을 알게 될 것이다. 그리고 커다란 충격을 받게 될 것이다. 어쩌면 전율스러운 공포를 느낄지도 모른다. 현실 세계는 결코 아름다운 환상이 아니기 때문이다. 우선 여유를 갖고 시간을 내도록 해라. 이 책을 구입하는 일에 돈을 지불했다면, 당신은 아주 가치 있게 돈을 쓴 것이다. 먼저 이 책을 두 번 읽어라. 그리고 남은 여생 동안 해마다 한 번씩 다시 읽도록 하라. 내세가 어떨 것인지 알고 있는 사람이라면 이 책을 무덤까지 갖고 가도록 하라.

먹느냐! 먹히느냐!

이것은 지난 30년 동안 회사라는 조직 생활을 경험한 끝에 나온 명제라고 할 수 있다. 각각의 전술을 따로따로 다루고 있는 까닭에 마치 내가 직업 전선에서 거의 수백 번이나 멋진 승리를 거둔 것처럼 보일 것이다. 하지만 회사의 경영전략가(Master Corporate Politician: 이 책에서 반복해서 나타나는 이 명칭은 '사내정치가'로 볼 수도 있다 —옮긴이)들은 한 번에 한 개 이상의 전술을 하위 직원들에게 사용한다. 그 중에서 특히 뛰어난 경영전략가들은 동시에 열 개 이상의 전술을 다양한 방법으로 활용하기도 한다. 사실 나는 지금까지 수많은 전술을 경험했으며, 사격장에 매달린 표적만큼이나 수많은 총상을 입었다.

이 책의 목적은 오직 두 가지뿐이다. 먹느냐! 먹히느냐!

이 책은 회사의 경영전략가들이 도대체 어떤 방법으로 당신의 의욕을 고취시키고 성공으로 이끄는지에 대해서 더욱 많은 사실들을 알려주기 위해 기획되었다. 만약 당신이 햄버거 빵 사이에 들어가는 고깃덩어리 이상의 존재가 되려고 하는 목표를 갖고 있다면, 이 책은 당신에게 있어서 거의 성경만큼이나 소중한 안내서가 될 것이다.

먹느냐! 먹히느냐!

만약 당신이 회사를 운영하는 경영전략가가 되려는 목표를 가지고 있다면 반드시 이 책은 당신에게 커다란 도움이 될 것이다. 나도 그중의 한 명이니까 말이다. 그래서 나는 나와 같은 사람들이 더욱 많이 생기도록 도와주고 싶다. 회사의 경영전략가들은 회사라는 정글을 다스리는 사람들이다. 당신이 그들 가운데 한 명이 되고 싶다면 이 책은 금광을 발견한 것 같은 엄청난 기쁨을 선사할 것이다. 그리고 이 금광을 가득 채우고 있는 수많은 금괴들은 냉혹한 정글에서 살아남는 방법과 정복하는 방법을 제시할 것이다.

먹느냐! 먹히느냐!

이 책에서 다루고 있는 백여 개가 넘는 다양한 전술들은 이 지구상에서 가장 영리한 남자들과 여자들이 즐겨 사용했던 방법들이다. 그중에서 어떤 방법들은 다양한 각도에서 여러 번이나 시도된 적이 있는 아주 중요한 것들이다. 이 책은 지금까지 입에서 입으로 전해 내려온 혹은 글자로 남아 있는 거의 모든 규칙들을 다루고 있다. 거의 모든 상황에 대해 적용할 수 있는 포괄적인 방법들도 다루고 있다. 또한 실패가 거의 확실하게 되었을 때, 당신이 해야 할 일들도 포함되어 있다. 그리고 당신의 상사에게 대응하는 방법들도 빠뜨리지 않았다.

우리는 실질적으로 실패를 만회하는 방법, 고용인들을 조종하는 방법, 회사의 성장을 이끄는 방법 그리고 약간의 부정한 책략들도 깊이 있게 다루었다.

냉혹한 현실 세계에서 경영이란 한마디로 '먹느냐, 먹히느냐'라는 말로 정의될 수 있다. 짓이길 것이냐? 짓이김을 당할 것이냐? 당신은 얼마든지 훌륭한 요리사가 될 수 있다. 하지만 그와 반대로 고깃덩어리 신세로 전락할 수도 있다. 이 책을 읽고 냉혹한 세상의 승자가 되어라. 이 책을 읽고 반드시 성공을 거두어라.

차례

회사,
여기는 정글이다

이런 책은 어떻게 시작하는 것이 좋을까? 여러 개의 대안이 있었지만 나는 가장 단순한 것부터 먼저 시작하기로 했다. 일반적인 내용들부터 하나씩 짚고 넘어갈 것이다. 사실 이 책은 뒤로 갈수록 점점 더 세밀하고 교활한 방법을 제시하고 있다. 마지막 장들에서 나는 직장이라는 고깃덩어리 속으로 파고들어가, 경영전략가들이 사람들을 제거하는 방법에 대해서 상세히 적어놓았다. 일반적인 내용들을 앞에 놓는 것이 가장 좋은 이유는, 그렇게 해야만 그것을 바탕으로 뒤의 이야기들을 보다 차근차근 풀어나갈 수 있기 때문이다.

당신은 앞장에서 설명하는 것보다 점점 더 정교한 책략들, 점점 더 복잡한 내용들을 접하기 전에, 먼저 가장 상투적인 전술들을 알고 있어야만 한다. 그러므로 제1장에 실린 이야기들은 지난 몇 년 동안 직장이라는 도랑에 빠져 있던 사람이라면 약간 단조롭게 들릴지도 모른다. 그러나 만약 당신이 경영전략가들의 관심을 끌기 위해 바쁘게 움직이는 사람이라면 상당히 도움이 될 것이다.

회사 일로 너무나 바쁘기 때문에 책 따위는 읽을 시간이 없다는 말은 하지 마라. 회사의 경영전략가들의 조직적인 방법들, 옷차림, 문제를 해결하기 위한 접근법들에 주목하라. 그리고 기억하라. 그들이 바로 당신의 등급을 매기고, 진급을 시키고 또한 분쇄기로 보낼 수 있는 사람이라는 것을……. 그들에 대해서 공부하고 가장 기본적인 것부터 배우도록 하라.

제1법칙 첫째도 인맥, 둘째도 인맥이다

나는 50%의 효율성을 발휘해서 100%의 충성심을 얻는다.

_사무엘 골드윈(1882~1974)

한 번이라도 생계를 위해서 일을 한 적이 있는 사람이라면 생존의 제1법칙이 '무엇을 아느냐가 중요한 게 아니라, 누구를 아느냐가 중요하다"라는 주장에 동감할 것이다. 이것은 당신이 마음속 깊이 명심하고 이용해야 할 인생의 불문율 가운데 하나라고 할 수 있다. 성실한 직원이 되는 것만으로는 충분하지 않다. 당신도 이미 잘 알고 있을 것이다. 단지 사장이나 뭐 그렇고 그런 자리에 앉아 있는 사람과 친분이 있다는 이유 하나만으로 당신의 윗자리를 차지하고 앉아 있는 한낱 쓰레기 같은 인간들이 얼마나 많은지! 대부분의 사람들은 벌써 그런 경험을 하고 있을 것이다. 아니, 전부라고 해도 과언이 아니다.

왜 이런 일이 일어나는가? 보통 우리는 자기 마음에 드는 사람들을 곁에 두고 싶어하는 습성이 있다. 자기와 비슷하게 생각하는 사람을 좋아하고 자기를 좋아하는 사람을 좋아한다. '우리와 한 팀'에 속하는 사람을 더욱 신뢰하는 것이다. 나의 경우만 보더라도 얼마든지 수긍이 갈 것이다. 설령 물 위를 걸을 수 있는 만능 인간이라고 하더라도 내가 믿을 수 없는 사람보다는 좀 무능력하더라도 충성스러운 사람과 함께 일하는 편이 훨씬 더 좋다. 당신은 그렇지 않은가?

그렇다면 이런 사실을 어떻게 이용할 수 있을까? 잠시 동안만이라도 생각을 해본다면, 방금 전에 들은 이야기가 당신의 경우에도 고스란히 적용된다는 사실을 곧 깨닫게 될 것이다. 당신의 상사, 그리고 더욱 높은 자리에 있는 상사라고 하더라도 사정은 조금도 변하지 않는다. 당신은 상사와 한 팀이 되어야만 한다. 당신의 상사가 하느님 할아버지의 직계 후손이며 절대로 실수 따위를 하지 않는 전지전능한 인간이라고 굳게 믿어야만 한다. 설사 상사의 판단이 틀렸다고 해도 당신은 상사를 전폭적으로 지지해야만 한다.

만약 정말로 상사가 틀렸다고 생각한다면 조심스럽게 조언을 할 수는 있다. 하지만 그래도 여전히 상사의 편을 들어라. 만약 상사가 한심하고 멍청한 짓을 하라고 명령하면, 먼저 당신 생각에 그것은 잘못된 판단인 것 같다고 신중하게 충고를 한 후에 그가 알아듣도록 차근차근 설명을 하라. 하지만 그래도 고집을 부린다면 상사가 시키는 대로 순순히 복종하라.

상사가 골프를 좋아하는가? 그렇다면 당신도 골프를 쳐라. 골프에 전혀 소질이 없다면 따로 교습을 받고 상사에게 한 수 가르쳐달라고 부탁해라. 상사가 포커 게임을 좋아하는가? 그렇다면 함께 모여서 포커 게임을 즐겨라. 상사가 하는 것은 무엇이든지 당신도 해야만 한다. 상사의 복제 인간이 되어라. 어떤 경우라도 당신은 상사를 최고로 생각한다는 사실을 상사에게 알려주어라. 상사는 차츰차츰 당신을 좋아하게 될 것이다. 그리고 당신과 상사가 잘 어울리는 한 팀이라고 생각하게 될 것이다.

'한 팀이 된다는 것'은 아주 어려운 일이다. 나는 골프라면 딱 질색이지만, 그래도 골프를 쳤다. 나는 포커 게임이라면 넌더리가 날 지경이었다. 항상 돈을 잃었기 때문이었다. 하지만 그래도 포커 게임을 했다. 그리고 상사의 관심을 끌었으며, 마침내 상사와 한 팀이 되었다.

이 점을 명심하라. 내 말대로 하면 당신도 상사와 한 팀이 될 수 있다. 상사와 더불어 당신의 직위도 점차 올라갈 것이다.

힘을 낭비하지 마라

> 인간은 도구를 사용하는 동물이다. 도구가 없으면 인간은 아무것도 아니지만, 도구만 있으면 전지전능한 존재인 것이다.
>
> _토머스 칼라일(1795~1881)

'말 한 마리 마을'이라는 말을 들어본 적이 있는가? 그 말의 정확한 뜻은 나도 모른다. 하지만 주유소 하나와 버스 정류장 하나만 달랑 있는 작은 외딴 마을을 표현할 때 흔히 쓰는 말이라고 들었다. 단지 몇 개의 전술밖에 사용할 줄 모르는 전문 경영인은 '말 한 마리 중역'이라고 이름붙일 수 있을 것이다. 만약 당신이 단 한 가지의 전술만을 남용한다면, 그것은 더 이상 전술이라고 할 수도 없다. 이 책은 당신에게 백여 가지의 전술과 방법을 가르쳐줄 것이다. 다양한 전술들을 모두 다 사용하도록 해라!

음식과 연관지어서 생각해보도록 하자. 나는 찬밥을 싫어한다. 나의 아내도 역시 찬밥을 싫어한다. 내 아이들도 마찬가지라고 할 수 있다.

아마 당신도 분명히 싫어할 것이다. 그런데 찬밥이란 무엇인가? 한 번 먹다 남은 음식물이다.

아무리 탁월한 전술이라고 해도 자꾸만 되풀이해서 사용하다 보면 찬밥 신세가 된다. 어떤 식으로 이 문제를 해결하면 좋을까? 우리 가족이 찬밥을 처리하는 것과 똑같은 방법을 사용해보라. 온갖 다른 재료들을 몽땅 집어넣고 마구 볶은 후에 다시 내어놓는 것이다. 그렇게 하면 전혀 찬밥처럼 보이지 않는다. 때로는 처음보다 훨씬 더 근사한 요리가 되기도 한다.

찬밥 이야기가 주는 교훈은 무엇인가? 다양한 전술들을 적절히 섞어서 사용하라는 것이다. 식사 때마다 매번 삶은 콩 요리를 먹고 싶은가? 하루에 세 번씩 다른 음식이라고는 전혀 없이 삶은 콩 요리만 매일 먹는다면 당신은 어떤 기분이 들 것인가? 아마도 머리가 터질 것이다. 전술도 역시 마찬가지라고 할 수 있다. 전술을 사용하기 전에 먼저 머릿속으로 세밀한 계획을 세우고 다양한 변화를 주어야만 한다. 자전거를 타는 방법을 배울 때처럼 꾸준히 연습을 하는 것이 좋다. 그렇게 해야만 기민하고 능수능란한 전술 전문가가 될 수 있는 것이다.

M-16 소총 한 정만 달랑 들고 전쟁터로 나가는 병사도 물론 훌륭한 전쟁 도구가 될 수 있다. 하지만 거기에다 최루탄과 로켓포, 기관

총, 박격포 등의 무기를 덧붙인다면 그 병사는 천하무적이 될 것이다. 전술은 도구이다. 더욱 많은 도구를 개발하고 사용할수록 당신은 더욱 커다란 효과를 거둘 수 있다.

다양한 전술을 구사하라!

사교적인 인간이 되어라

> 인생을 살아가는 동안 계속해서 새로운 친분을 맺지 못한다면, 조만간 홀로 남은 자신을 발견하게 될 것입니다. 인간이란 끊임없이 새로운 우정을 가꾸어 나가야만 합니다.
>
> _사무엘 존슨(1709~1784)

당신은 경영전략가들이 어떤 식으로 만들어지는지 생각해본 적이 있는가? 도대체 당신이 모시고 있는 상사의 상사는 당신 윗자리에 채워넣을 사람을 어디에서 찾아내는 것일까?

당신에게 엄청난 비밀 한 가지를 알려주겠다. 당신의 상사는 자신이 친하게 지내는 사람들 중에서 자신과 함께 일할 사람을 발견한다. 그들이 당신의 상사를 찾아가고 그의 친구가 되었기 때문에 당신의 상사는 그들을 고용하는 것이다. 그들이 서로 만나는 곳은 골프 클럽이나 지역 사교클럽, 라이온스 클럽, 자선 단체를 비롯해서 어디든지 될 수 있다. 당신의 상사가 일을 하지 않을 때 찾아가는 곳, 그들은 바로 그곳에서 만난다.

그렇다면 장차 경영전략가가 되려고 하는 당신에게 이것은 무슨 의미가 있는가? 언제인가 당신도 직업을 바꾸어야만 하거나 혹은 바꿀 수 있는 위치에 서게 될 것이다. 만약 그런 순간이 닥쳤을 때, 저 밖에 무엇이 있으며 누가 있는지 어떻게 알 수 있겠는가? 다양한 종류의 사교 클럽과 단체에 가입해서 수많은 사람들을 만나도록 하라. 그렇게 하면 당신에게 도움이 필요할 때, 수많은 사람들이 기꺼이 손길을 내밀 것이다. 경영전략가들은 마치 흡혈귀처럼 자신들을 받아들이는 곳이라면 어디든지 파고든다. 그들은 세상 모든 사람들과 친분을 맺는다. 그리고 다른 사람들도 그들을 좋아한다. 그곳에서는 함께 일할 필요가 없기 때문에 가까운 사이가 되기란 아주 쉽다.

경영전략가들은 친구의 자식들을 고용하며, 골프를 치는 상대방의 사위를 진급시킨다. 장차 자신에게 도움이 될 수 있을 만한 다른 모든 경영전략가들을 위해서도 똑같은 일을 기꺼이 해주는 것이다. 경영전략가 자신이 정작 직장이 필요한 신세가 되었을 때, 그의 은행 계좌에는 이미 그에게 호의를 빚진 사람들의 명단이 두둑이 쌓여 있다. 그러므로 대개는 현금을 꺼내서 쓰는 일에 아무런 문제가 없는 것이다. 모든 일이 이런 식으로 움직이는 것이다.

도저히 내 말을 믿을 수 없는가? 그것은 엄연한 사실이다. 한때 내가 몸담았던 직장의 도급 계약직 관리부의 부장이었던 사람은 부사장과 경영 이사가 직접 고용을 했는데, 그 이유는 순전히 자선 단체에서 서로를 알게 되었기 때문이었다. 또한 내가 다녔던 어떤 직장의 자재부 이사는 물품 담당 부사장이 고용을 했는데, 그들은 시민 단체에서 만난 사이였다. 나 또한 어떤 사람을 고용한 적이 있는데, 그 이유는 인력 관리부 이사가 나에게 부탁을 했기 때문이었다. 그 이사와 새로 고용한 사람은 이웃지간이었다. 물론 그 이사는 나에게 빚을 졌고, 나는 그 사실을 나의 계좌에 잘 기록해놓은 것이다. 이것이 현실이다.

이런 깨달음을 어떻게 적용할 것인가? 밤마다, 주말마다, 시간이 날 때마다 다른 사람들과 어울려라. 어떤 모임이든지간에 상관없다. 무조건 가입하고 적극적으로 동참하라.

날마다 기록하라

> 희미한 잉크가 뛰어난 기억력보다 더 낫다.
> _중국 속담

당신이 반드시 알아야만 하고 이해해야만 할 첫 번째 사실은, 회사란 비정한 정글과도 같다는 것이다. 정글 속에는 당신을 잡아먹고 싶어서 안달하는 무시무시한 짐승들이 우글거린다. 회사도 역시 마찬가지라고 할 수 있다. 경영전략가들은 거짓말을 잔뜩 늘어놓고 자신의 잘못을 교묘히 회피하면서 당신을 덫에 걸린 생쥐처럼 궁지로 몰아갈 것이다. 이 게임은 생존 게임이다. 만약 자신이 살아남기 위해 당신을 죽여야만 한다면, 그들은 기꺼이 그렇게 할 것이다.

어떤 식으로 자기 자신을 보호할 것인가? 날마다 모든 대화를 낱낱이 기록하고 편지, 팩스, 문서, 전보를 비롯해서 당신의 장래에 도움이 될만한 것이라면 무엇이든지 보관하고 간직하라. 존 딘을 기억하는가?

그는 자신의 기억력과 기록 덕분에 겨우 목숨을 건질 수 있었다. 닉슨 테이프는 그가 말한 모든 것들을 확인시켜주었다. 그렇기 때문에 단두대로 끌려가서 목이 댕강 잘리는 신세를 피할 수 있었던 것이다.

일기장이란 무엇인가? 그것은 일정한 페이지 분량의 종이를 묶어놓은 책이다. 당신이 원하는 것은 무엇이든지 일기장에 적을 수 있다. 대부분의 일기장은 두꺼운 표지가 있으며, 페이지마다 고유 번호가 적혀 있다. 그것은 나중에 새로운 기록을 덧붙이거나 빼는 비윤리적인 행위를 사전에 방지하기 위한 방법이다. 만약 어떤 주제에 대해서 서류를 작성하게 되었다면, 당신의 일기장에 서류의 번호와 그 주제에 대해 반드시 기록하는 습관을 길러라. 사회 생활과 관련된 일이라면 하나도 빼놓지 말고 일기장에 기록하라. 때로는 그것이 당신의 목숨을 구하기도 한다.

어떤 일에 대해서든지간에 나의 기억력을 의심받았던 적은 지금까지 한 번도 없다. 내가 모든 것들을 낱낱이 기록한다는 사실을 누구나 다 알고 있기 때문이다. 지금 내가 모시고 있는 상사는 내 일기장을 '나의 머리'라고 부른다. 나는 무슨 일이든지 꼼꼼히 기록하는 사람이라는 평판을 얻었다. 물론 때로는 '기록하지 말라'는 지시를 받았던 경우도 있었다. 하지만 나는 나중에라도 항상 기록을 해두었다. 직업과 관련된 나의 생활에서 일기장에 기록되지 않은 일이라고는 단 한 가지도 없다.

왜 기록을 하는가? 앞에서 말한 바와 같이, 경영전략가들은 아주 편리한 기억력을 가지고 있어서 아주 천연덕스럽게 거짓말을 늘어놓을 수 있다. 어느 누구도 믿어서는 안 된다.

나의 예전 상사 중 한 명은 이전에 근무하던 회사의 고용주가 기소를 당해서 소환장을 받은 적이 있었다. 그 회사의 비리에 대해 증언을 하라는 것이었다. 그는 일기장을 가지고 법정으로 들어갔다. 상사의 모든 질문에 대해 그는 조목조목 일기장을 짚어가면서 답변했다. 법정은 그의 일기장을 증거로 채택했으며, 그는 기소를 당하지 않았다. 하지만 이전 상사와 다른 중역들은 모조리 감옥행이었다. 때로는 일기장이 법적인 증거물로 채택될 수도 있다. 내 말을 믿기 힘들면 당신의 변호사에게 한 번 물어보라.

　몇 번이나 약속을 하고도 절대로 이행하지 않는 사람에게 뭔가를 부탁했다가 당한 일이 있는가? 항상 그런 사실들을 일기장에 기록하라. 설령 이 세상에 종말이 온다고 해도 당신은 충분히 노력했다는 사실을 증명할 수 있을 것이다. 그는 실패했지만 당신은 아니다.

　경영전략가에게 있어서 일기는 일종의 무기와도 같다. 기록을 끝낸 다음에는 반드시 그 일기장을 집으로 가지고 가라. 그들이 당신을 해고하기로 결정했을 때, 당신의 일기장은 안전한 보험증서가 된다. 일기장은 경영전략가들의 공격으로부터 당신을 방어할 수 있는 가장 훌륭한 무기인 셈이다. 또한 비도덕적인 상사나 어쩐지 꺼림칙한 상황으로부터 당신을 보호할 수도 있다. 날마다 일기를 쓰고 또한 기억을 보다 새롭게 하기 위해서 주말마다 다시 한 번 일기장을 읽어라. 그것이 당신의 목숨을 구할 수도 있다.

　만약 날이 갈수록 점점 더 일기 쓰기를 게을리하고 있는 자신을 발견하게 된다면, 그것은 아마도 당신의 인생이 너무나 편하기 때문일 것이다. 반드시 기록해야 할 필요성이 느껴지는 일이 별로 없다는 것은 당신이 마땅히 있어야 할 최전선으로 나서지 않고 있다는 뜻이다.

당신의 일기장을 한 번 읽어보라. 당신 주위에서 일어나는 온갖 음모와 술수들로 가득 차 있는가? 만약 그렇지 않다면? 당신은 서서히 직장에서 도태되고 있으며, 결코 그 흐름에서 벗어날 수 없다는 뜻이다. 물론 편하게 사는 것도 별로 나쁜 일은 아니다. 하지만 당신의 목표는 정상을 차지하는 것이 아닌가? 태평스러운 마음으로 편안하게 앉아만 있어서는 결코 정상에 도달할 수 없다.

오래 전에 나는 약 6년 동안이나 직장 내에서 뒷짐을 지고 멀찌감치 물러나서 그저 관망만 하고 살았던 적이 있었다. 그런 생활이 나는 무척이나 편안하고 좋았다. 하지만 아주 커다란 문제가 생겼다. 나는 절대로 앞으로 나갈 수 없었으며, 심지어 조금씩 뒤처지고 있었던 것이다. 나는 그저 똑같은 조직 내의 똑같은 자리만 차지하고 있을 뿐이었다. 만약 당신이 원하는 것이 그런 것이라면 일기 따위는 결코 쓸 필요가 없다.

보이는 것이 현실이다

세속적인 성공의 논리는 오류에 기반하고 있다. 우리의 완전함이 다른 사람들의 생각과 견해와 찬사에 달려 있다니, 그 얼마나 이상한 논리인가! 마치 상상 속이야말로 가장 최종적으로 자신을 실현할 수 있는 유일한 장소인 양, 언제나 다른 누군가의 상상 속에서 살아가는 것은 참으로 기이한 인생이 아닐 수 없다.

_토머스 머턴(1915~1968)

　당신이 그저 아주 중요한 인물이라고만 알고 있었던 남자나 여자를 직접 만났던 적이 있는가? 당신은 지금까지 단 한 번도 그 사람을 만난 적이 없지만, 첫눈에 그 사람이 굉장한 인물이라는 사실을 알아볼 수 있을 것이다. 그는 이미 최정상에 도달한 영웅이다. 위대한 스타이자 거물급 인사인 그는 지금도 더욱 높은 곳을 향해 나아가고 있다. 길을 비켜라. 그리고 무릎을 꿇고 경배를 드려라. 당신은 감히 그 사람의 옷자락 하나도 건드릴 수 없지만, 즉각 그의 노예가 되어서 복종하거나 혹은 정반대로 그 사람의 목을 힘껏 졸라서 숨통을 끊어놓고 싶은 강렬한 충동을 느낄 것이다.

　왜 그럴까? 대답은 아주 간단하다. 그런 사람들은 경영전략가 전략을 사용하고 있는 것이다. 대부분의 중역 간부들은 내가 '보이는 것을 현실로 만들기'라고 부르는 일종의 정해진 관행을 쫓아가고 있다. 그런 관행은 마치 그들이 몹시 중요한 인물이라도 되는 것처럼 여겨지도록 만든다. 게다가 그것은 사실이 아니라는 특별한 증거가 없는 한, 심지어 당신까지도 그것이 사실인 양 받아들이게 되는 것이다.

　어쩌다가 실수로라도 거물급 인사를 '엿먹이고' 싶어하는 사람은 아무도 없다. 그러므로 가장 안전한 방법은, 자신이 마치 부사장인 양 거들먹거리는 사람이 있다면 보다 확실한 진상을 알게 될 때까지는 조심하는 것이 현명하다.

　사실 직책 따위는 아무런 힘이 없다. 몇 년 전에 나는 중간급 간부직을 맡았던 적이 있었다. 그 자리에 있으면서 나는 마치 내가 이사회

의장의 숨겨놓은 아들이라도 되는 것처럼 굴었다. 때로는 이사나 다른 최고 경영자들을 씹기도 했으며, 심지어 어떤 식으로 행동하라고 지시를 내리기까지 했다. 물론 아주 교묘한 방법으로 말이다. 마치 나에게 대단한 권력이라도 있는 것처럼 행동함으로써 실제로 막강한 권력을 누릴 수 있었던 것이다.

최근에는 매트릭스 조직(라인 조직 또는 사업부제 조직을 세로로, 프로젝트 제도를 가로에 놓고 전자의 안전성과 후자의 기동성을 효과적으로 뒤섞어놓은 조직 체계 – 옮긴이)이 유행이다. 아마도 한참 동안이나 그 추세가 계속 이어질 것 같다. 매트릭스 조직이 무엇인지 잘 모르는 사람들을 위해서 잠시 설명을 하는 것이 좋겠다. 그것은 대개 당신을 위해서 일할 직원은 한 사람도 없는 반면에 무슨 일이 일어나든지간에 전적으로 당신이 책임을 져야만 하며, 두세 명의 상사 밑에서 일해야만 하는 그런 일이다. 당신은 실무를 맡아보는 담당자들을 통해서 자신의 일을 완수해야만 한다.

이러한 매트릭스 조직이야말로 여기에서 소개한 전술과 '경매'라고 불리는 또 다른 기술을 십분 활용할 수 있는 최고의 기회를 제공한다. 하지만 '경매' 기술에 대해서는 나중에 다시 이야기를 할 것이다.

만약 당신이 매트릭스 조직 내에 속해 있다면, 당신의 권력은 전적으로 실무 담당자가 당신에게 얼마나 많은 권한을 부여하느냐 혹은 당신이 실무 담당자들로부터 얼마나 많은 권한을 빼앗느냐에 달려 있다. 당신은 회사 내의 최고 우두머리에게 곧장 달려가서 어떤 실무 담당자가 당신을 잘 도와주지 않는다고 이러쿵저러쿵 불평을 늘어놓을 수도 있다. 하지만 너무 자주 달려가다가는 회사의 우두머리가 오히려 당신을 무능력하다고 판단하고 대뜸 갈아치울 것이다. 그러므로 아주 교묘하고 교활한 방식으로 행동해야만 한다.

당신이 매트릭스 조직 내에 속해 있다는 사실을 알게 되면, 사람들은 외면적으로 보기에 당신이 얼마만큼의 권한을 지니고 있는가 하는 수위에 따라서 당신을 대할 것이다. 만약 당신이 장차 이사 회의실을 마음대로 드나들 만한 인물이고, 지금은 그저 자리가 날 때까지 바쁘게 움직이기 위해 이 일을 하고 있을 뿐이라는 듯이 행동한다면, 다른 멍청하고 정신없는 친구들보다 훨씬 더 효과적으로 일을 할 수 있을 것이다. 당신의 등 뒤에 마치 엄청난 배후 세력이 있는 것처럼 행동하는 것이야말로 실무 담당자들을 움직일 수 있는 유일한 무기인 것이다.

한때 대규모 우주 항공기 프로그램의 물자 프로그램 담당자로 근무했을 때, 나는 이 가상의 권력을 아주 효과적인 도구로 사용하면서 업무를 훌륭히 수행했었다. 그 당시에 나는 특별 훈련 프로그램에 참여할 수 있는 단 두 사람(모두 1,300명이 넘는 직원들이 있었다) 중 한 사람으로 선발되었다. 그 프로그램을 끝낸 사람은 누구든지 10년 혹은 15년 내에 이사로 승진하는 것을 보장받았다.

나는 내가 이 프로그램에 참여하고 있다는 사실을 주위의 모든 사람들에게 알려주었다. 아주 확실하게! 그러자 마치 저절로 예언이 실현되듯이, 더 이상 실무 담당자들과 아무런 말썽도 일어나지 않게 되었다. 그리고 내가 담당한 프로그램은 나와 경쟁하는 관계에 있던 다른 프로그램들보다도 더욱 높은 우위를 차지했다. 그리고 나는 내 노력에 대한 보답을 받았다.

세력이 있는 척하는 것이 얼마나 효과적인지를 보여주는 또 다른 실례가 있다. 그것은 내가 다니던 회사가 다른 회사를 인수했을 때 일어났다. 그 당시에 나는 자재 관리부의 유능한 기술 전문가로 근무하고 있었다. 나는 다른 직원들과 함께 '이 멍청이들을 고쳐놓아라'는 지시를 받고 다른 회사로 파견을 나가게 되었다. 우리 팀의 책임자였던 보스는 당장 그럴듯한 이유를 붙여서 다른 회사의 중역 몇 명을 해고했다.

그러자 회사 내에 있던 나머지 사람들은 마치 우리 팀 전체가 어떤 구실만 있으면 누구나 다 해고할 수 있는 막강한 권한이라도 갖고 있는 것처럼 우리를 대하기 시작했다. 물론 우리는 그런 힘이 전혀 없었다. 하지만 그들은 그런 사실을 전혀 모르고 있었다.

우리는 그들이 자진해서 우리에게 헌납한 권한을 마음껏 이용하면서 전체 조직의 문화를 완전히 바꾸어놓았다. 우리는 마치 모두가 사장이라도 되는 것처럼 당당하게 굴었다. 그렇게 함으로써 우리는 단지 몇 달 만에 그 멍청이들을 싹 뜯어고칠 수 있었다. 그 일은 최소한 1년 6개월 이상이 걸릴 것으로 예상했던 일이었다. 물론 우리 팀 구성원들은 한 명도 빠짐없이 두둑한 성과급을 받았다.

성공한다는 것은 별로 어려운 일이 아니다. 그저 다른 사람들이 당신을 성공한 사람이라고 생각하도록 만드는 것이다. 이제 나는 당신에게 충분히 보여주었다고 생각한다. 설령 내 말을 믿지 못한다고 하더라도 최소한 잘 지켜보고 이 전술이 얼마나 효과적인지를 깨닫도록 하라.

경영전략가의 이미지

세상에 명성을 날리려면, 이미 명성을 날리고 있는 것처럼 보이도록 만들 수 있는 일은 무엇이든지 다 하라.

_프랑수아, 듀크 드 라 호셰푸콜드(1613~1680)

언제인가 나는 마땅히 승진할 것이라고 생각했는데 승진을 하지 못했던 적이 있었다. 그래서 즉시 나는 상사를 만나서 그 이유에 대해 따졌다. 우리 사이에는 다음과 같은 대화가 오고 갔다.

나: 제가 왜 승진을 하지 못한 겁니까?

상사: 자네는 지금 있는 자리에서 좀더 경험을 쌓아야 하네. (경영전략가의 대답을 잘 기억해두도록 해라. 경험이라는 말은 어느 누구라도 쉽게 사용할 수 있는 법이니까.)

나: 정말로 그렇게 생각하십니까?

상사: 그렇다네. (경영전략가들은 끝까지 자신의 거짓말을 고수한다. 심지어 목에 칼이 들어온다고 해도 말이다.)

나: 그건 거짓말입니다, 그렇지 않습니까? 정말로 그렇게 생각한단 말씀입니까?

상사: 글쎄…… 물론 그럴 수도 있겠지. 하지만 사장과 나는 다른 친구가 그 자리에 더욱 적합하다고 생각했네. (경영전략가들은 자신의 결정에 권위를 부여하기 위해 더욱 높은 상사를 끌어들인다. 이 점에 대해 주목하라.)

나: 절 속이려고 하지 마십시오! (상사와 맞서는 것은 나의 입장에서 미리 치밀하게 계산되어 있던 모험이었다.)

상사: 거짓말이 아니라네. (상사는 아주 태연한 얼굴로 이렇게 대답한다. 하지만 나는 상사가 거짓말을 하고 있다는 사실을 잘 알고 있다.)

나: 도대체 그 친구가 어떻게 해서 그 자리에 더욱 적합하다는 거죠? 저는 경험도 풍부하고 능력도 있습니다. 저는 석사 학위까지 받았지만 그 친구는 고작 단기 수료증뿐이라고요. (하지만 이것은 시간 낭비였다. 나도 그 사실을 잘 알고 있었다. 일단 결정이 내려지면 경영자들은 절대로 마음을 바꾸는 법이 없다.)

상사: 교육이나 경험보다 더욱 중요한 게 있는 법이라네. (상사로서는 이런 질문에 대답하는 것이 드문 일이었다.)

나: 예를 들면 어떤 것이죠?

상사: 위에서는 자네가 훌륭한 프로처럼 보이지 않는다고 생각하고 있네. 옷차림도 전혀 프로답지 않을 뿐더러 또한 자네의 머리 모양은 그게 뭔가? 마치 싸구려 시장에서 특별 할인된 가격에 자른 머리 같단 말이야. (상사의 말이 맞았다! 나는 승진하는 일에 모든 것을 걸고 있었으며, 수입을 초과하는 생활을 하고 있었다. 그러므로 생각할 수 있는 모든 방법을 죄다 동원해서 돈을 절약하기 위해 노력했다. 그 중에는 물론 의복비나 머리를 깎는 일 등도 포함되어 있었다. 그 당시에 나는 그런 비용들은 최대한 줄여도 좋다고 생각했던 것이다.)

나: 그렇다면 일에 대한 저의 능력은 도대체 뭡니까?(물론 나는 상사의 대답이 나를 쫓아내기 위해 꾸며낸 또 다른 경영전략가의 대답들 중 하나일 뿐이라고 생각했다. 하지만 그 대답에는 어느 정도 진실이 담겨 있었다.)

상사: 다른 친구를 선택한 것은 능력과는 아무런 상관이 없네. 솔직히 나는 그 친구보다 자네가 훨씬 능력이 있다고 생각한다네. (이 상사는 평생 처음으로 정직한 말을 한 것이 아닐까?) 하지만 이번 선택은 겉으로 보이는 모습에 기준을 두었다네. 왜냐하면 자네도 알다시피 이 직책은 대단히 눈에 띄는 자리일 뿐만 아니라, 앞으로 2년 이내에 더욱 높은 자리로 승진하는 것을 보장하는 자리라네. 그런데 자네는 더욱 높은 직책을 감당하지 못할 것처럼 보였던 걸세. 하지만 다른 친구는 얼마든지 그런 직책을 감당할 수 있을 것처럼 보였다네. 내가 할 말은 그것뿐이라네.

나: 왜 진작 그런 말씀을 하지 않으셨죠? 저도 변할 수 있습니다!

상사: 자네가 나였다고 하더라도 이런 말을 함부로 하지는 않았을 거야.

상사와 솔직한 대화를 나누고 나자 나는 거의 미칠 지경이 되었다. 나의 능력 때문이 아니라 나의 외모 때문에 윗사람들로부터 외면을 당했다는 사실이 도저히 참을 수 없었던 것이다. 무려 일주일 동안이나 분이 풀리지 않은 나는 심지어 이력서까지 새로 써놓았다. 하지만 다음 몇 주 동안 나 대신에 높은 자리를 차지한 친구를 지켜본 결과, 상사의 판단이 옳았다는 사실을 인정하지 않을 수 없었다.

그 친구는 마치 『에스콰이어』 잡지 표지에서 방금 튀어나온 모델처럼 보였다. 한 올의 머리카락도 흐트러지지 않았으며, 그 친구의 셔츠에는 모두 이름의 머릿글자가 새겨져 있었다. 바지 주름은 어찌나 빳빳하던지 강철이라도 벨 수 있을 것 같았다.

그 경험을 통해서 나는 한 가지 중요한 교훈을 얻었다. 그 다음부터 나는 최대한 옷차림에 신경을 쓰기 시작했다. 머리는 반드시 전문 미용사가 있는 미용실에서 잘랐다. 그리하여 나를 승진시킬 수 없는 이유 중 한 가지를 제거했다.

당신은 중역들이 아침마다 사무실로 들고 들어가는 육중한 서류 가방 안에 무엇이 들어 있는지 상상해본 적이 있는가? 대부분은 아무것도 들고 다니지 않는다. 혹은 점심 도시락이 달랑 들어 있을 뿐이다.

썰렁한 농담을 하는 것 같은가? 내 말을 믿어라. 중역이라고 해서 누구나 다 저녁 7시까지 일하고 다시 저녁 식사 후에 집에서 일을 하기 위해 서류를 가지고 다니는 것은 아니다. 하얀 셔츠나 넥타이처럼 서류가방도 당신이 필요하든 필요하지 않든간에 갖추어야 할 기본적인 장비인 것이다. 높은 자리에 있는 중요한 인물들은 모두 다 육중한 서류가방을 가지고 다닌다. 당신도 중요한 인물이거나 혹은 중요한 인물이 되고 싶다면 서류 가방을 갖고 다니는 편이 좋을 것이다.

서류 가방과 더불어 옷차림이야말로 성공의 길로 가기 위한 중요한 수단이다. 그 좋은 예로 책을 들 수 있다. 당신도 서점에서 책을 고를 때, 가장 먼저 눈길을 끄는 책을 집어들게 될 것이다. 표지가 칙칙하고 평범하여 별로 눈에 뜨이지도 않는다면, 특별히 그 책을 찾고 있는 것이 아닌 한, 그냥 지나쳐버릴 것이 뻔하다.

언제나 주주 총회에 방금 참석했다가 나온 사람처럼 보여야만 한다. 그 뜻은 값비싼 옷과 구두, 그 밖의 여러 가지를 의미한다. 단지 값비싼 양복 두 벌만으로는 충분하지 않다. 왜냐하면 당신의 옷차림을 눈여겨보는 사람들이 곧 의문을 품게 될 것이기 때문이다. "이 친구는 갈아입을 옷이 겨우 한 벌밖에 없나?"

머리는 반드시 전문 미용사에게 맡겨야만 한다. 친구나 배우자는 절대로 안 된다. 이 점을 명심하라. 책의 표지처럼 다른 사람들이 제일 먼저 보는 것이 바로 당신의 외모라는 것을……

나의 아내는 가위질을 아주 잘한다. 아이들의 머리도 직접 잘라주고 때로는 내 머리도 손질해준다. 하지만 전문 미용사의 솜씨와 아내의 솜씨는 확실히 차이가 있다. 날마다 윤이 나도록 구두를 닦아라. 그리고 무슨 일이 있어도 날마다 목욕을 하고 이빨을 닦아라. 결국에는 그런 사소한 차이가 커다란 보상을 선사할 것이다. 그런 것들은 모두 당신이 굉장히 중요한 인물이라는 이미지를 심어준다. 왜냐하면 당신의 모습이 그렇게 보이기 때문이다.

만약 당신이 여자라면, 이것은 정말 중요한 문제라고 할 수 있다. 남자들은 겨우 대여섯 벌의 양복만 있으면 언제나 멋지게 차려입을 수 있다. 그것으로 충분하다. 그렇지 않은가? 남자들은 대여섯 벌의 양복으로 모든 일을 처리할 수 있고 만사가 해결된다. 하지만 여자들은 모두가 재벌집 출신이거나 백만장자와 결혼한 것처럼 보이는 여자들과 치열하게 경쟁을 해야만 한다. 도대체 그 여자들은 어디에서 돈이 나서 그런 옷들을 날마다 사 입는 것일까? 나는 우리 아버지의 세 번째 부인을 꼼꼼히 연구해보았다. 그리고 마침내 해답을 얻었다.

그 여자는 아주 고전적인 스타일의 값비싼 옷만 골라서 구입했다. 그리고 이미 옷장 안에 들어 있던 다른 옷들과 잘 조화를 이루도록 하면서 입었다. 새로운 재킷을 하나 구입하면 이미 가지고 있던 스커트나 바지 몇 벌을 교대로 바꾸어서 입었던 것이다. 게다가 항상 고전적인 스타일만 샀기 때문에 언제까지나 싫증을 내지 않고 입을 수 있었다. 결국 새로운 재킷 하나는 새로운 의상 한 벌이 아니라, 새로운 의상 몇 벌이 되었다.

그 반면에 우리집 장녀는 고전적인 스타일이 아니라 최신 유행하는 옷만 구입한다. 나는 옷을 사는 일에 있어서는 대단한 구두쇠였다. 그렇기 때문에 딸은 바겐세일을 하는 물건이나 이름없는 브랜드의 옷을 살 수밖에 없었다. 하지만 딸은 값싼 옷으로도 유명한 브랜드의 옷처럼 멋진 결과를 가져오는 방법을 터득했다. 딸은 언제 어디서나 대단한 멋쟁이처럼 보인다.

머리 모양, 옷, 신발, 화장은 당신의 이미지를 만드는 일에 있어서 아주 중요하다. 유능한 프로처럼 보여야 할 뿐만 아니라, 그와 동시에 남자들이 부담스럽게 여기지 않도록 매력적이고 여성적으로 보여야만 하는 것이다.

성공한다는 것은 이미 성공한 것처럼 보이는 것이다.

정리

___

기업 정치는 일종의 게임이다. 이 게임은 당신에게 필요한 사람들을 사귀고 적당히 비위를 맞추고 '그들 무리들' 중의 한 사람이 되는 것이다. 직업 세계에서 일어난 일들은 반드시 기록을 해라. 그런 기록들은 반드시 당신을 곤경에서 구출해줄 것이다. 이 책에 적힌 전술들을 사용할 때에는 지나치게 자주 사용하지 않도록 조심하라. 똑같은 방법을 너무나 자주 사용하다 보면 넌덜머리가 나는 법이다. 아무리 맛있는 음식이라도 여러 번 먹으면 질리는 것과 같다고 할 수 있다. 마치 대단히 중요한 사람인 양 행동하고 그렇게 보이도록 애를 써라. 중요한 사람처럼 보이면 반드시 중요한 사람이 될 것이다.

CHAPTER
02

정글 생존법

이 장에서는 성공한 경영전략가가 생존하는 일에 필요한 또 다른 일반적인 법칙들과 지침들을 다루고 있다. 비록 가장 중요한 법칙들은 아니지만, 이런 부가적인 규칙과 지침을 잘 알아두는 것은 생존에 꼭 필요한 일이다. 겉으로는 전시용 말처럼 보이고, 일할 때에는 일꾼 말처럼 행동하라. 어떤 상황이 벌어지더라도 마치 탭 댄스를 추듯이 순발력 있게 대응하라. 수백만 개의 농담을 외우고 다니면서 최고의 상대와 꼬리잡기 게임을 하라. 반드시 승자만 고용하라. 필요할 때에는 욕설도 서슴지 마라. 직함이 지니고 있는 진정한 의미를 잘 파악하라. 당신은 좀더 세련된 기업 정치술의 적용 단계로 나갈 준비가 된 것이다.

전시용 말처럼 보이되 일꾼 말처럼 행동하라

당신 주위에 있는 성공한 남자나 여자들 중에서 어느 누구라도 좋다. 그 중에서 아주 어린 시절부터 다른 사람들의 관심이 자신에게 쏠리도록 하는 술수를 터득하지 않은 사람이 단 한 명이라도 있는가?

_스톰 제임슨(1891~1986)

인간은 말과 같다. 물론 말에도 여러 종류가 있지만, 기본적으로 두 범주로 나눌 수 있다. 몇 년 전에 열린 조지아 주의 주지사 선거에서 두 명의 유력한 후보가 서로 맞붙어서 치열한 경쟁을 벌였다. 조지 부시는 선거 캠페인을 통해 자신을 겉만 번지르르한 '전시용 말'이 아닌 '일꾼 말'이라고 선전했다. 조지아 주의 주민들은 대부분의 기업 경영자들처럼 성실하고 충직한 일꾼 말을 원한다고 주장했다. 하지만 그들이 진정으로 원했던 것은 바로 전시용 말이었다. 조지 부시 주지사는 스스로를 '일꾼 말'이라고 주장하는 선전 문구를 사용함으로써 '전시용 말'이 된 것이다.

회사의 고위급 간부들도 자신이 진정으로 원하는 것은 성실하게 일하는 '일꾼 말'이라고 생각한다. 아니, 그렇게 생각한다고 믿고 싶어 한다. 하지만 그들이 정말로 원하는 것은 일도 훌륭히 처리할 수 있는 멋진 '전시용 말'이다. 만약 두 가지를 다 충족시킬 수 있는 말을 찾을 수 없을 때에는, 언제나 조금도 망설이지 않고 전시용 말을 선택한다. 왜냐하면 전시용 말은 얼마든지 일도 할 수 있을 것처럼 보이지만, 일꾼 말은 그저 일만 할 수 있는 것처럼 보이기 때문이다.

이제 일을 시키기 위한 말과 과시하기 위한 말의 범주가 어떤 것인지 이해했다면, 그것을 사람에게 똑같이 적용시키도록 하자. 그것은 바로 일꾼과 정치가라고 할 수 있다. 물론 인간은 말보다 훨씬 더 정교하다. 인간이 생존하고 있는 환경 또한 말이 살아가는 환경보다 훨씬 더 복잡하다. 그렇기 때문에 어떤 사람들은 두 가지를 모두 다 겸비할 수 있다고 생각할 것이다. 분명히 어떤 사람들은 그럴 수 있다.

그렇다면 그 중에서도 어떤 사람을 선택하는가? 경영전략가들이 사용하는 가장 모범적인 답안은 '달려 있다'는 것이다. 도대체 무엇에 달려 있다는 것인가? 그것은 바로 당신의 직업적인 포부에 달려 있다. 만약 당신이 이런 말을 처음 듣는다면, 당신은 한 번도 상사와 당신의 직업에 대해 대화를 나누었던 적이 없거나 혹은 대기업에서 일을 한 적이 없는 사람이다. 그것은 야심만만한 고용주들의 시험을 통과하기 위한 기본적인 필수 항목이기 때문이다.

예를 들어서 만약 당신이 엔지니어라고 가정해보자. 그저 엔지니어로 일하는 것이 즐겁고 행복할 뿐, 앞으로 부장이나 간부가 되고 싶은 포부가 없다면 당신은 더 이상 이 책을 읽을 필요가 없다. 당신은 평생토록 열심히 일만 하는 일꾼 말로 만족할 만한 사람이다. 그러니까 이 책은 얌전히 책꽂이에 다시 꽂아두고 차라리 소설책이나 꺼내 보는 것이 좋을 것이다.

만약 그렇지 않다면, 중년의 나이가 되어서 한낱 일꾼 말로 전락해버린 자신의 모습을 깨닫고 절망하게 될 것이다. 당신의 운명은 중간급 간부에서 끝나게 될 것이다. 그것이 당신의 운명이다. 경영전략가가 되는 일이 쉬울 것 같은가?

성공적인 경영전략가가 되는 길은 겉으로는 전시용 말처럼 보이고 일할 때에는 일꾼 말처럼 행동하는 것이다.

방어를 위한 즉흥연주

최소한의 거짓말로 최대한 먼 길을 갈 수 있는 사람이 가장 훌륭한 거짓말쟁이다.

_사무엘 버틀러(1835~1902)

경영전략가들이 가장 즐겨 쓰는 수단은 탭 댄스를 추는 능력이다. 탭 댄스는 즉흥연주라고 할 수 있다. 그것은 바로 당신이 애써 머리를 쥐어짜면서 노력했지만 적당한 반응을 얻지 못했을 때, 성난 관중들로부터 자신을 방어하기 위한 기술이자 수단이다. 그것은 대개 분노를 저지하거나 혹은 대처하기 위한 준비를 충분히 갖출 때까지 분노를 잠시 지연시키는 방어술인 것이다. 그것은 또한 경영전략가의 전술 가운데 한두 가지 이상의 요소들이 결합되어서 만들어진 아주 정교한 기술이다. 어느 누구도 당신을 꼭 지목해서 비난할 수 없도록 만든다. 그러므로 탭 댄스는 달리 이렇게 말할 수도 있다.

· 즉흥 연기

· 허풍떨기

· 받아넘기기

· 슬쩍 넘어가기

· 순발력

· 애드립

이 책의 목적 중 하나는 탭 댄스의 좀더 정교한 측면을 밝히고 사용법을 자세히 소개하는 것이다. 회사의 중역이나 정치가들 중에서 탭 댄스에 능숙하지 않은 사람은 거의 없다. 그들은 정상에 도달했으며, 그 자리를 지켜야만 하는 것이다.

어떻게 탭 댄스를 출 수 있을까? 예를 들어보도록 하자.

상황: (이번 달 생산 스케줄에 차질이 생겼다. 아무래도 당신은 목표를 달성할 수 없을 것 같다. 상사는 이미 일주일 전부터 우려를 나타냈으며, 상황은 점점 더 악화되고 있을 뿐이다. 당신은 그 실패를 설명할 수 있는 적당한 변명거리를 찾을 때까지 어느 누구에게도 자신의 속마음을 절대로 털어놓지 않고 있다.)

상사: 이번 달 제품 출하는 도대체 어떻게 된 건가? 지난번에 이야기를 할 때만 해도 점점 좋아질 거라고 장담하지 않았었나! 벌써 최소한 여섯 개의 제품은 출하했어야 하는 게 아닌가?

당신: (겉으로는 몹시 놀라고 당황한 척하고 있지만 속으로는 이미 완벽한 준비를 갖추고 있다. 벌써부터 이런 일이 생길 줄 알고 있었기 때문에 마음속으로 대비를 하고 있었던 것이다.) 그렇습니다. 사실 약간의 문제가 있었습니다. 특히 물품 구입에 있어서 차질이 생겼습니다. 하지만 우리는 이미 그런 문제들을 잘 해결했습니다. 더 이상 별다른 차질 없이 목표를 달성할 수 있을 거라고 믿고 있습니다. (이렇게 말하고는 적당한 숫자와 도표가 들어 있는 보고서를 상사 앞에 던져놓는다. 그 내용이 맞는지 틀리는지 제대로 알지 못하는 상사는 최소한 당신이 자기가 할 일을 잘 파악하고 있다고 생각하면서 자리를 떠날 것이다.)

이 대화 속에는 입에 발린 거짓말과 현란한 숫자 놀음, 부하 직원에 대한 비난, 물품 구입부에 대한 비난이 교묘하게 뒤섞여 있다. 이런 전술들을 비롯해서 보다 다양한 전술들이 이 책의 후반부에서 좀더 상세하게 다루어질 것이다. 당신은 선의의 거짓말을 했다. 그리고 당신이 또 다른 곤란에 부딪히게 되면 그것을 받아들이도록 상사의 마음을 교묘하게 조종해놓았다(5장의 「보신책」을 보라). 선의의 거짓말은 당신에게 더욱 그럴듯한 구실을 선사하고, 이 달의 생산 계획을 제대로 달성하지 못한 것에 대한 비난을 누구에게 돌릴 것인지 결정할 수 있는 시간을 벌어준다.

만약 달리 비난할 만한 상대를 찾지 못했다고 하더라도 당신은 이미 부하 직원들과 물품 구입부에 비난의 화살을 살짝 돌려놓았다. 만약 당신이 미처 답변을 준비하기 전에 상사가 또다시 질문을 던지면, 전에 말한 것과 똑같은 대답을 해라. 한 번 효과가 있었으니까 이번에도 역시 효과가 있을 것이다. 항상 이 사실을 명심해라. 상사는 당신보다 멍청하다는 것을.

즉흥연주 배우기

> 배움은 확실한 위험을 통해서만 얻어지는 것이다. 왜냐하면 인간은 어쩔 수 없이 적으로부터 배워야만 하기 때문이다.
>
> _레온 트로츠키(1879~1940)

즉흥연주인 탭 댄스를 배우는 가장 좋은 방법은 지난 몇 년 동안이나 온갖 시행착오를 겪으면서 중고차를 팔거나 현장에서 활약 중인 경영전략가를 유심히 관찰하는 것이다. 물론 대학 교육을 받은 대부분의 전문인들이 으레 그렇듯이, 나 또한 중고차를 파는 일을 직접 경험해보라고 권유하고는 있지만 실제로 그 일을 해보았던 적은 없다. 그리고 서른 살이 훨씬 넘기 전까지는 자아 개발이라는 관점에서 흥미를 가지고 면밀하게 다른 사람을 관찰해보았던 적도 없다.

직장 생활을 시작한 후 처음 10년 동안은 내게 던져지는 온갖 종류의 잡다한 일들을 받아넘기기 위해 모든 시간들을 허비하고 말았다. 무엇을 하고 무엇을 하지 말아야 하는지, 무슨 말을 하고 무슨 말을 하지 말아야 하는지를 배우기 위한 일종의 대가를 지불했던 것이다. 나는 직장 생활을 통해 반드시 배워야 할 교훈들을 상당히 잘 터득해나갔다. 하지만 흔히 엔지니어들이 말하듯이 "나는 내가 해야 할 일은 다 했어. 그러니까 더 이상 신경 쓰지 않겠어" 하는 식이었다.

그래서 무슨 변화가 있었는가? 물론 어느 정도 변화는 있었다. 나는 두 회사를 거치면서 적어도 여섯 번 이상 자리를 옮겼다. 나는 성공한 사람들을 보았으며 그들이 어떤 식으로 탭 댄스를 추고 있는지 깨달았다. 상사나 상사의 상사, 혹은 나보다 선배인 누군가와 미팅을 할 때마다 나는 그들이 말하는 것을 귀담아들었다. 특히 그들이 말하는 방식에 세심한 주의를 기울였다.

어느 사이에 나는 그들처럼 옷을 입기 시작했다. 그리고 그들이 남겨놓은 성공의 발자취를 열심히 따라갔다. 나는 중견 간부의 복제품이 되었다. 나는 끝부분이 뭉툭한 보기 싫은 구두를 신었으며 권위적인 느낌을 주는 푸른색과 검은색 양복을 입었다. 그리고 '그 무리들'

중의 한 사람이 되기 위해 노력했다. 이따금 선배들 가운데 한 사람이 어떤 사업을 착수하기에 앞서서 무슨 일이 은밀하게 진행되고 있는지 알려주곤 했다. 나는 이 게임이 어떻게 전개되고 있으며 어떤 식으로 처리되어 가는지 지켜보면서 많은 것들을 깨닫게 되었다.

만약 당신이 이 책에서 아무것도 배우지 못했다면, 당신의 상사나 다른 윗사람들이 어떤 식으로 교묘하게 탭 댄스를 추는지 관찰하는 방법을 배워라. 내가 모든 것들을 일일이 가르쳐줄 수는 없다. 만약 내가 모든 질문의 대답을 죄다 알고 있었다면 진작에 우리 회사의 사장이나 혹은 미국의 대통령, 아니 전세계의 지배자가 되었을 것이다.

다양한 기술들을 몇 가지 범주로 분류하고 유형화하는 것은 무척 재미있는 일이다. 당신도 한 번 시도해보도록 하라. 당신은 분명히 사회학자가 되는 것을 즐기게 될 것이다. 비록 당신이 관찰한 기술들이 모두 다 당신의 스타일에 적합한 것은 아니겠지만……

꼬리잡기 게임

> 그 장군은 공격에 매우 능하기 때문에 상대방은 어떻게 방어해야 하는지 전혀 알 수가 없었다. 그는 또한 방어에 매우 능하기 때문에 상대방은 어떻게 공격하는 것이 좋을지 짐작조차 할 수가 없었다.
> _손자(기원전 6세기~기원전 5세기)

어떤 간부들은 꼬리잡기 게임을 무척 좋아한다. 만약 그런 사람을 상사로 모시고 있다면 당신은 몹시 불행한 사람이다. 혹시라도 그런 상사를 만났다면 조심스럽게 탭 댄스 기술을 사용해야 한다. 그러나 함부로 탭 댄스 기술을 사용하다가는 자칫 당신의 경력 자체를 위협받게 될 수도 있다. 이 게임에는 다음과 같은 규칙이 있다.

1. 다른 간부의 부서에서 무엇인가 결점을 찾아낸다.
2. 이 정보가 새어나가지 않도록 조심한다. 특히 책임을 맡고 있는 간부에게는 절대로 말하지 말라. 만약 그렇게 한다면, 당신이 3단계에서 정보를 누설했을 때, 그 담당자는 미리 변명할 답변을 준비하고 있을 것이다.
3. 몰래 알아낸 사실을 중간급 간부나 혹은 더 높은 상급자 회의에서 갑자기 폭로한다. 그 결과 상사는 당신이 그 방면에서 최고라고 생각하게 될 것이다. 그 반면에 당신이 폭로한 그 친구는 형편없다고 생각한다.
4. 비난을 받았던 간부가 어떻게 해서 그 위기를 모면하는지, 혹은 그냥 주저앉고 마는지 줄곧 지켜본다.

〈일반적인 꼬리잡기의 예〉

물품 구입: 결정적인 물품 조달 약속을 이행하지 않거나 중요한 거래처의 파산으로 인해 문제가 발생했다.

생산: 중요한 부품의 최종적인 마무리에 차질이 생겼다.

개발: 핵심 부품을 만들 수 없거나 혹은 애초에 설계했던 대로 각 부품들이 제대로 조합되지 않는다.

품질 관리: 합격 판정을 받았던 수많은 개별 부품들이 최종적인 조립 과정에서 실패했다.

회계: 대금이 지불되지 않아서 중요한 거래처가 물품 공급을 중단했다.

데이터 동향: 제시된 프로그램이 효과가 없거나 혹은 애초부터 새로운 데이터를 제시하지 못했다.

판매: 판매부 직원들은 결코 잘못하는 법이 없다! 꼬리잡기 게임에 판매부 직원들을 끌어들이려는 생각조차 하지 마라. 만약 그렇게 한다고 하더라도 판매부 직원들은 임기응변으로 유유히 빠져나올 것이다. 결국 당신은 이 게임에서 질 수밖에 없다.

꼬리잡기 게임은 당신이 좋아하는 사람들과 해도 재미있지만, 싫어하는 사람과 하면 훨씬 더 재미있다. 나는 나와 동년배에 있는 모든 사람들의 꼬리를 잡으려고 노력했다.

하지만 상사를 만나게 되더라도 꼭 필요한 순간이 아니라면 그것을 사용하지 않았다. 물품 구입을 담당하고 있는 부서의 책임자였던 나는 항상 누군가의 공격을 받기 쉬운 자리에 있었기 때문이다. 그러므로 자신이 다른 사람들의 보복을 충분히 감당할 만한 위치에 서 있다는 확신을 갖기 전에는 절대로 꼬리잡기 게임을 시작하지 말라고 충고하고 싶다. 하지만 일단 시도를 하면 반드시 효과가 있는 것은 분명하다.

농담의 힘

나의 농담은 진실을 말하는 것이다. 그것이야말로 이 세상에서 가장 웃기는 농담이기 때문이다.

_조지 버나드 쇼(1856~1950)

당신보다 높은 자리에 있는 상사의 관심을 끌거나 인정을 받는 것은 아주 중요한 일이다. 단지 상사가 당신의 이름을 기억하는 것만으로도 당신은 봉급 인상이나 승진 심사에서 어느 정도 점수를 따고 들어가는 것이다.

상사에게 당신의 존재를 부각시킬 수 있는 한 가지 방법은 바로 유쾌하고 재치 있는 농담을 하는 것이다. 사람들은 누구나 즐겁고 재미있는 일을 좋아한다. 그러므로 어릿광대가 모든 사람들의 사랑을 받는 것이다.

가벼운 장난을 잘 치는 사람이 어떻게 해서 상사의 인정을 받게 되고 중견 간부까지 올라갔는지를 보여주는 적절한 예가 있다.

두툼하고 무거운 뿔테를 즐겨 쓰는 사장이 있었다. 그 사장의 코는 다른 사람들에 비해 유달리 큰 듯한 느낌을 주었다. 장난을 좋아하는 직원은 부서 내의 모든 사람들에게 커다란 코에 콧수염이 달린 희한한 안경을 선물했다. 그리고 콧수염을 떼어낸 후에 달랑 코만 달린 안경을 쓰도록 했다. 그러자 모든 사람들이 사장과 비슷하게 보였다. 이 장난은 대단한 성공을 거두었다. 그 회사의 사장이 아주 재치있는 장난이라고 생각했던 것이다. 이 장난을 시작했던 사람은 상사의 인정을 받아서 고속 승진을 했다.

또 다른 사람은 회사 사보에 실린 상사의 사진을 몇 장 오려다가 그 부서에서 사용하는 모든 전화기에 붙여놓았다. 그리고 사장이 사용하는 전화기에도 그 사진을 한 장 붙여놓았다. 아주 웃기는 장난이라고 생각했던 사장은 상사와 장난을 친 직원을 모두 승진시켰다.

웃기는 사람들은 유쾌한 장난 이외에도 주위의 관심을 끄는 방법을 여러 가지 알고 있게 마련이다. 재치 있는 농담을 잘 기억했다가 적당한 순간에 동료들을 항상 즐겁게 만드는 친구에게는 적이 없다. 그런 사람은 능력을 인정받아서 조직 내에서도 승진을 거듭하게 마련이다.

농담을 즐기면서 모든 사람들과 허물없이 지내는 일에는 한 가지 위험이 뒤따른다. 그것은 자칫 잘못하면 당신이 멍청한 어릿광대라는 평판을 얻을 수도 있다는 점이다. 그렇게 되면 광대 이외에는 아무것도 할 수 없는 것처럼 인식될 수도 있다. 적절한 선에서 농담을 즐길 줄 아는 감각이 필요하다.

나는 당신에게 되도록 많은 농담을 외우고 다니라고 충고하고 싶다.

농담은 당신의 성격적인 결함까지도 얼마든지 감출 수 있다. 특히 당신이 나처럼 가벼운 대화에 익숙하지 못하다면 말이다. 가벼운 장난은 상대방에 대한 애정과 존경심을 표현하는 좋은 수단이다. 물론 그런 장난을 칠 만한 시기는 신중하게 판단해야 한다.

똑똑한 친구들을 고용하라

사람은 그가 사귀는 친구들을 보면 알 수 있다.

_암브로즈 비에르스(1842~1914)

처음 직장 생활을 시작했을 때, 나는 어떤 화학자와 함께 일을 하게 되었다. 그 당시에 나는 회계 업무를 맡고 있었다. 그런데 생산 담당 이사라는 자리까지 승진을 한 화학자는 고지식한 일꾼이었으며 단순한 기술자였다. 또한 야비한 술수를 쓰거나 상사에게 아부하는 방법은 전혀 모르는 사람이었다. 하지만 그 사람은 오직 부하 직원을 채용하는 기술만으로 성공할 수 있었다.

그 화학자는 돈을 주고 살 수 있는 사람들 중에서 가장 훌륭한 인재만을 채용한다는 철칙을 가지고 있었다. 만약 뛰어난 실력을 갖추고 있는 직원이라면 깜짝 놀랄 만큼이나 많은 봉급을 주었지만, 그 직원이 일을 제대로 처리하지 못하면 가차없이 해고하고 말았다. 이런 전략을 통해서 그 화학자는 업계에서 가장 유능하고 똑똑한 인재들을 끌어모을 수 있었다. 그 화학자는 직원들에게 미국 내의 다른 어떤 회사보다도 훨씬 더 많은 봉급을 주었다. 그리고 직원들은 자신만큼이나 똑똑하고 유능한 동료들과 함께 열심히 일을 했다. 결국 우수한 인재들을 거느린 그 화학자는 승리자가 되었다. 그의 조직과 그의 회사도 성공을 거두었다.

이 교훈의 적용은 아주 간단하다. 당신보다 더욱 능력 있고 뛰어난 사람을 고용하라. 그리고 그들에게 충분한 봉급을 주고 그들로 하여금 당신을 꼭대기까지 밀어 올리도록 만들어라.

대다수의 간부들은 똑똑한 인재를 발견하면 자신에게 위협적인 존재라고 생각한다. 그렇기 때문에 사장의 눈에 뜨일 정도로 뛰어난 능력을 갖춘 사람은 고용하기를 기피하는 경향이 있다.

이런 식의 사고 방식이 오늘날 수많은 조직을 병들게 만들고 말았다. 그런 조직은 비합리적인 체계를 갖추고 있다. 왜냐하면 만약 중견 간부가 사망했을 때, 그 뒤를 이어나갈 만한 준비된 후계자가 없기 때문에 회사는 어쩔 수 없이 자질이 부족한 사람이나 외부에서 끌어들인 사람을 임명해서 그 자리를 대신할 수밖에 없는 것이다.

그것은 당신 개인의 입장에서 보더라도 결코 현명한 일이 아니다. 만약 회사 내에서 그 일을 처리할 수 있는 사람이 오직 당신 한 사람뿐이라면 당신의 승진은 한계가 있다. 왜냐하면 어느 누구도 당신의 업무를 대신할 수 없기 때문이다. 상사들은 당신 자리를 맡을 수 있는 사람이 나타날 때까지 결코 당신을 승진시키지 않을 것이다.

당신만큼 훌륭하거나 혹은 더욱 능력 있는 사람을 고용하는 것은 당신과 당신의 조직 모두를 위해서 좋은 일이다.

말, 어떻게 사용할 것인가

> 그 맹세를 한 것은 내 영혼이 아니라 내 혓바닥이다.
>
> _에우리피데스(기원전 480~기원전 406)

먼지 더러운 말을 사용하는 것은 대부분의 경우에 결코 좋은 일이 아니다. 하지만 나는 항상 지저분한 욕설을 사용한다. 내가 그런 말을 사용하는 까닭은 3년 동안이나 군대에 있으면서 완전히 다시 말을 배웠기 때문이다. 나는 불행하게도 그 말에 아주 익숙하게 되고 말았다. 물론 군대에서 배운 말을 써먹을 수 있는 때와 장소가 있고 절대로 사용하지 말아야 할 때와 장소가 있다.

그렇다면 우선 욕설을 사용할 수 있는 조직 내의 지위 수준을 정하는 게 현명할 것이다. 당신의 부하는 당신이 어떤 말을 사용하든지간에 그대로 받아들일 수밖에 없을 것이다. 당신의 부하들에겐 선택권이 없다.

물론 당신의 등 뒤에서 수군거리거나 흉을 볼 것이다. 그게 무슨 상관인가? 가만히 내버려둬라. 가끔씩 여자 직원들이 욕설에 대해 항의를 제기할 수도 있다. 하지만 대부분의 여성들은 욕설에 대해 별로 민감하게 반응하지 않는다. 그리고 당신의 입을 막기 위해 굳이 파문을 일으키지도 않을 것이다. 상당히 이상한 일이지만, 남자들은 욕설을 진정한 남성의 표시처럼 받아들이는 경향이 있다. 겁쟁이가 아닌, 진정한 남자만이 욕을 할 수 있다고 생각하는 것이다.

동료들 또한 당신이 사용하는 말이 어떤 것이든지간에 관대한 마음으로 수용할 것이다. 하지만 혹시라도 욕설에 대해 강한 혐오감을 갖고 있는 사람이 있다면 그 사람은 사람들과의 관계가 아주 어렵고 곤란한 처지에 놓이게 된다. 그러므로 나는 더러운 말을 사용하는 사람들을 만나면 당신도 사용하고, 사용하지 않는 사람들을 만나면 절대로 쓰지 말 것을 권유하고 싶다. 만약 두 부류의 사람들이 서로 섞여 있는 자리에 참석하게 된다면 어떻게 할 것인가? 그 해답은 절대로 사용하지 말아야 한다는 것이다.

한 사람의 호의를 얻기 위해 다른 사람을 적으로 만드는 것은 몹시 어리석은 일이다. 친구는 나중에 다시 적당한 기회를 마련해서 만들 수 있지만, 일단 적이 된 사람의 마음을 돌리기란 하늘의 별 따기만큼이나 어렵다.

상사를 대할 때에는 보다 세심한 주의를 요한다. 나는 아주 뛰어난 능력을 가진 사람들이 더러운 입버릇을 제대로 고치지 못해서 승진이 느리거나 한참 동안이나 제자리에 머물러 있는 경우를 종종 보았다. 그런 사람들은 입버릇이 고약한 촌뜨기로 낙인이 찍히고 만다. 다른 사람들에게 무뢰한으로 인식되어서 상종조차 말아야 할 위인으로 평가되는 것이다. 그리고 어떤 성과를 올리든지간에 경영자들은 더 이상 그들에게 관심을 두지 않는다.

나는 대개 동료들을 대하는 것과 똑같은 태도로 상사를 대한다. 만약 상사가 지저분한 욕설을 섞으면서 말한다면, 거기에는 반드시 그럴 만한 이유가 있다. 그런 상사는 강하고 남성다운 이미지를 더욱 선호하기 때문이다. 지저분한 욕설을 사용하는 상사들은 남자 부하 직원들을 평가할 때 얼마나 남성적인 태도를 가지고 있는지를 보고 판단한다. 하지만 상사보다 더욱 높은 지위에 있는 사람을 대할 때에는 아주 긴급한 경우에만 지저분한 말을 사용하라.

아무리 더러운 욕설을 사용하더라도 무조건 용납이 되는 경우는 딱 한 가지뿐이다. 그것은 바로 긴급 상황이다. 긴급 상황이 어떤 것인지 한마디로 정의할 수는 없다. 왜냐하면 모든 사람들이 각자 나름대로 생각이 다르기 때문이다. 또한 경우에 따라서는 어떤 일이든지 긴급 상황이 될 수 있다.

나는 우리 부사장 앞에서 관리부 부사장을 '후레자식' 이라고 부른 적이 있었다. 그 당시의 나는 겨우 일선 관리자에 불과했다. 하지만 관리부 부사장이 우리 부서의 꼬리를 잡았기 때문에 나는 우리 부사장이 재빨리 이 상황에 대처할 수 있도록 만들 필요가 있었던 것이다.

우리 부사장은 껄껄거리면서 웃음을 터뜨렸으며 팽팽하던 긴장이 순식간에 사라졌다. 그 다음부터 나는 그의 전폭적인 도움을 받을 수 있었다. 이 일을 통해서 나는 부사장에게 내가 그의 앞날을 진심으로 걱정하고 있으며, 그와 같은 편이라는 인식을 분명하게 심어주었던 것이다.

또 다른 회사에서 나는 상사의 상사인 부사장을 만난 자리에서 '개새끼들' 이라는 용어를 사용했다. 회계부에서 지불을 너무 늦추는 바람에 몇 개의 거래처들이 포춘지 100대 기업에 선정된 우리 회사의 신용장을 거부했다는 사실을 설명하기 위해서 일부러 그런 욕설을 사용했던 것이다. 물론 나는 부사장의 관심을 끌 수 있었다.

만약 당신이 직장 상사들 앞에서 한 번도 욕을 사용한 적이 없다면, 지금 당장 써보도록 해라. 그것은 뭔가 일이 잘못되고 있다는 신호로 받아들여질 것이며, 대부분의 경우에 상사들은 당신의 말에 귀를 기울일 것이다. 아껴서 잘 사용하면 욕설도 아주 효과적인 수단이 된다.

나의 경우에는 적절한 대목을 강조하기 위해서 욕설을 사용하는 것도 효과적이었다. 나는 욕설을 매우 뛰어난 형용사라고 생각한다. 과도할 정도로 남용하지만 않는다면 욕설은 확실하고 강력한 표현 수단이 된다. 예를 들자면 "아무리 지랄해도 안 돼!"라는 표현은 그냥 "안돼!"라고 거절하는 것보다 훨씬 더 단호하다. 그냥 "제정신이 아니군!" 이라고 말하는 것보다 "미친놈! 완전히 돌았군!" 이라고 말하는 것이 상대방에게 훨씬 더 모욕적이다.

때로는 욕설이 문장에 활력과 생기를 심어주는 것처럼 보이기도 한다. 예를 들어보자. 다음 문장 중에서 어느 쪽이 더욱 강렬하게 들리는가?

"나는 이런 엿 같은 짓을 더 이상 참지 않을 거야."

"나는 이런 일을 더 이상 참지 않을 거야."

물론 당신은 이런 식의 욕설들을 많이 들어보았을 것이다. 어쩌면 그 이상의 욕설을 들었을지도 모른다. 하지만 욕설을 사용하기 전에 한 가지 교훈을 명심해라. 만약 당신이 욕설을 사용한다면 적절하게 효과적으로 사용하라. 어떤 사람들이 그러하듯이 습관적으로 욕설을 퍼붓거나 아무런 의미도 없이 사용해서는 안 된다. 그런 사람들은 욕설이 인격의 일부가 되어버렸다.

때로는 욕설을 사용해도 좋다. 하지만 상대방을 저주하는 말은 절대로 사용하지 말아야 한다. 질이 나쁜 말도 역시 금기 사항으로 삼아야 한다. 그런데 질이 나쁜 말이란 어떤 것인가? 그 예를 두 가지만 들어보기로 하자. 하나는 남녀 직원들이 함께 있는 자리에서 성경험을 가지고 농담을 하는 것이며, 또 다른 하나는 부하 직원의 동료들에게 부하 직원의 약점을 떠들어대는 것이다. 나는 지금 도덕 강의를 하려는 것이 아니다.

당신이 원한다면 무슨 일이든지 할 수 있다. 하지만 최고의 자리에 오르고 싶다면 먼저 입을 조심하고 말하는 상대방을 잘 가리도록 해라. 나는 아무리 남자들만 모여 있는 자리라고 하더라도 자신의 성경험에 대해 자랑스럽게 떠들어대는 사람을 보면, 도대체 왜 저러는 것일까 의문을 품지 않을 수 없다. 자신이 남자답다는 것을 다른 사람들에게 설득시키기 위해 애를 쓰는 것일까? 나는 도무지 그런 사람들을 이해할 수가 없다. 그런 사람은 너무나 한심하다.

부하 직원들 앞에서 다른 부하 직원에 대한 이야기를 꺼내는 것은 너무나 어리석은 일이다. 상사가 내 앞에서 다른 동료에 대해 험담을 하는 것을 보면, 다른 동료들 앞에서는 내 흉을 보는 것이 아닐까 하는 의구심을 품게 된다. 당신의 부하들도 역시 똑같은 기분이 들 것이다. 동료들과의 관계에 있어서도 이런 원리는 역시 마찬가지라고 할 수 있다. 동료의 행동에 대해서 다른 동료들과 함께 이러쿵저러쿵 떠들지 않도록 해라. 동료들은 당신을 신뢰하지 못하게 될 것이다. 심지어 직접 당사자를 찾아가서 당신이 험담을 늘어놓았다고 말할지도 모른다. 그렇게 되면 당신은 적을 하나 만드는 셈이다.

무슨 말을 할 것인지, 누구에게 말할 것인지, 그리고 어떻게 말할 것인지 항상 조심하라.

직함이 의미하는 것?

> 권위는 한 사람이 '소유한' 재산이나 육체적인 특성에서 비롯되는 것이 아니다. 권위는 한 사람이 자신보다 뛰어난 다른 사람을 존경하는 상호관계를 말한다.
> _에리히 프롬(1900~1980)

직함이란 무엇을 의미하는가? 아무것도 아니다. 당신이 실제로 권한을 갖고 있지 않는 한, 그것은 아무것도 아니다. 막 사회에 첫발을 내디뎠을 때, 나는 화려한 직함을 가진 사람들이 정말로 힘이 있는 자들이라고 생각했었다. 최고 경영자가 되는 것은 이 세상을 다스리는 왕이 되는 것이라고 굳게 믿었다.

과연 그럴까? 회사를 운영하는 경영자나 이사가 된다고 하더라도 이전보다 훨씬 더 어려운 문제를 해결해야 한다는 것을 제외하고는 예전과 별로 달라진 게 없다. 물론 더욱 많은 돈을 벌 수는 있지만, 그 대신에 더욱 많은 이익을 창출해야만 한다.

당신은 직함 때문에 미리 겁을 집어먹는가? 하지만 그럴 필요가 있을까? 나도 과거에는 묵직한 느낌을 주는 직함 앞에서 저절로 주눅이 들곤 했다. 일선 관리자로 근무하고 있었을 때, 어느 날 나는 부사장의 호출을 받아서 사무실로 들어갔다. 무릎이 후들거리고 가슴이 마구 떨렸다. 부사장은 마음만 먹으면 언제든지 나를 깔아뭉갤 수 있었다. 감히 부사장을 가로막을 수 있는 사람은 아무도 없는 것 같았다.

하지만 기업 정치의 세상에서 더욱 높은 자리에 올랐을 때, 나는 한 가지 놀라운 사실을 깨닫게 되었다. 그런 직함을 가진 사람들도 나와 똑같은 인간일 뿐이며, 내가 허락하지 않는 한 나에게 그 어떤 짓도 할 수가 없다는 것을.

정상의 위치에 있는 사람들도 역시 평범한 인간들이다. 당신이나 나와 하나도 다를 것이 없다. 그들도 역시 감정이 있으며, 가끔씩 자신의 상사를 씹어대기도 한다. 어려운 일이 생겼을 때 쉽게 결정을 내리지 못하고, 위기가 닥치는 것을 별로 좋아하지 않는다. 그들도 역시 인간에 불과하다는 사실을 명심해라. 그리고 당신은 그들에게 무슨 말이든지 할 수 있다.

직함에 대한 또 다른 사실은 당신이 그 의미를 제대로 모르고 있다는 것이다. 직원을 채용하기 위해 면접 심사를 본 적이 있는가? 지원하는 사람들의 경력을 보면 모두 어떤 분야의 부장들이거나 이사들이다. 하지만 그들이 거느렸던 부하 직원의 규모와 책임에 대해서 자세히 물어보면, 사실 그들은 제한된 책임을 맡고 있을 뿐 권위는 없는 한낱 일선관리자에 불과하다는 사실을 알게 된다. 50명 이상의 직원들을 관리하면서 최소한 아래로 두 단계 정도를 두게 될 때까지는 최상위 그룹에 속한다고 말할 수 없다. 관리자들을 관리하는 관리자들을 관리하고 있는 부류의 사람이 최상위 그룹에 속해 있는 사람이다.

당신이 살고 있는 지역의 슈퍼마켓을 보라. 그곳에는 공산품 관리자, 의류 관리자, 제과 관리자를 비롯한 다양한 부서의 관리자들이 있다. 그들이 하는 일은 무엇인가? 그것은 바로 선반을 채우는 일이다. 당신이 살고 있는 지역의 음식점을 보라. 그곳에는 주방을 관리하는 사람, 식탁을 관리하는 사람, 심부름을 하는 사람들이 있다. 작은 회사에도 반드시 관리자들과 그들이 해야 할 역할이 있다. 그러나 과연 그들이 거대한 기업에서 관리자로 있는 사람들과 똑같이 중요한 권한을 갖고 있는 것일까? 물론 그들을 관리자라고 부를 수는 있다. 하지만 그들과 경영전략가 사이에는 커다란 차이점이 있다. 경영전략가는 막중한 책임과 권위 그리고 부하 직원들을 가지고 있지만, 그들은 아무것도 가진 게 없다.

직함에 구애받지 않도록 해라. 아무런 의미도 없는 것들이다.

정리

나는 당신이 기업이라는 세상 속에서 살아간다는 것의 실체가 무엇인지 깨달았기를 바란다. 혹독한 정글에서 살아남고 성공을 거두기 위해서는 반드시 수많은 규칙들과 지침들을 이해할 필요가 있다. 전문가들의 행동을 주의 깊게 바라보면서 적절하게 탭 댄스를 배워라. 지금 벌어지고 있는 게임의 성격을 잘 이해하고 유머를 적절히 사용하라. 우수한 사람들을 채용하고 시의 적절한 언어를 써라. 그리고 직함이란 단지 당신이 조직의 꼭대기에 오르기 위해서 정복해야만 하는 것에 불과하다는 사실을 깨달아라. 제1장과 제2장은 다음에 나올 내용들을 위한 기초 자료에 불과하다.

기업 정책은 일종의 게임이라는 사실을 명심하라. 만약 이 게임에서 패배한다면 그들은 즉시 당신을 분쇄기로 갈아버릴 것이다. 이 책은 당신이 어느 살찐 경영전략가의 저녁 식탁에 한 접시의 요리로 올라가는 것을 막기 위해 나온 것이다.

당신의
먹잇감을 추적하라

경영전략가들의 특징 중의 하나는 모든 일들이 그저 그들 뜻대로 순조롭게 풀려 나가는 것처럼 보인다는 것이다. 운이 좋은 걸까, 아니면 특별한 기준이 있는 것일까? 하지만 당신은 당신 앞길에 행운 따위는 처음부터 아예 없다고 믿는 편이 더 낫다. 그것은 오직 노력과 기술의 결과이다.

이번 장에서는 기업의 최고 간부들이 자신들의 뜻을 이루기 위해 이용하는 몇 가지 전술들을 보여주려고 한다. 의도적으로 단순히 요구하는 전술—당신도 이미 알고 있는 것처럼, 경영전략가들은 부탁을 하는 법이 거의 없다—따위는 제외해버렸다. 그런 방법은 게임을 방해하고 전술을 사용하지 못하게 하기 때문이다.

경영전략가들은 자신이 원하는 일에 동조해줄 임원들을 찾아가고 그들에게 동조하지 않을 임원은 피한다. 때로는 무슨 일이 일어났는지 깨닫고 한마디로 딱 잘라 거절하기도 한다. 그들은 우리처럼 소리를 지르고 화를 내고 협상을 하지만 언제나 이긴다. 그들은 자신의 적들을 미리 꾸며둔 계획에 따라서 끈질기게 조직적으로 제거한다. 그리고 아무리 어리석은 일이라도 개의치 않고 상사의 지시를 따른다.

동시에 여러 개의 전술들을 이용하며 다른 모든 방법이 실패했을 때에는 당장 때려치우겠다고 위협을 한다.

이 장은 당신에게 경영전략가들의 행동 방식을 보여주고 그들의 전술을 파악해서, 만약의 경우에 그들과 맞서 싸울 수 있는 준비를 갖추게 해줄 것이다.

매트릭스 조직을 이용하라

> 널리 알려진 바대로, 인간의 에너지를 활용하는 가장 효과적인 방법은 조직적인 경쟁을 유도하는 것이다. 동시에 그 경쟁은 전문화와 사회적 통제에 의해 조직적인 상호 협력을 이루기도 한다.
> _찰스 호턴 쿨리(1864~1929)

앞서 기업의 조직이 지난 수년 동안 고용인들이 둘 또는 그 이상의 상사들에게 보고를 하는 매트릭스 조직으로 발전하고 있다는 이야기를 했었다. 두 명 이상의 상사를 위해서 일하고 있다는 것은, 어떻게 보면 힘들게 여겨질 수도 있다. 그러나 사실 단 한 명의 상사를 위해서 일하는 것보다 훨씬 단순하다. 두 명 이상의 상사 밑에서 일함으로써 당신은 분열을 일으키고 공략할 수가 있으며 결국에는 당신이 원하는 것을 가질 수가 있다.

예를 들어 만일 어느 상사가 어떤 일을 못마땅하게 생각하면 그것을 좋아할 만한 다른 상사에게 가져갈 수도 있다. 그 결과 생기는 마찰은 오히려 당신에게 원하는 바를 성취할 수 있는 확률을 50퍼센트나 높여준다. 그것은 단지 한 명의 상사를 위해서 일하는 사람의 경우보다 더 높은 확률이다. 당신의 상사들 중 한 사람이 멍청이라면 다른 상사에게 의지할 수도 있다.

나는 직장 생활 동안 3년을 매트릭스 조직에서 근무했다. 처음에는 매트릭스 조직을 증오했지만 점차 나는 그 조직에 익숙해지는 요령을 익혔고 그것을 좋아하게 되었다. 우선 이 조직에서는 당신을 위해서 일하는 부하 직원이 없다. 나는 권력은 좋아하지만 사람 관리에 얽힌 문제는 끔찍하게 싫어한다. 매트릭스 관리자로서 나는 어느 부서든 갈 수가 있었고 내가 원하는 것은 무엇이든지 할 수가 있었다. 나는 실무 담당자들 중의 한 사람으로서 '똥 같은 놈들을 떨어내고 남겨놓는' 일을 했다. 문제를 해결하는 것은 내가 아니라 그들이었다. 단지 내가 해야 할 일은 그들을 판정하고 미처 문제를 발견하고 해결하지 못한 실무 담당자들을 씹는 것이 전부였다. 그것은 정말 신나는 생활이었다.

당신이라면 어떻게 매트릭스 조직을 이용해서 원하는 것을 얻겠는가? 매트릭스 조직은 진짜 권력, 즉 실무 자리로 가는 징검다리일 뿐이다. 대개의 경우에 당신은 실권을 가진 두 명 이상의 상사에게 보고를 하고, 그 사이를 연결하는 다리 역할을 하게 된다. 그런데 이 조직에서 상사들간의 우호적인 관계야말로 그 체계를 움직이는 결정적인 조건이다.

결국 당신은 우호적인 관계를 유지하는 데 필요한 요소들을 철저히 이용함으로써 두각을 나타낼 수 있다. 상사들은 누구나 마찰이 생기는 것을 바라지 않는다. 그들은 순조롭고 말썽 없이 일이 진행되기를 바란다. 그러다가 만일 문제가 생기면 그들은 서로에게 마구 화를 낸다. 이런 상황을 수습하는 일은 바로 당신에게 달려 있다. 그리고 결국에는 상사들 모두 당신에게 고마워하게 될 것이다.

일단 몇 달 동안 그 위치에 있다 보면 당신은 어느 상사가 가장 강력한 권력을 가졌는지 파악하게 될 것이다. 그리고 항상 강력한 권력을 가진 상사의 편을 들어라. 만약 상사들 사이에서 마찰이 일어나면 당신은 단지 중간에서 말을 전달한 사신에 불과하다고 주장하라. 그리고 사신은 죽이지 않는다는 전례를 들먹여라. 매트릭스 조직에서 일하는 대부분의 사람들은 당신의 위치를 이해하며 당신을 고깃덩어리로 만들지는 않을 것이다.

당신이 원하는 것을 얻기 위해서는 상사들을 이용하라. 만일 당신이 팀장이 되기를 원하는 업무 분야에서 문제가 생긴다면, 그 업무와는 상관없는 상사에게 문제를 털어놓아라. 그리고 그에게 교묘한 방법으로 당신이 그 자리에 적합한 자질을 갖고 있음을 알려주어라. 항상 상사 앞에서 자질을 드러내되, 단 교묘하게 해야 한다. 그런 다음 실무 책임자에게는 당신의 문제가 그의 부하 직원과 관계가 있다는 사실을 알리도록 해라. 또한 당신이 그 자리를 차지하고 싶은 욕망과 자질을 갖고 있다는 사실을 알려주어라. 물론 교묘하게.

당신이 끈기 있고 신중한 사람이라면 당신이 원하는 업무상의 위치를 얻는 데 매트릭스 조직을 이용할 수도 있다. 그것은 정상으로 향하는 당신의 동정을 몇 년씩 줄여줄 수 있다. 매트릭스 조직을 잘 살펴서 기회가 있을 때 움켜잡아라. 그러나 당신이 공격을 받기 쉽다는 사실 또한 잊지 말아라. 만약 당신이 실패를 한다면 모든 상사들이 당신을 비난할 것이고 그들은 동전을 던져서 누구의 분쇄기에 당신을 집어넣을 것인지 결정을 할 것이다. 물론 당신은 상사의 분쇄기 앞에서 죽음을 기다리고 싶지는 않겠지만 말이다.

단호하게 '싫다'고 말하라

> 거절할 마음이 있으면 곧바로 거절하는 것이 친절이다.
> _퍼블리우스 시루스(기원전 1세기)

당신은 딱 잘라서 '싫다'고 말해버리고 과연 어떤 일이 벌어지는지 알아보고 싶은 충동을 느껴본 적이 없는가? 한 번 그렇게 해보라.

몇 년 전에 나는 한 조직을 맡았는데, 한 번 비용을 지출할 때마다 재무부에 지출 내용을 설명하기 위해서 산더미 같은 서류를 꾸며야만 했다. 나는 당장 부하 직원들에게 서류를 작성하고 보내는 일을 그만두라고 지시했다. 마침내 감사관이 나를 불러서 그 이유를 물었을 때, 나는 단지 그런 서류를 더 이상 작성하고 싶지 않았노라고 대답해버렸다. 감사관은 앞으로 많은 말썽이 일어날 거라고 나를 위협했지만, 단 한 번도 그 일로 인해서 말썽이 일어나지는 않았다. 그 대신 직원 두 사람을 더욱 건설적인 일을 할 수 있는 다른 자리에 배치할 수 있었다.

전화 판매원이 우리집에 전화를 걸면, 나는 대뜸 싫다고 말한다. 그

들이 무엇을 파는지는 아무런 상관이 없다. 그저 싫다고 말하고 끊어
버린다. 한번은 예산 감사부 사람들이 나에게 일정 금액이 넘는 구매
청구서에 서명을 해달라고 부탁했다. 나는 일언지하에 싫다고 말하고
내 바이어들에게도 그들의 요구를 무시하라고 전달했다. 그러자 모든
문제가 사라졌다.

내가 당신에게 말하고 싶은 것은 단호하게 '싫다'고 말해도 아무 문
제가 없다는 것이다. 그래도 당신은 언제든지 그 말을 취소하고 그들
이 원하는 대로 해줄 수도 있다. 혹시 나처럼 운이 좋다면 순조롭게
일이 풀릴 수도 있다. 만약 그렇지 않다면 다음 장을 참조하여, 그들
을 더 이상 맞서 싸울 가치조차 없는 지경에까지 몰아넣어라. 예를 들
어 위원회라면 어떤 것이든 죽일 것이다.

고함을 지르는 자들과 그들과 맞서 싸우는 방법

> 겁에 질린 사람에게 가장 큰 용기가 되는 것은 다른 사람도 두려
> 워한다는 사실이다.
> _움베르토 에코(1932~)

석기 시대의 지도자들은 자기 부족 사람들을 향해서 효과적으로 소
리 지르는 법을 알고 있었다. 그런 행동은 개들이 서로 으르렁거리고
고양이들이 쉿 소리를 내는 것처럼 어떤 관계가 있음이 분명하다. 왜
상사들은 항상 소리를 질러야 한다고 생각하는 것일까? 나는 그 이유

를 모른다. 단지 그렇게 한다는 것을 알고 있을 뿐이다.

그들 중의 한 사람이 당신을 향해서 소리를 지른다면 어떻게 하겠는가? 당신은 두 가지 반응을 보일 수 있다. 다른 대부분의 사람들처럼 다리 사이에 꼬리를 감추든지 아니면 어금니를 드러내서 그 멍청이들에게 당신이 쉽게 당하지 않을 거라는 사실을 알려주는 것이다. 나는 언제나 후자의 방식대로 움직였고 아직까지 그로 인해서 상처를 입은 적은 없다.

이사가 버럭버럭 소리를 지를 때, 잔뜩 겁에 질려 몸을 움츠리고 떠는 동료들의 모습을 지켜보며 나는 혐오감 이외에는 아무것도 느낄 수가 없었다. 어떤 사람들에게는 고함이 효과적일 수도 있다. 그러나 나에게는 화를 불러일으킬 뿐이다. 나를 향해 고함을 지르면 나는 그와 똑같은 강도로 맞받아서 고함을 지른다. 가끔 분위기가 살벌해지기는 하지만, 아직까지 그런 행동으로 징계를 받은 적은 한 번도 없다. 물론 그것은 두둑한 배짱이 필요한 일이다. 하지만 상사에게 당신은 용기가 있고 필요하다면 언제든지 싸울 의지가 있다는 것을 알리는 기회이기도 하다. 그렇지만 어떤 경우에도 상대방을 존중하며 예의바르게 행동하는 것을 잊지 말아야 한다.

당신이 용기가 있고 정당한 몫을 차지해야 할 상황이라면, 당신을 압박하는 것에 용기 있게 맞서라. 단 하나, 이 점을 기억하라. 흥분해서 마구 퍼붓는 말은 분노를 초래할 뿐이다. 그러니 자신의 감정을 냉정하게 통제하라.

분노를 효과적으로 이용하라

우리는 정의로운 근거 위에서, 그리고 정의로운 사람들을 위해서,
또한 정의로운 순간에, 정의로운 태도로, 그리고 정의로운 시대를
위해서 분노를 느끼는 사람들을 찬양한다.
_아리스토텔레스(기원전 384~기원전 322)

앞 절에 이어 우리가 내릴 수 있는 결론은 바로 분노를 이용하라는
것이다. 진짜 분노이든 혹은 거짓 분노이든 상관없다. 대부분의 사람
들은 싸움을 좋아하지 않는다. 그러나 세상 모든 사람들이 언제나 사
이좋게 지낸다면 무척 좋은 일이겠지만 불행히도 현실은 그렇지가 못
하다. 누군가가 화를 내면 그 사람을 달래고 진정시키려 하는 것이 인
간의 자연스러운 성향이다. 그리고 달랜다는 것은 '그 사람의 뜻을 받
아들인다'는 의미이다. 이런 깨달음은 경영전략가에게 매우 유용할
수가 있다. 두려워하지 말고 화를 내라! 그리고 원하는 것을 얻어라!

그렇다면 거짓 분노란 무엇일까? 그것은 진짜 분노가 아니라, 단지
뜻을 이루기 위해서 진짜 화가 난 것처럼 꾸미는 것이다. 수년 전 내
가 경험했던 거짓 분노의 실례를 하나 들어보겠다.

나는 전임 상사와 함께 회의에 참석하고 있었는데, 그는 자신에게
협조하기를 거절한 사람에게 분통을 터뜨리고 있었다. 상사의 얼굴은
시뻘겋게 변했고 머리카락은 하늘로 곤두서는 것처럼 보였다. 그의
입에서는 내가 알고 있는 온갖 비열한 말들이 마구 쏟아져 나왔고 콧

구멍에서는 뜨거운 김이 뿜어져 나왔다. 나와 그 방안에 있던 다른 사람들 모두 그의 분노에 겁을 먹었다. 이 전술을 이용해서 나의 상사는 작은 양보를 얻어냈고 결과적으로 그 양보를 발판으로 자신이 원하는 것을 모두 얻을 수 있었다. 회의가 끝나고 우리 두 사람만 남게 되었을 때, 나는 그에게 무엇 때문에 그렇게 화를 냈느냐고 물었다. 그는 미소를 지으면서 자신은 화가 나지 않았으며 결코 화를 낸 적도 없다고 말했다.

나는 그의 말이 믿어지지 않아서 머리를 흔들었다. 내 눈으로 똑똑히 그가 화를 내는 것을 보지 않았던가? "정말이네." 그가 말했다. "그런 녀석들을 상대할 때는 결코 화를 내지 않는다네. 그건 나에게 치명적이 될 테니까 말이야. 자네가 본 것은 단지 쇼일 뿐이야. 그 녀석들의 얼을 빼놓아서 내가 원하는 것을 얻으려는 거라고."

나는 그 동안 여러 차례 분노를 이용했다. 때로는 진짜 분노이기도 했고 때로는 거짓 분노이기도 했다. 하지만 진짜로 화를 내는 것은 지극히 싫어한다. 왜냐하면 때로는 본래의 객관적인 시각을 잃어버리고 내 분노의 대상에게만 관심을 집중하게 되기 때문이다.

내가 아는 어떤 부사장은 너무나 화가 나서 자신의 서류가방을 벽에 집어던지고 테이블을 발로 걷어찼다. 그렇게 해서 자신의 뜻을 관철시키지는 못했지만, 확실하게 모든 사람의 관심을 끌 수는 있었다. 우리는 숨을 죽이고 무엇이 그를 화나게 만들었는지 그의 요구에 귀를 기울였다.

사실 좀 유치한 짓이기는 하다. 그렇기는 해도 나는 그것이 효과가 있다고 믿는다. 분노는 사람들의 관심을 불러일으키고 대부분의 경우에 무언가를 양보하게 만든다.

만약 당신과 똑같이 이 책을 읽고 분노의 전술에 대해 알고 있는 친구가 있다면, 그런 친구와는 어떻게 싸울 것인가? 때때로 불과 싸우는 최선의 방법은 불로 맞서는 것이다. 어떤 사람이 화를 내면 그것을 하나의 놀이로 생각하고 맞받아서 화를 내라. 당신이 화를 내면 그는 당신으로부터 양보를 받아내리라는 기대조차 할 수가 없다. 그렇지 않은가? 하지만 그자가 당신의 분노와 싸우려고 분노를 이용한다면, 그때는 또 다른 전술로 옮겨야 할 시간이다.

협상의 기본

> 우리는 결코 두려움에서 벗어나려고 협상하지 맙시다. 그러나 결코 협상을 두려워하지도 맙시다.
>
> _존 F. 케네디(1917~1963)

언제나 당신의 소망이나 기대치 이상의 것을 요구하라. 반드시 언제나! 당신과 거래를 하는 사람들은 누구든지 대개는 당신을 조금 깎아내리려고 한다. 그들은 그렇게 하는 것이 자신의 소임이라고 생각한다. 그러므로 처음부터 당신의 요구나 청구 내역을 부풀린다면 당신은 원하는 것을 얻게 될 확률이 그만큼 높아진다. 그렇게 하는 것이 도덕적인가? 그건 모르겠다. 그러나 정확히 내가 원하는 만큼의 요구나 청구만을 한다면, 언제나 원하는 것보다 작은 몫을 갖고 물러서게 된다는 사실만은 분명하다. 인생이란 것이 모두 그렇다.

한 실례가 예산 진행이다. 만일 당신이 꼭 필요한 비용만 요구한다면 재무 담당자들은 반드시 당신이 요구한 금액을 덜어내려고 할 것이다. 가령 예산 청구 내용을 모두 검토한 후에 책임 이사에게 가면 이사는 이렇게 말할 것이다.

"그 금액의 10퍼센트를 줄여. 금액이 너무 높아."

하지만 만약 당신이 처음부터 청구 금액을 10퍼센트 부풀려서 요구한다면 당신은 정말로 원했던 금액을 얻을 수 있을 것이다. 물론 그 다음에는 마치 재무 담당자들의 예산 삭감 때문에 심한 타격을 입은 것처럼 아우성치는 것을 절대 잊어서는 안 된다. 그래야만 그들이 당신을 의심하지 않을 것이다.

또 다른 실례가 물품 공급업자들의 가격 제안이다. 그들은 우리 조직이 그들과 협상하여 뭔가를 얻어내고 싶어한다는 사실을 잘 알고 있다. 그러므로 공공연히 가격 제안을 조금 높이 잡는 것이다. 우리 구매원들은 그들과 나란히 앉아서 열띤 설전 끝에 10퍼센트 정도 금액을 삭감한다. 그리고 우리는 물품 구매에 있어서 얼마나 놀라운 성과를 거두었는지 모든 사람들에게 떠들어댄다. 반면 물품 공급업자는 자신이 기대했던 결과를 얻어서 돌아간다. 모든 사람들이 만족스럽다. 그리고 게임은 계속되는 것이다.

만약 월말까지 꼭 끝내고 싶은 일이 있다면 어떻게 하겠는가? 그때까지 끝내라고 지시하겠는가? 아니, 천만에 말씀이다. 우선 오늘 업무 마감 전까지 그 일을 당장 끝내라고 요구를 한다. 그런 다음에 협상을 해서 주말까지 기한을 정하고, 월말까지 그 일이 완수되기를 기다리는 것이다.

또한 새로운 직장에서 월급 협상을 한다면 고용주에게 당신이 기대하는 최저 봉급을 말하겠는가? 천만에 말씀! 면접을 한 후에 고용주가 당신을 마음에 들어한다는 확신이 들면, 그때는 당신이 생각하는 것보다 훨씬 더 많은 봉급을 요구하라. 아마 두 가지 중 하나의 상황이 발생할 것이다.

첫 번째로 고용주가 당신의 요구대로 엄청난 봉급을 줄지 모른다. 그러나 그런 상황은 좀처럼 기대하지 말아라. 혹시 당신과 몇 번 협상을 한 후에 당신이 생각하고 있던 금액과 아주 근접한 정도의 봉급을 줄지도 모른다. 하지만 반대로 당신이 솔직하게 현실적인 가격을 부른다면 고용주는 당신에게 딱 그 금액만큼을, 아니면 그보다 적은 금액을 제안할 것이다. 적어도 나는 항상 그렇게 해왔다. 언제나 직원이 요구하는 금액보다 봉급을 조금 깎는 것이다.

한번은 우리 회사의 계약 담당 부서가 실수를 해서 턱없이 낮은 금액으로 계약을 체결해버렸다. 결국 그 업무와 관련된 인원을 터무니없이 감축했고 예산도 아주 부족하게 주었다. 그 일로 인하여 내가 이미 과로 상태인 직원들에게 어떻게 또 한 사람분의 업무를 시킬 수 있을까 한참 고민하고 있을 때, 또 다른 업무 담당자가 나를 찾아와서는 자신이 충분한 자금을 대준다면 자재 구매 프로그램을 만드는 데 얼마나 걸리겠느냐고 묻는 것이었다. 나는 지금 있는 부하 직원들을 데리고 두 달이면 그 일을 끝낼 수 있다는 사실을 알고 있었다. 하지만 그에게는 적어도 여섯 달은 주어야만 한다고 대답했다. 그에게는 예산이 있고 나는 그것이 필요했던 것이다. 그러자 그는 무슨 소리냐며

넉넉잡아 석 달 안에는 끝내야만 한다고 소리쳤다. 나는 형편없이 부족한 인원과 과중한 업무에 대해서 자세히 설명하면서 어쩌면 간신히 다섯 달 안에 끝낼 수 있을지도 모른다고 엄살을 떨었다. 그는 석 달 안에 그 일을 끝내려면 몇 명의 추가 인원이 더 필요하냐고 물었다. 나는 그에게 조리 있게 이유를 들어가며 그가 원하는 불가능한 마감 시간에 맞추기 위해서는 최소한 두 명 이상이 필요하다고 말했다. 나의 말을 듣자, 그는 신경질적인 비명을 질렀다. 마침내 여러 시간의 협상 끝에 우리는 한 명 이상의 인원을 보충해주고 초과 근무를 해서라도 석 달 안에 그 일을 완수하는 것으로 합의를 보았다. 나는 임시 직원을 한 명 고용했고, 그는 그 고용인의 월급을 지불해주었다. 우리 두 사람 모두 자신이 원하는 것을 얻은 것이다.

필요 이상의 것을 요구하는 것은 경영전략가들이 즐겨 이용하는 전술들 중의 하나이다. 이 전술을 항상 기억하고 되도록 모든 분야에서 적용하라. 당신이 원하는 것을 얻는 데 커다란 도움이 될 것이다.

친절하게 적을 제거하라

> 적을 이기는 유일한 방법은 적의 편에서 싸우는 것이다.
> _프란시스 피카비아(1878~1953)

어떤 사람을 적이라고 하는지 그 의미를 한 번 알아보자. 내가 가려는 길에 버티고 서 있는 사람은 누구든지 적이다. 당신의 절친한 친구가 당신이 원하는 자리를 차지하고 있다면 그 역시 적이다. 고용인이 골칫거리라면 그가 바로 적이다. 적을 제거할 수 있는, 그리고 스스로 제거되기를 바라게 만들 수 있는 가장 좋은 방법은 무엇일까? 그것은 바로 적이 더 나은 일자리를 찾도록 도와주는 것이다.

　나는 이 전술을 몇 번밖에 써보지 못했다. 대개 사람이 멍청하면 모두들 금방 그 사람이 멍청하다는 사실을 알게 되는 법이다. 그러므로 능력 없는 상사를 제거하는 일이 가장 힘든데, 다른 사람들도 그가 쓸모 없다는 것을 다 알고 있기 때문이다. 그렇게 되면 당신은 좀처럼 그를 다른 자리로 떨어내기가 힘들다.

　나는 딱 한 번 나보다 더 빤질빤질한 남자의 자리를 원했던 적이 있었다. 사실 그는 별로 똑똑한 사람은 아니었다. 하지만 그는 임기응변에 능했고 내가 아직 익히지 못한 몇 개의 다른 전술들을 알고 있었다. 나는 대학원 친구로부터 친구의 회사에 빈자리가 생겼다는 정보를 들었다. 나와 미스터 빤질이 두 사람 모두 그 자리에 적합한 자질을 갖추고 있었다. 나는 미스터 빤질이에게 그 정보를 전해주었고 그는 지원을 했고 그 자리를 얻었다. 나는 그의 자리로 승진을 했다.

　무능한 부하 직원을 제거하는 것 또한 쉬운 일은 아니다. 나는 우선 상담을 통해서 그들의 업무 수행이 평균 이하임을 알린다. 보통은 이 정도만으로도 다른 일자리를 찾게 만드는 데 충분하다. 솔직하게 사직서를 내줬으면 좋겠다는 말은 할 수가 없다. 만약 그렇게 한다면, 직원들은 다른 일자리를 찾을 때까지 이전보다 훨씬 태만하게 일을 할 것이 뻔한 일이기 때문이다.

　커다란 자재 담당 조직의 중간 관리자로서 나는 스카우트 담당자나 또는 사설 인력 회사로부터 늘 전화를 받았다. 그들은 한결같이 나를 어떤 다른 자리에 집어넣으려고 애쓰거나 나의 조직 안에 그들이 소개하는 사람을 집어넣으려고 애를 썼다. 나는 그 사람들에게 골치 아픈 직원의 명단을 넘겼다. 그러면 대개는 업무 능력 상담이나 자신의 부족한 능력이라도 고맙게 여겨줄 회사를 찾으려는 직원 자신의 노력이나 혹은 스카우트 담당자들을 통한 나의 노력 중에서 한 가지가 효력을 발휘하곤 했다.

만일 당신이 성공적인 경영전략가가 되고 싶다면, 개선의 여지가 없거나 무능한 직원들을 제거하는 방법부터 배워라. 이것은 매우 중요한 내용이다. 그러므로 나는 책의 후반부에 그 방법을 서른 가지 이상 나열해놓았다. 부하 직원의 경영은 경영전략가의 생활에서 두 번째로 중요한 사항이며 그것은 당신에게도 마찬가지다. 가장 중요한 사항이 무엇인지 잊었다면 1장의 제1법칙을 다시 읽어라.

코끼리는 한 번에 한 입씩 먹어라

> 나는 마침내 하고 싶은 것을 해내는 대단히 끈질긴 인내심을 갖게 되었다.
> _마가렛 대처(1925~　)

"코끼리를 먹는 유일한 방법은 한 번에 한 입씩 물어뜯는 것"이라는 옛말이 있다. 원하는 것을 손에 넣는 유일한 방법은 어쩌면 처음에는 단지 당신이 원하는 몫을 얻기 위해 싸우고 그런 다음에는 조금씩 그 범위를 넓혀서 마침내 목적하던 것 전부를 차지하는 것인지 모른다.

단 한 번의 전투에서 전부를 차지하려고 하다가는 종종 모든 것을 잃게 되는 법이다. 지혜로운 장군들은 이 사실을 잘 알고 있었다. 그들이 전쟁에서 승리하는 데 수년씩 걸린 것도 바로 그 때문이었다. 왜 그랜트 장군이 피츠버그 밖으로 리 장군을 몰아내는 데 일 년이나 걸렸겠는가? 만약 단 한 번의 싸움으로 전투에서 승리하려고 덤볐다가는 영원히 패배자가 되었을 것이기 때문이다.

여기 한 기업의 실례가 있다. 나는 매트릭스 조직에 속해 있었다(만약 당신이 똑똑한 사람이라면 여러 번 매트릭스 조직을 들락거렸을 것이다). 그런데 나의 담당 상사는 내가 하는 업무를 전혀 도와주지 않았다. 그는 모든 권력을 차지하려고만 했지, 일에 대해서는 손 하나 까딱하려고 하지 않았다. 그런데 내가 무엇을 할 수 있었겠는가? 물론 내가 지원하는 업무 진행팀에 불평을 할 수도 있겠지만 그건 담당 상사와 나의 관계를 파괴할 뿐이었다.

그 대신 나는 업무 진행팀을 설득해서 전체 업무 중 작은 한 부분을 떼어오도록 했다. 업무 진행팀은 나의 상사가 크게 애를 먹고 있던 골칫거리인 생산 관리 업무를 분리했고 나에게 그 운영 책임을 맡겼다. 그리고 나머지 다른 일들은 모두 나의 담당 상사 손에 남겨두었다. 나는 생산 관리에 관련된 문제들을 깨끗이 해결했고 곧 다른 업무를 떠맡았다. 그렇게 해서 마침내 나는 모든 업무들을 다 관리하게 되었다. 내가 계획적으로 행동했던 것일까? 당연한 말씀이다!

또 다른 실례가 있다. 나의 상사였으며 부사장의 자리에까지 오른 실무 담당 관리자의 경우이다.

그는 4백 명이 넘는 직원들이 근무하는 거대한 자재팀의 운영을 맡고 있었다. 그 팀은 생산 자재의 수요를 미리 판단하고 여섯 개 공장의 자재 창고를 점검하는 일을 했다. 하지만 만약 그가 부사장이 될 생각을 갖고 있다면 어느 정도 물자 구매 경험이 필요했다. 과연 그는 어떻게 했을까?

그는 제조 담당 부사장에게 생산 관리팀을 자신의 조직으로 합병시켜준다면 적지 않은 인원이 감축될 것이라는 인식을 심어주었다. 부사장은 이 제안을 받아들였고 잉여 인원을 20퍼센트 감축했다. 다음에 그는 자재 담당 부사장에게 기존의 구매 담당 이사들보다 자신이 더 납품업자 관리를 잘할 수 있다고 납득을 시켰다. 이미 생산 관리팀을 장악한 그는 마음놓고 모든 공장의 문제가 구매 탓이라고 비난함으로써 목적을 이룰 수가 있었던 것이다. 그가 납품업자 관리까지 장악하게 되자, 그 조직이 안고 있던 모든 문제가 사라지는 것처럼 보였다. 그 다음에 그는 일반 구매부를 장악했고, 결국 그는 모든 것을 장악하게 되었다. 만약 그가 처음부터 총 책임 이사의 방으로 달려가서 자신이 궁극적으로 노리는 것을 제시했다면 그는 당장 자재 담당 부사장과 관리팀을 적으로 만들었을 것이다. 그는 코끼리를 한 번에 한 입씩 삼켰고, 계획에 따라 철저히 이행했다.

그렇다면 지금 내가 당신에게 경력에 보탬이 되도록 조직 전체를 뒤바꾸어놓으라고 권유하고 있는 것인가? 절대로 그렇지 않다. 조심스럽게 행동하라. 그러나 항상 당신의 생각을 상사에게 알린다면, 좀

더 조직이 순조롭게 운영될 수 있을 것이다. 조직이 더 잘 운영되도록 돕겠다는 식으로 계속해서 당신의 생각을 슬쩍슬쩍 내비쳐라. 만약 당신이 실천하는 사람이며 자신이 무슨 일을 하고 있는지 잘 알고 있다면, 상사는 당신의 말을 분명히 기억하고 은연중에 이행할 것이다.

기억하라. 정상으로 오르는 여정에는 철저한 계획이 뒤따라야 한다는 것을. 그리고 한 번에 한 입씩 코끼리를 먹으려면 반드시 전략적으로 계획을 추진해야만 한다. 오직 보아 뱀만이 한 입에 코끼리를 꿀꺽 삼킬 수 있는 법이다. 심지어 보아 뱀이라 할지라도 너무 덩치가 큰 놈에게는 덤비지 않을 것이다. 원하는 것을 얻는다는 것은 조금씩 계획에 따라서 움직인다는 뜻이다.

인내하는 사람이 이긴다

> 단 하나 원죄가 있다면, 그것은 인내심의 부족이다. 인내심이 없기 때문에 우리는 낙원에서 쫓겨났고 인내심이 없기 때문에 돌아갈 수가 없다.
> _W. H. 오든(1907~1973)

이번 절은 약간 다른 주제가 들어 있다는 것을 제외하면 앞 절과 비슷하다. 내가 요즘 만난 대부분의 젊은이들은 서른 이전에 중역이 되고 마흔 이전에 안정적인 위치를 확보하기를 바란다. 물론 기회만 많다면이야! 기업이란 마치 피라미드와 같아서 바닥에는 젊은이들이 그리고 꼭대기에는 현명한 노인들이 자리를 잡고 있다. 현명하다는 단어에 주목하라. 그저 평범한 노인네들은 바닥이나 중간을 차지할 수 있을 뿐, 꼭대기에 절대 오르지 못한다. 어떻게 해야 꼭대기로 올라갈 수 있는가?

거물들은 대부분의 젊은 관리자들에게 없는 것을 갖고 있다. 바로 인내심이다. 인내심이란 무엇인가? 원하는 것을 얻을 때까지 기다릴 수 있는 의지를 의미한다. 당신이 제대로 계획을 세웠고 제대로 수행을 한다면 결국 원하는 것을 얻을 것이다. 물론 당신은 언제든지 배를 갈아타고 다른 일자리를 얻을 수가 있다. 경우에 따라서는 어서 서둘러 그렇게 하라고 추천하고 싶다. 그러나 만일 당신이 그 회사를 좋아한다면 그리고 그곳을 떠나고 싶지 않다면 그때는 인내심을 갖고 계획을 세워야만 한다.

인내심 덕분에 내가 성공했던 몇 가지 예를 들겠다. 나는 실무 책임자였다. 그런데 한 야심만만한 매트릭스 책임자가 계속해서 내가 관리하는 영역들을 인수하려고 시도했다. 그는 이 책에 소개한 여러 가지 전술들을 이용했고 매우 능수능란했다. 진퇴양난에 빠진 나는 침착하게 자리에 앉아서 그를 제거할 계획을 준비했다. 나는 내 부하 직원들에게 그를 무시하고, 그에게 보고하는 것을 중단하고 무슨 일이 진행되는지 절대 말하지 말라고 지시했다. 부하 직원들은 내 지시대로 따랐고 그는 무력해졌다. 그는 나와 나의 부하 직원들에게 화를 냈지만 우리는 계속해서 그에게 입을 다물었다. 그렇게 되자, 그는 자신이 쓸모가 없음을 느끼고 다른 직장을 구했다. 내가 그를 제거할 수 있었던 것은 그가 자기 일에 싫증을 내고 다른 자리를 알아볼 때까지 거의 일 년 동안이나 참고 기다린 덕분이다. 물론 한편으로는 그가 다른 직장을 구하도록 도와주었다.

당신에게 문제가 있다면 그것을 해결할 계획을 준비하라. 그 계획은 일 년이 걸릴지도 모른다. 그러나 계획을 차근차근 실행해 나가면서 기다려라. 계획이 좋다면 효과가 있을 것이고 당신은 문제를 해결할 수 있을 것이다.

상사의 지시, 어떻게 따를 것인가

> 이치에 맞는 명령은 쉽게 복종을 이끌어낸다. 징벌을 습관화하는 것은 바로 변덕스럽고 관료적인, 혹은 단순한 멍청이들의 명령이다.
> _바바라 터치맨(1912~1989)

당신의 상사가 멍청이라면? 당신이 증오하는 사람이 상사라면? 그들을 제거할 수 있는 가장 좋은 방법은 그들이 시키는 대로 정확하게 시행하는 것이다. 모든 사람들이 실수를 하게 마련이다. 당신이 그에 대해서 굳이 질의를 하거나 따지지만 않으면, 모든 책임이 당신에게 지시를 내린 그 사람에게 떨어질 것이다.

이 전술은 무슨 일이 진행 중인지 모르는 상사에게 특별히 효과적이다. 사실 그런 상사들은 꽤 많다. 만약 당신이 그런 상사를 두고 있다면, 이것은 바로 당신을 위한 전술이다.

다음은 나의 고용인 중의 한 사람이 이 전술을 나에게 이용한 실례이다. 나는 그에게 마치 돼지우리처럼 지저분한 그의 사무실을 깨끗이 청소하라고 지시했다. 그는 정확하게 내가 지시한 대로 했다. 귀중한 자료와 서류들을 몽땅 내버린 것이다. 그러나 어쨌든 사무실을 깨끗이 청소한 것은 사실이었다. 내가 자료를 요구하자, 그는 내가 지시한 대로 모든 잡동사니들을 치워버렸다고 말했다. 나는 당장 그를 해고하고 싶었다. 하지만 그는 나의 지시를 정확하게 따랐을 뿐이었다. 물론 말할 필요도 없이 그는 나의 조직에서 더 이상 승진할 수가 없었다.

　이 전술이 정말 효과가 있을까? 당신의 상사가 항상 실수를 하는 사람이라면 효과가 있다. 그러나 상사가 가끔씩 실수를 하는 사람이라면 당신은 분쇄기로 보내지거나 영원히 승진하지 못할 것이다.

　나는 대학을 막 졸업했을 때, 이 전술을 효과적으로 이용했다. 나의 상사는 우둔한 데다가 거만하기까지 했다. 나는 그를 혐오했고 다른 상사를 선택할 수 있기를 바랐다. 내가 이 전술을 배우게 된 것은 거의 우연이었다. 바로 나의 첫 번째 상사가 어떤 이의나 반대도 없이 무조건 정확하게 자신의 지시만 따르라고 고집을 부리는 사람이었기 때문이다.

　상사는 나에게 복식 부기의 기본을 무시한 독특한 프로그램을 사용하여 일반 회계 원장을 깨끗이 정리하라고 명령했다. 본래 그 독특한 프로그램은 셈을 맞추고 남는 자투리 동전을 장부에서 지워버리기 위해 고안된 것이었다. 그렇게 하는 편이 굳이 그 이유를 찾느라 애를 쓰는 것보다 비용 면에서 더욱 효율적이기 때문이다.

하지만 나는 수천 달러를 장부에서 깨끗이 지우라는 지시를 받았고 그대로 했다. 곧 회계 감사관이 그 사실을 발견하고 나를 징계하려고 했을 때, 나는 그에게 상사의 지시에 따랐을 뿐이라고 말했다. 그는 지시를 따를 수밖에 없었던 내 처지를 이해했고 그날로 나의 상사는 끝장이 났다.

효과가 있을까? 물론이다! 그럼에도 불구하고 이 전술을 적용할 때에는 주의해야만 한다. 만약 상사의 지시 중 하나가 불리한 결과를 가져왔을 때, 당신의 상사가 경영전략가라면 이 책에 소개한 모든 전술을 이용해서 당신을 박해할 것이기 때문이다. 하지만 어쩌다 실수를 저지르는 상사만이 그렇게 할 수 있다. 만약 정규적으로 실수를 저지르는 상사라면 오히려 자신의 지시를 따른 당신을 고깃덩어리로 만들지도 모른다. 예전에 어떤 부사장이 무슨 일에 대해 나를 씹었던 적이 있다. 나는 당장 시키는 대로 따랐을 뿐이라고 대답했다. 그러자 그는 이렇게 말했다.

"그래, 내가 자네에게 그 일을 하라고 지시를 내렸지. 그러나 멍청하게 일하라는 지시를 내린 적은 없네."

저항력을 약화시켜라

저는 이렇게 확신합니다. 여러분이 견디기만 하면 승리를 할 수가 있습니다. 여러분이 버티기만 하면 우리 자신을 구원할 수가 있습니다.

_윈스턴 처칠(1874~1965)

　대부분의 사람은 공습을 당해본 적이 없을 것이다. 대개는 제일 먼저 대포가 고성능 포탄을 공습 지역에 퍼부은 후에 폭탄을 실은 폭격기가 날아와서 네이팜탄을 떨어뜨린 다음, 무장 헬리콥터가 자동 소총과 로켓으로 공격을 한다. 군대에서는 그것을 초토화시킨다고 말한다. 똑같은 원리가 기업에도 적용된다.

　무언가 원하는 것이 있다면 상사나 상사의 상사를 약화시키는 일부터 시작해라. 나는 내 밑에 속한 모든 직원들의 봉급을 인상해주고 싶었다. 하지만 그것은 내가 일했던 회사에서 전례가 없던 일이었다. 나는 부사장을 찾아가서 신입 사원을 채용하는 데 문제가 있다고 말했다. 왜냐하면 기존의 직원들보다 더 많은 봉급을 주고 신입 사원들을 채용해야만 하는데, 나의 직원들은 새로운 직원들이 자신들보다 더 많은 봉급을 받는다는 사실에 무척 화를 내고 있었기 때문이었다.

　부사장은 내가 겪고 있는 곤란을 이해했지만 해결책을 제시하지는 않았다. 한 달이 되기 전에 내 직원 중 한 명이 또 회사를 그만두었다. 나는 다시 부사장을 찾아가서 봉급을 인상해주지 않으면 직원들 모두를 잃게 될 것이라고 말했다. 그는 알겠다는 듯이 고개를 끄덕였지만 역시 도움을 주지 않았다. 다시 한 명이 회사를 그만두었고 나는 다시 부사장을 찾아갔다. 나는 또다시 요구를 했고 이번에는 부하 직원들의 봉급을 올릴 수가 있었다.

　이 사례의 교훈은 경영전략가가 어떤 일에 대해서 지겨울 정도로 반복해서 듣게 된다면 그것을 정말이라고 믿기 시작한다는 것이다.

이 전술을 이용하기 위해서는 언제나 경영전략가 앞에서 당신이 원하는 바를 계속 이야기해야만 한다. 지겨울 정도로 자주 보고를 듣게 되면, 그는 당신 말을 사실로 받아들이게 되고 당신은 원하는 것을 성취할 수가 있을 것이다.

그만두겠다는 협박도 약이 된다

> 인간을 끝장내는 것은 패배가 아니라 포기다. 인간은 패배를 당했을 때 끝나지 않는다. 포기했을 때 끝난다.
>
> _리처드 M. 닉슨 (1913~1994)

나는 결코 이 전술을 이용한 적이 없다. 그러나 많은 경영전략가들이 꽤 효과적으로 이 전술을 이용하는 것을 보아왔다. 이 전술이 무엇인지 설명하기 위해서 기업 내에서 높은 지위를 차지하고 있는 자들에 대해서 알아보자. 많은 자리들이 상사의 상사의 친구나, 또는 더 높은 거물들의 친구들로 채워져 있다. 옛날 왕국에서도 왕가들, 백작들 그리고 남작들이 반드시 왕의 친척은 아니었다. 왕은 다른 나라와 싸우는 것보다 이들과 싸우는 시간이 더 많았다. 기업 정책에서도 마찬가지다.

만약 당신이 꼭대기와 '줄이 닿는다'면 사직하겠다고 협박함으로써 당신의 상사를 궁지로 몰 수가 있다. 그건 어떤 아이가 다른 아이에게 이렇게 말하는 것과 같은 의미이다. "우리 엄마에게 이를 거야."

툭하면 그만두겠다고 협박을 하는 교활한 경영전략가는 이미 마음 속으로 자신의 보호자가 그 이유를 알고 싶어할 것이며 자신을 방해 하는 사람을 해결하겠다고 약속해줄 것이라는 계산을 하고 있다.

이 전술의 목표물이 된다는 것은 끔찍한 일이다. 무슨 말을 하겠는 가? 당신은 아마 영화 속의 주인공처럼 44구경 권총을 그의 얼굴에 들이대고 이렇게 말할 수 있었으면 하고 바랄 것이다.

"앞으로 가, 제기랄. 어디 할 테면 해봐."

그러나 당신은 절대로 그런 말을 할 수가 없다. 그러니 즉시 방어 자세를 취해야 한다. 어떻게 해야, 어떤 말을 해야 우월한 위치를 유 지할 수가 있을까? 나도 모르겠다. 이 전술은 너무나 완벽하기 때문이 다. 이 전술이 어떤 효과를 내는지 몇 가지 실례를 들어보겠다.

한때 나는 전자 생산 공정의 생산 관리 책임자로 근무하고 있었다. 그런데 총 책임 관리 이사가 자신의 교회 친구인 빌이라는 남자를 채 용해서 비전자 생산 공정 부문의 생산관리 운영을 맡겼다. 채용되자 마자 빌은 우리의 시스템과 절차를 근본적으로 바꾸려고 했다. 하지 만 그는 본인 스스로도 자신이 무슨 짓을 하고 있는지 전혀 알지 못했 고, 그가 바꾼 사항들 때문에 나의 순탄했던 조직 운영은 꼬이기 시작 했다. 빌은 심지어 나의 담당 이사에게 찾아가서 몇 가지 변화를 요구 하기도 했다. 이사가 나를 불렀고 우리는 회의를 했다. 나는 그런 변 화들이야말로 내가 지금까지 들은 이야기들 중에서 가장 멍청한 것이 라고 주장했다. 그러자 총책임 관리 이사의 친구는 업무를 수행하는 데 필요한 수단을 얻을 수 없다면 더 이상 이곳에서 일하고 싶지 않 다고 대꾸했다. 나는 큰소리로 웃었다. 하지만 생산 관리 이사와 나는 그가 우리 두 사람을 협박하고 있다는 것을 분명히 알고 있었다. 결국 우리는 합의를 했고 몇 가지 변화를 실시했다.

그 후로 2주일도 채 지나지 않았을 때, 그 남자는 다시 다른 문제를 들고 나와서 똑같은 전술을 사용했다. 그리고 다음 주에도 똑같은 일이 되풀이되었다. 내가 "오, 안 돼. 가엾은 빌이 다시 그만두려고 할 거야"라고 말하자, 이사는 웃음을 터뜨렸다. 가엾은 빌은 기업 정책의 주요한 법칙들 중 하나를 어겼다. 바로 전술을 남용한 것이다. 빌은 그 후 오래 버티지 못했다. 이사에게 밉보였기 때문이다.

가끔 사직 협박에 대응하여 일종의 복합적인 전술을 이용할 수도 있다.

한번은 부사장이 매트릭스 조직을 만들면서 주요 도급 계약 관리를 하는 나를 도와주되, 업무보고는 내가 아니라 부사장에게 직접 하도록 했다. 그 자리는 도급 계약 관리에 대해서 전혀 모르는 정략적인 인사들로 채워졌고 곧 나에게 그 불똥이 튀게 되었다. 그들 때문에 막대한 시간을 낭비해야 했을 뿐만 아니라, 내가 관리하는 하청업자들이 계약을 망설이게 되는 나쁜 결과를 가져온 것이다. 나는 어떻게든 그들을 봉쇄해야만 했다. 결국 나는 그들에게 흘러가는 정보를 철저히 차단해버렸다. 그들은 아는 것이 없었으므로 관여를 할 수가 없게 된 것이다.

그 매트릭스 조직원들 중에서 유일하게 백열 전구 촉수와 비슷한 정도의 아이큐를 가졌고 총 책임 관리 이사가 직접 임명을 한 사람이 내가 무슨 일을 하고 있는지 알아채고 담당 부사장을 찾아갔다. 그는 내가 협조를 하지 않아서 일을 할 수가 없다고 담당 부사장에게 말했다. 나의 담당 부사장은 정중하게 귀를 기울이고 진상을 알아보겠다고 약속을 했다. 하지만 실제로는 이런저런 구실로 교묘하게 시간을 벌면서 문제가 저절로 사라지기를 바랐다. 백열 전구는 끈질기게 그 문제를 거듭거듭 거론했다. 그리고 마침내 사직하겠다고 협박을 했다.

그가 그렇게 나오자 부사장은 어쩔 수 없이 협력하라고 나에게 명령을 내렸다. 내가 어떻게 했겠는가? 나는 미소를 지으며 공손히 대답했다.

"네, 부사장님."

물론 그 빌어먹을 협조 따윈 전혀 하지 않았다. 부사장은 또다시 사직하겠다는 협박을 받았다. 같은 일이 계속 반복되었다. 백열 전구는 나로부터 약간의 변화를 얻어내기도 했다. 그러나 그것을 얻어내기 위해서 그는 총 책임 관리 이사를 찾아가야만 했다. 석 달 후에 백열 전구는 다른 직장을 구했고 내가 안고 있던 문제는 사라졌다.

이 전술은 당신이 원하는 것을 얻어내는 데 효과적이다. 하지만 이 전술을 쓰기 위해서는 직장 내에서 당신의 위치가 확고해야만 한다. 그리고 이 전술을 다른 전술을 결합해서 사용하면 특히 효과적이다. 그러나 이게 당신이 가진 유일한 전술이고 남용을 한다면 그때는 아무것도 얻지 못하게 될 것이다.

정리

뜻을 성취하는 것은 성공적인 경영전략가가 되기 위해서 당신이 반드시 갖추어야 할 많은 수단들 중의 하나일 뿐이다. 인생은 기업정책과 마찬가지로 뜻을 성취하든지 아니면 성취하지 못하든지 둘 중 하나가 계속 이어지는 과정이다. 나는 당신이 이 단락을 읽은 후에 뜻을 성취하기 위해서 이용할 수 있는 몇 가지 전술들을 배우기 바란다. 당신은 경영전략가가 자신이 하고 싶은 것을 해내기 위해서 적당한 상사를 스스로 선택하는 방법과 '싫다'고 말할 때의 효과를 보지 않았는가! 이제 당신은 고함이나 분노, 그리고 협상의 기본을 알게 되었다. 경영전략가가 얼마만한 인내심과 조직적인 대응으로 적을 제거하는지, 그리고 어떤 식으로 멍청한 상사로부터 벗어나는지 배웠다. 당신은 경영전략가가 자신의 가치를 높이기 위해서 이용하는 사직의 협박과 복합적인 전술에 대해서 익혔다. 이로써 당신은 그들이 자신들의 뜻을 이루기 위해서 어떤 일을 할 것인지 알게 된 것이다.

사냥을 위한 전략

당신의 뜻을 성취한다는 것은 자신의 소망을 밀어붙이는 것만큼 다른 사람들의 소망을 좌절시킨다는 것이다. 어떤 결정이 내려지기까지의 경쟁은 심지어 조직의 가장 최하위급에서조차 치열하기 짝이 없다. 당신이 하고 싶은 것을 해내기 위해 쓸 수 있는 방법은 여러 가지가 있다. 그 방법들을 신중하게, 상황을 잘 판단해서 이용해야만 한다. 이 책 안에 소개한 모든 전술들이 다 그렇지만, 전술 남용은 효과를 감소시키기 쉽다.

대부분의 사람들은 좀처럼 다른 사람들을 철저하게 관리하지 못한다. 보통은 너무 바빠서 그럴 시간이 없기 때문이고 또한 약속한 사람들의 말을 신뢰하기 때문이기도 하다. 어떤 결정이든 대답이든 이런저런 구실을 대서 지연을 시키고 싶을 때, 경영전략가는 보통 사람들의 이런 인식을 자신에게 유리하게 이용한다.

만약 이 책에서 아무것도 배우지 못했다면, 아무도 당신에게 평계를 댈 수 없도록 철저하게 관리하는 것 하나만이라도 잘하라. 나는 업무진행표를 이용한다. 그것은 내가 부하 직원들과 동료들에게 지시한 업무 사항과 그것에 대한 대답과 반응들을 꼼꼼하게 기록해둔 13쪽짜리 서류이다. 최소한 일주일에 한 번씩 나는 그것을 점검하고 각각의 결과들을 기록한 다음, 새로운 업무 진행표를 만든다. 만약 6주나 8주 동안에 걸쳐서 정확한 날짜와 함께 당신의 추궁에 대한 개개인의 변명이 적힌 서류를 상사에게 가져간다면, 한 사람 바보 만들기는 누워서 떡 먹기이다. 그것은 효과가 있다.

다음에 소개하는 내용들은 성공한 경영전략가들이 이용하는 지연 전술들과 내가 그들과 싸우며 이용한 방법들이다. 당신은 '조속히 처리하겠다'라는 말을 얼마나 무수히 들었는가? 그리고 얼마나 여러 번 처리가 되지 않았는가? 당신은 수많은 좋은 아이디어들이 위원회에 보내졌다가, 결국 책상 서랍 속에서 늙어 죽는 모습을 보았을 것이다.

경영전략가는 항상 조속히 처리할 것이라고 당신에게 말하지만 그들은 끝내 아무 일도 하지 않는다. 그들은 강력하게 동맹을 맺고 자신들의 나태함과 무능함을 덮어버리려고 한다. 그들과 싸우기 전에 우선 그들이 무슨 일을 하고 있는지 이해해야만 한다. 다음의 전술들을 깨우침으로써 당신은 훨씬 더 효과적으로 자신의 뜻을 성취할 수 있을 것이다.

처리하겠다고 말하라

> 전쟁을 피할 수는 없다. 단지 다른 이유들 때문에 보류될 수 있을
> 뿐이다.
> _니콜로 마키아벨리(1469~1527)

단지 '처리하겠다'라는 답변 하나만으로 당신은 아무 일도 하지 않으면서 시간을 벌 수가 있다. 다시 요구를 받을 때까지 기다렸다가 왜 처리를 하지 못했는지에 대해 모호한 변명만 덧붙여서 똑같은 답변을 하라. 결정이나 대답을 지연시킴으로써 당신은 자신의 생각이나 욕망을 이행할 시간을 벌 수가 있고 적의 계획을 무력화시킬 수가 있다.

이런 전술을 만나면, 나는 이렇게 응수한다. "언제요?" 경영전략가의 대답은 대개 이렇다. "글쎄, 알아보고 알려주지." 다시 나는 이렇게 응수한다. "알아보는 데 시간이 얼마나 걸릴까요?"

뛰어난 경영전략가는 며칠이나 몇 주 혹은 정확히 알 수 없다는 식으로 모호하게 대답을 한다. 하지만 당신은 그에게 확실한 기한을 받아두어야 한다. 그렇지 않으면 그는 당신에게 교묘한 구실을 대서 자꾸만 지연을 시킬 테고 당신은 패배할 것이다. 정확한 시한을 받아둔다면 언젠가는 당신이 원하는 대답이나 결정을 얻어낼 것이다.

대부분의 사람은 '처리하겠다'라는 답변을 고지식하게 받아들인다. 그것이 효과적이지 않으면 또 '전화하겠다'라는 말을 사용한다. 만일 나처럼 지독한 열성가를 만나서 특정한 날짜를 강요받을 수밖에 없었다면, 약속한 날이 왔을 때 그에게 전화를 걸어서 다시 새로운 날짜를 정하라. 그렇게 하면 보통은 상대가 이익을 포기할 때까지, 아니면 상대가 원하는 결정이나 대답이 무엇이든지 대응할 수 있는 준비를 충분히 갖출 때까지 날짜를 연기할 수가 있다. 반대로 이 전술에 이용을 당할 때에는 결정을 요구하는 당신에게 그가 시간을 끌면서 대답했던 이전의 모든 약속들을 반드시 상기시켜라.

함께 고민하자고 말하라

인생은, 실제로 대부분의 사람들에겐 하나의 긴 유예이다.

_헨리 밀러(1891~1980)

결국 날짜를 약속하고 답변을 해주지 않을 수 없는 상황이 되었을 때, 또 다른 지연 수단이 있다. 이렇게 말함으로써 그를 회유하라.

"함께 고민해보세. 우린 이야기를 나눌 필요가 있네."

열성가는 이렇게 응수할 것이다. "언제요?" 당신은 그가 납득할 수 있을 만한 시간 안에서 가장 먼 날짜를 정한다. 그 날짜가 오면 모습을 보이지 말아라. 어떤 결정을 내릴 만한 권한을 갖고 있지 않은 부하 직원을 보내서 약속이 겹쳤다고 주장하라. 이 전술은 마침내 화가 난 상대방이 결정을 얻어내기 위해서 조직의 상급자를 직접 찾아갈 때까지 이용할 수가 있다.

만약 상급자가 당신을 부른다면 함께 진지하게 이야기를 해보려고 했지만 번번이 약속이 겹쳤다고 변명하라. 그 일이 상사에게까지 올라간 것에 대해 화를 내면서 앞으로 이런 소소한 일은 당신에게 맡겨야만 한다고 주장하라. 그리고 가능한 한 빨리 그와 함께 의논을 하겠다고 약속을 하라.

상사는 대체로 그 정도의 제안에 동의할 것이다. 결국 그는 바쁘고 그런 하찮은 일에 관여하기에는 너무나 중요한 인물이기 때문이다. 그 열성가에게 전화를 해서 나른 약속을 정하고 이전과 마찬가지로 과정을 진행하라. 충분한 시간을 벌 수가 있을 것이다.

당신은 이 전술에 어떻게 맞설 것인가? 당신이 어떤 결정이나 대답을 얻기 위해서 노력하는 사람이고 상대방이 당신과의 첫 만남을 피했다면, 그의 상사와 만날 약속을 정하라. 그 결정이 상사의 관심을 요구할 만큼 매우 중요한 것임을 설명하라. 필요하다면 거짓말을 하라. 문제를 해결할 수 있는 방법에 대한 조언을 듣기 위해서 그의 부하 직원과 이야기를 하려고 노력했지만 그 사람이 너무나 바빠서 함께 만날 시간을 가질 수가 없었다고 말하라. 그 부하 직원과 나눈 대화 기록을 보여주고 더 이상 기다릴 수가 없다고 말하라. 당신은 결정을 얻어낼 것이다. 그렇지 않고 그 상사가 당신에게 시간을 끌기 시작한다면 더 높은 직위의 상사에게 올라가라. 그리고 당신이 요구하는 것을 줄 사람을 찾을 때까지 계속 멈추지 말아라.

앞의 충고에서 유일하게 예외가 있다면 당신의 직속 상사에게 대답을 얻어내려고 할 때이다. 그 경우에는 조직의 지휘 계통을 뛰어넘어서는 절대 안 된다. 당신이 지휘 계통을 무시하면 당신의 상사는 당신을 불신하고 당신에게 보복을 하려고 할 것이다. 반면 상사에 대해 할 수 있는 노력을 다한다면, 그것은 매우 정중한 부담이 되어서 결국 상사는 당신이 원하는 대답을 하지 않을 수 없게 될 것이다.

위원회를 소집하라

위원회는 뒷다리만 네 개 달린 짐승이다.

_존 르 카레(1931~)

　상사로부터 결정을 내리라는 압력을 받았을 때, 최대한 지연시킬 수 있는 가장 좋은 방법이 위원회에 제출하는 것이다. 당신은 왜 위원회가 그 문제를 다루어야 하는지 수많은 이유를 생각해낼 수가 있다. 예를 들어보자.

· 여러 실무 분야에 영향을 끼칠 수가 있다.
· 여러 사람의 전문적 판단이 필요하다.
· 전문가들이 검토를 해야만 한다.
· 그 결정이 다음해의 수익 전망에 영향을 끼칠 수가 있다.

　문제를 넘겨받은 위원회는 지루한 진행들로 그 결정을 사장시키고 말 것이다. 위원회는 어떤 결정을 내리는 데 시간이 많이 걸리고 무엇이든지 논쟁거리로 만들 수가 있다. 물론 당신 자신이 직접 위원회에 나가는 일은 없도록 하라. 위원회에 나간다면 그들의 권고를 물리치기가 힘들다. 그 대신 충성스러운 부하 직원에게 합의를 지연시키라는 지시를 내려서 위원회에 보낼 수는 있다. 부하 직원에게 위원회가 결정을 내리기 전에 모든 가능성들을 다 살폈는지 확인하고 따지라는 지시를 내려라. 당신이 제출한 안건을 제외하고 다른 안건들이 먼저 논의되도록 조종하라.
　위원회가 어떤 권고에 합의하면 형평성의 문제를 들고 나서며 다시 위원회로 되돌려 보내라. 당신은 위원회가 한없이 그 일에 매달리게 하든지 아니면 위원회가 흥미를 잃고 해산하도록 만들 수 있다.

반대로 당신이 대답을 기다리는 열성가라면 커다란 곤란을 겪을 것이다. 당신이 결정을 재촉하는 그 남자는 정확한 시간을 말하지 않으면서 계속 지연시킬 것이다. 그때 당신이 할 수 있는 일이라고는 빨리 권고를 하도록 위원회를 압박하는 것이 고작이다.

대개 무슨 일이 벌어지면 처음에 열리는 위원회는 그 일에 대해 잘 아는 사람들로 구성된다. 그러나 시간이 흐르면서 우수한 사람들은 그 일에 대해 전혀 모르는 사람들로 대체된다. 우수한 사람들은 시간 끌기 전술이나 위원회 같은 데에 시간을 낭비하고 싶어하지 않기 때문이다. 그들은 스스로 위원회를 떠난다. 또한 우수한 사람들은 어느 분야에서나 찾기가 어렵고 매우 절실히 요구되는 인재들이므로 새로운 정책이 세워지면 경영자들이 위원회에서 그들을 빼내가게 마련이다.

어떤 결정을 요구했는데 그것이 위원회로 보내졌다면, 언젠가 그 결정이 내려지리라는 희미한 가능성에 매달려서 계속 당신의 주장을 고집하는 것은 현명하지 못한 것이다. 일단 집어치워라. 위원회와 윗사람들이 그 문제를 질질 끌도록 내버려둬라. 만약 결정을 요구한 문제가 끝내 해결되지 않았다면, 훗날 다시 그것을 거론하고 전 과정을 되풀이하라. 그리고 이번에는 위원회가 시간을 끌다가 지쳐 떨어지도록 누군가가 방해 공작을 하기 전에 결정이 내려지기만을 빌어라.

일단 동의하고 뜻을 성취하라

물론 나는 사람들에게 거짓말을 한다. 그러나 나는 우리의 상호 이
익을 위해서 이타적인 거짓말을 한다. 거짓말은 상대방을 배려하
는 예의의 기반이기도 하다. 이 사실이 도덕주의자들에게는 조금
충격일 수도 있다. 그러나 그렇다고 해도 무슨 상관이란 말인가?

_퀸틴 크리스프(1908~1999)

또 다른 지연 작전은 무조건적인 동의이다. 세상에서 가장 협조적
인 사람, 가장 우호적인 사람이 되어라. 그들이 무엇을 원하든지, 무엇
을 가져오든지 언제나 미소를 지으며 동의하라. 그리고 아무것도 하
지 않음으로써 시간을 지연시켜라. 그들이 무엇을 원하든지 일단 하
겠다고 동의를 하고 실제로는 당신이 하고 싶은 일을 하라. 당신이 아
무것도 하지 않았음을 그들이 발견할 때가 되면, '처리하겠다', '함께
고민하자'는 말을 되뇌이면서 다시 최소한 한두 달의 시간을 얻어내
도록 하라. 당신이 이미 동의했던 문제를 하지 않을 수 없게 강한 압
력을 받는다면, 그 문제에 대해서 재고 중이며 좀더 검토할 시간이 필
요하다고 고백하라. 가능한 길게 그런 과정을 되풀이하라. 그런 다음
에는 당연히 위원회가 그 문제를 깊이 있게 다루어야 한다고 요구하
라.

당신이 항상 미소를 지으며 자연스럽게 동의를 할 수 있다면 이 전
술을 정기적으로 이용할 수 있을지도 모른다. 아부하는 기술이 부족

하고 미소만으로 접근을 한다면 평생에 한두 번 정도는 이 전술을 이용할 수가 있다. 이 전술은 효과가 있다. 그러나 당신의 신용을 망치지 않으려면 커다란 고통을 참아내야만 한다.

만약 신용이 떨어지면 다른 지연 전술을 사용할 수 있는 능력도 감소하게 된다. 심지어 가장 멍청한 경영전략가조차도 이제 당신이 거짓말쟁이임을 알게 될 것이다.

큰 건수 속에서 작은 결함을 찾아내라

> 나는 이제껏 어떤 일도 곤란한 문제라고 생각해본 적이 없다. 아무리 복잡한 것이라 해도 올바른 방향에서 관찰한다면 단순해진다.
> _폴 앤더슨(1926~)

또 다른 지연 진술은 '침소봉대'와 비슷하다. 이 전술은 큰 건수가 있는데 당신이 원하는 방향과 다르게 진행되고 있을 때 대응 전략을 세울 때까지 진행을 방해하기 위해서 쓸 수가 있다. 가장 좋은 방법은 그 건수 안에서 사소한 결함을 찾아내고 그 건수가 축소될 때까지 그 결함을 활용하는 것이다.

내가 어쩔 수 없이 이 전술을 이용하지 않을 수 없었던 것은 재직했던 회사가 전산화된 자재 구매 계획(MRP) 시스템을 구입하기로 결정했을 때이다. 그 결정은 좋은 생각이었지만 사장이 임명한 팀장은 결코 그 시스템을 이행하려고 하지 않았고 결국 전체 프로젝트가 실패할 운명에 처해 있었다.

나는 부사장에 의해서 이 계획을 실행하는 팀의 한 사람으로 임명을 받았는데, 이 일로 인해서 나의 직업적 성공이 허물어지지 않도록 해야 한다는 판단을 내렸다.

나는 그 시스템의 구매 모듈(장치나 프로그램을 몇 개로 나눈 것 중의 하나 - 옮긴이) 중에서 사소한 결함을 찾아냈다. 구매부 사람들과 마찬가지로 구매 모듈은 언제나 공격을 받기가 쉽다. 구매부 사람들에게 이 사실을 말하고 그들이 어떤 시스템을 갖게 될지 알림으로써 그 문제는 점점 커졌고 결국에는 그 시스템이 회사의 요구에 부합하는 기능을 다할 수 있을지 심각한 의문들이 제기되었다. 하지만 사장이 이미 그 시스템을 승낙했고 그 시스템의 성공적인 이행에 부사장의 포상금이 걸려 있었기 때문에 나는 그 시스템의 결함에 대해서 입을 다무는 대가로 그 팀에서 빠져나올 수가 있었다. 그들은 나를 원래 일했던 구매팀으로 보냈다. 나는 뜻을 성취했고 부사장 역시 그랬다. 나는 그 팀에서 제외되기를 바랐고 부사장은 자신이 받을 보너스가 두둑하기를 바랐다.

이런 전술은 거물들이 결정을 내리기 전에 문제를 좀더 검토할 시간을 갖고 싶을 때 으레 이용하는 것이다. 그들은 대개 아이디어는 마음에 들어한다. 그러나 그들의 상사가 그 방법을 얼마나 좋아할지는 확신하지 못한다. 이럴 때에 결정을 지연함으로써 상사의 태도를 확인하거나 혹은 다른 사람들로부터 추가적인 지원을 얻거나 할 수가 있는 것이다. 나 또한 그 전술을 이용했다. 그리고 그 전술의 도움을 받아서 여러 번 나의 뜻을 성취했다.

주의를 다른 것으로 돌려라

결코 다른 동료가 일정을 짜도록 허락하지 말아라.

_제임스 베이커(1930~)

마술사들의 공연을 본 적이 있는가? 너무나 신기한 수많은 마술들은 마치 진짜처럼 보이지만, 전혀 사실이 아니다. 마술사들이 정말로 스카프를 사라지게 하고, 모자 속에서 토끼를 꺼내는 것일까? 천만의 말씀! 그들의 행동은 그 내막을 알고 나면 한낱 눈속임에 불과하다. 경영전략가들도 마술사와 똑같은 일을 한다.

만약 경영전략가가 거론하고 싶어하지 않는 문제를 당신이 먼저 꺼낸다면, 경영전략가와 당신은 과연 어떤 이야기를 나누게 될까? 결국은 경영전략가가 말하고 싶어하는 화제만을 내내 떠들다가 대화를 끝내게 마련이다. 그것은 경영전략가가 그 문제에 대해서 관심이 없기 때문이 아니라, 아직 이야기를 나눌 만한 준비가 되어 있지 않기 때문이다.

그와 마찬가지로 당신도 별로 말하고 싶지 않은 화제를 피할 수 있는 기술이 필요한 때가 있을지도 모른다. 나는 언제든지 동료들이 흥미를 느낄 만한 화제를 최소한 두 가지 정도는 머릿속에 집어넣고 다니기 위해 노력한다. 또한 나보다 한 단계 위의 상사들이 흥미를 가질 만한 화제도 기억하고 다니기 위해 노력한다.

나의 부하 직원들이나 그보다 밑의 직원들이 흥미를 느낄 만한 화제를 계속 기억하고 다니는 것은 더욱 어려운 일이다. 나는 일단 부하 직원들과의 대화를 요리조리 회피하면서 적절한 대응을 준비할 수 있는 시간적인 여유를 얻는다. 이런 순간에 가장 가치 있는 화제들은 그들의 관심을 확실하게 끌고 대화의 방향을 완전히 다른 곳으로 돌릴 수 있는 것들이다.

이 책의 서문에서 나는 경영전략가란 고지를 지키는 왕과 같다고 말했다. 진정한 왕이 누구인지, 또한 왕인 척하지만 진정한 왕이 아닌 자는 누구인지 잘 파악하라. 그리고 그들의 주의를 딴 곳으로 돌릴 수 있는 화제를 항상 준비하라. 예를 들자면 업계의 자리 변동에 대한 내용을 잘 기억해두어라. 누가 어느 자리에 채용되었으며 얼마만큼의 봉급을 받는지에 대한 문제는 언제 어느 때라도 모든 사람들이 지대한 관심을 갖게 마련이다.

이 전술이 가장 효과적으로 사용되었던 사례가 바로 국회 조사반이 우리 회사를 방문했을 때의 일이었다. 국회 조사반은 특별히 우리가 곤란을 겪고 있는 문제에 대해 집중적으로 추궁할 생각이었다. 회사에서는 즉시 협상 경험이 많은 직원을 우리에게 보내서 사흘 동안 이 문제에 대해 집중적으로 상의하도록 했다.

마침내 국회 조사반이 도착하자, 그 협상의 귀재는 수많은 이야기들을 잔뜩 늘어놓았다. 그러나 그는 정작 조사의 대상에 대해서는 입도 뻥긋하지 않았다. 그는 단지 그 화제만 빼놓고 세상의 다른 모든 일들에 대해서 줄곧 떠들어대었다. 질문에 대답하라는 요구를 받으면, 그는 요리조리 교묘하게 대답을 회피하면서 또다시 10분 동안 다른 이야기를 떠들어댔다. 결국 우리는 그 전술로 국회 조사를 무사히 통과할 수 있었다.

워싱턴에 있는 진짜 정치가들을 주의 깊게 살펴본 적이 있는가? 어떤 기자가 특정한 주제에 대해서 질문을 던졌을 때, 그리고 그 질문에 대해 대답하고 싶지 않을 때, 정치가들은 그 질문은 무시한 채 자신들이 하고 싶은 이야기를 꺼낸다. 그들을 끝까지 물고 늘어질 수 있는 기자는 극소수일 뿐이다.

당신이 원하는 방향으로 대화를 돌리면 무엇이 좋은 걸까? 우선 대화를 마음대로 통제할 수가 있고 미처 말할 준비가 되어 있지 않은 화제는 뒤로 미룰 수가 있다. 전투를 치를 시간과 장소를 스스로 정하고 언제 어떤 주제를 꺼낼 것인지 마음대로 선택하는 것은 당신이 직업적인 성공을 거두는 일에 있어서 결정적인 수단이 된다.

정리

━━━━━━━

지연 작전은 경영전략가들이 뜻을 성취하기 위해 이용하는 매우 효과적인 수단이다. 경영전략가들은 아직 결정을 할 준비가 되어 있지 않고 결정을 연기할 시간이 필요하거나 보류하려고 할 때 지연 전술을 쓴다. 그들은 처리하겠다라고 말하지만 결코 처리하지 않는다.

그들은 함께 고민하자고 말하지만 결코 당신과 함께 이야기를 나누지 않는다. 그들은 위원회로 안건을 보내 매장시키고, 강요를 당하면 실행하겠다고 일단 동의를 한 다음 실행하지 않는다. 그들은 꾸준히 빠져나갈 핑곗거리를 찾아내고 매우 능란하게 당신의 주의를 다른 곳으로 돌린다. 경영전략가들은 자신들의 뜻을 성취하기 위해서 지연 전술을 쓰는 것이다. 이 장에선 그들이 이용하는 그 전술들 몇 개를 소개했다. 조심하라!

CHAPTER
05

늑대들에게 냄새를
맡지 못하게 하라

만약 당신이 맡은 특정한 업무나 일이 실패로 끝나게 될 거라는 사실을 미리 알게 된다면 당신은 어떻게 하는가? 대개의 경우에 당신은 다른 사람들보다 훨씬 먼저 그 사실을 알게 된다. 그리고 최후의 칼날이 떨어지는 그 순간까지 혼자서 그 무거운 마음의 짐을 다 짊어지고 가는 수밖에 없다. 이제는 더 이상 그러지 마라. 이 장에서 나는 당신이 자신의 실패로 인한 희생자가 되지 않도록 하는 확실한 전술을 보여줄 것이다.

실패의 희생자가 되는 것을 피하는 가장 좋은 방법은 끝낼 듯이 끝낼 듯이 끝내지 않는 것, 바로 아슬아슬 버티기이다. 일단 실패가 확실해지면, 그때에는 경영전략가는 실패와 자신과의 관계를 부인할 것이다. 자신의 상관에게 실패를 숨기고 복잡한 숫자를 제시해서 공격자들을 혼란시키고 상관에게 도움을 요청하고 알리바이 공작을 하고 진주만 파일을 작성할 것이다. 마지막으로 경영전략가는 오직 자신이 듣고 싶은 말—예를 들어 "나는 절대로 몰랐어요!"와 같은—만 골라서 들을 것이다. 혹은 경영진들이 듣고 싶어하는 말—예를 들어 "절대로 실패가 아닙니다"와 같은—만 할 것이다. 그들을 잘 지켜보라.

그들은 교활하다.

아슬아슬하게 버텨라

우리는 누구나 완벽하려는 꿈을 이룰 수 없다. 그러므로 나는 우리가 영광스러운 실패를 기반으로 불가능한 것을 이루려고 한다고 생각한다.

_윌리엄 포크너(1897~1962)

오늘날 경영진들은 소위 참여적이라고 생각되는 경영 스타일을 선호한다. 그들은 자신의 경영 스타일이 맥그리거 이론에서 말하는 Y경영자(조직보다는 사람에 대해서 더 많이 신경을 쓰는 경영자)의 가장 훌륭한 표본이라고 생각하며 좋아하는 것이다. 이 방법은 사장이 참여적인 경영 스타일을 사용하며 합리적이고 업무에 대해 식견이 있을 때에만 효과적이다.

경영자의 성품에 따라서 다르기는 하지만, 경영자가 참여적이 되려고 애를 쓸 때 부하 직원이 이런저런 구실로 그 일은 할 수가 없다든가 혹은 시간 내에 끝낼 수가 없다고 말하면 문제가 발생한다. 참여적인 경영자들은 "그 일을 할 수 없습니다"라든지 "기한 내에 끝낼 수가 없습니다"라는 말을 듣고 싶어하지 않는다. 만약 직원이 사장에게 솔직하게 말한다면, 그 사람은 부정적인 인간이나 혹은 협동 정신이 부족한 사람으로 낙인찍힐 위험을 감수해야만 한다. 그리고 두 가지 경우 모두 경력에 장애가 될 것이다.

특정 업무나 혹은 여러 가지 업무에서 도저히 실행 불가능한 비합리적인 업무 스케줄에 직면하게 되었을 때에는 바로 '아슬아슬 버티기' 방법을 사용하라. 이 방법은 특히 통계 업무부에서 오랫동안 성공적으로 사용해오고 있는 것이다. 통계 프로젝트 중에서 정해진 시간이나 예산 안에서 끝내는 업무를 본 적이 있는가? 절대로 없다! 가엾은 자재 구입부 친구들이나 생산 관리부 친구들은 정해진 기일을 단 하루라도 넘기면 곧장 징계를 받는 판에 이 친구들은 어떻게 그렇게 할 수가 있을까? 그 해답은 어떤 질문에도 반드시 피해 나갈 구멍을 만들라는 것이다. 예를 들면 다음과 같은 대화가 있다.

부장: 이 프로젝트는 이번 달 말까지 끝내야만 하네. 자네 부서 사람들은 언제까지 이 일을 끝낼 수 있을 거라고 생각하나?

통계 담당자: 다른 특별한 문제가 발생하지 않는 한, 그 기일 안에 끝낼 수 있을 거라고 생각합니다(여기서 핵심적인 문구는 바로 '특별한 문제가 발생하지 않는 한' 이다).

그리고 월말이 되었다.

부장: 프로젝트가 아직도 안 끝났군. 자네는 기한 내에 끝낼 수 있을 거라고 말했었네.

통계 담당자: (이런저런 구실을 붙이며) 그 일만 아니었다면 우리는 벌써 일을 끝냈을 것입니다. 또다시 예상치 못한 문제에 봉착하지만 않는

다면, 다음 주까지는 틀림없이 끝낼 것입니다.

 그래서 어떻게 될 것 같은가? 다시 다음 주가 되었을 때, 그들은 똑같은 대답을 되풀이할 것이다. 이 전술의 성공 여부는 기한을 넘겼을 때마다 매번 새롭고 그럴듯한 구실을 만들어내는 데 있다. 그리고 그 문제가 거론될 때마다 거의 끝낸 것처럼(아슬아슬하게 버티면서) 보이도록 해야 한다.

 비합리적인 상관에게는 그들이 듣고 싶어하는 말만 골라서 하라. 상관은 당신의 말을 믿을 것이고 당신을 만족스럽게 생각할 것이다. 당신이 해야 할 일은 언제 어디서든 사용할 수 있는 그럴듯한 핑곗거리를 항상 준비하는 것뿐이다. 프로젝트나 업무가 진행되고 있을 때, 그 일이 실패하는 이유가 무엇인지 날카롭게 주시하도록 하라. 당신이 하는 말과 다른 사람의 실수를 꼼꼼하게 기록하도록 하라. 여기 또 다른 실례가 있다.

 나는 이 일을 끝낼 수 있었습니다. 하지만 조 블로우가 몇 날 며칠까지 일을 끝내겠다는 약속을 지키지 않았습니다. 이제 그는 언제까지 나에게 그 일을 해주겠다고 약속했습니다. 만약 그자가 약속을 지킨다면, 몇 일까지는 일을 끝낼 수 있으리라고 생각합니다.

 업무는 스케줄에 따라서 거의 끝낼 수 있습니다. 하지만 회계부에서 초과 근무수당을 없애버렸습니다. 그런데 저희 업무 스케줄은 저희가 필요한 만큼 얼마든지 늦게까지 일을 할 수 있다는 전제하에 만들어진 것입니다. 만약 정해진 업무 시간 안에서만 일을 한다면, 제 생각에는 — 일이나 되어야만 일을 끝낼 수 있을 것 같습니다.

아슬아슬 버티기 전술이 성공하기 위한 핵심은 열성적이고 그럴듯하게 보이는 것이다. 당신은 상관이나 혹은 조직의 목표를 달성하기 위해 죽을 힘을 다해 일하고 있는 팀의 대표 선수처럼 행동하라. 특별한 실패가 아닌 한, 당신은 성공을 거둘 수 있을 것이다.

거리두기

> 때때로 우리의 실패는 거의 미덕에 가까운 것에서부터 비롯되기도 한다.
>
> _마르케스 드 룩 보벤아르게스(1715~1747)

만약 당신이 실현 불가능한 업무나 너무 감당하기 힘든 일을 맡게 되면, 그리고 당신도 그런 사실을 알고 있으면, 그때는 '거리두기' 전술을 사용해보라. 몇몇 영화에서 클린트 이스트우드가 말했듯이, "사람이란 자고로 자기 분수를 알아야 하는 법이다." 아주 현명한 충고다. 당신이 결국 실패하게 되리라는 사실을 깨닫는 순간, 바로 그 때가 실패를 만회하기 위한 행동을 시작해야 할 때이다. 실패는 한시라도 빨리 깨닫고 인정하는 게 좋다. 준비할 시간이 그만큼 더 많아지니까 말이다. 일단 실패나 혹은 실패할 가능성을 깨닫고 나면, 내가 '거리두기'라고 부르는 전술이 필요하다. 이것은 나의 직업 경력에서도 여러 차례 나를 위기에서 구해준 아주 훌륭한 기술이다.

'거리두기'란 계속해서 골치 아픈 문제와 일정한 거리를 두는 것이다. 문제로부터 멀리 떨어지면 떨어질수록 당신은 실패의 영향으로부터 벗어나기가 더 쉬워진다. 경영전략가들이 이 전술을 사용하는 몇 가지 성공적인 방법이 있다.

가장 흔하고 우선적인 방법은 매트릭스 위치에 있는 직원에게 그 문제를 떠맡기는 것이다. 당신을 위해 일하는 매트릭스 직원은 그 문제에 대한 모든 책임을 안게 될 것이다. 그 직원이 당신 직원들 중에 또 다른 사람을 이용해서 그 문제를 해결하든 해결하지 않든 그것은 그 사람의 몫이다. 만약 그 사람이 성공을 거둔다면, 당신은 재빨리 돌진해서 그 모든 영광을 움켜쥐도록 해라. 만약 그 사람이 실패를 한다면, 몰락하는 것은 당신이 아니라 바로 매트릭스 직원이다. 실패가 임박하면, 당신은 매트릭스 직원을 교체시킬 수 있다. 그리고 교체자가 끝장날 때까지 문제는 계속될 것이다.

거리두기 전술을 이용하는 방법과 거기에 반격하는 방법에 대한 또 하나의 예가 있다. 나는 한 회사에 매트릭스 직원으로 고용되었다. 그리고 곧 깨달았다. 골치 아픈 문제를 해결하거나 그렇지 않으면 천천히 고통스런 죽음을 당하기 위해 고용되었다는 사실을. 나를 고용한 자재담당 이사는 자신이 도저히 해결할 수 없는 문제로부터 거리를 유지하려고 애를 쓰고 있었던 것이다. 나는 문제를 해결하기 위해 최선을 다했지만 이사와 그의 부하 직원들은 나의 제안에 전혀 반응을 보이지 않았다. 반면 내가 보좌를 해주는 또 다른 이사는 나의 노력을 인정해서 부서 내에서 전무후무한 조처를 취해주었다. 자재 담당 이사로부터 자신이 담당하고 있는 프로그램의 자재 관리 책임을 빼앗아 버렸던 것이다. 그리고 그것을 나에게 넘겼다!

이때 자재 담당 이사는 한 가지 사실을 잊고 있었다. 지나치게 거리를 두다가는 관심이 부족한 것처럼 비치게 된다는 사실이다. 그러므로 거리두기 전술은 적절하게 사용하지 않으면 역공을 당할 수도 있다.

결국 나는 그 프로그램의 자재 관리 책임을 맡게 되었다. 하지만 몇 년 동안 심각하게 잘못 관리되어왔기 때문에 날마다 자재 부족으로 인해 생산 라인이 중단되는 사태가 일어나곤 했다. 나는 부족 물량 관리를 담당하는 직원에게 부족한 모든 물자에 대해서 공장에 해명을 하라는 책임을 맡겼다. 물론 그것은 불가능한 일이었다. 나는 그 일을 맡기면서도 그 직원을 죽이는 짓이라는 사실을 잘 알고 있었다. 하지만 그 덕분에 최소한 6개월의 시간을 벌 수 있었고 그 동안 전임 관리자가 엉망으로 해놓은 일을 깨끗이 처리하고 조직이 돌아가게 만들수 있었다. 나는 문제를 해결할 때까지 이 문제에 대해 책임이 있다고 인정할 수 있는 사람이 필요했던 것이다. 사실 그자에게도 책임이 없는 것은 아니었다. 왜냐하면 일을 이 지경으로 망쳐놓은 관리팀 중의 한 사람이었으니까 말이다.

만약 프로그램 담당 이사나 혹은 중견 경영진들 중에 어떤 이가 자재부족 문제를 나와 연결시켰다면, 나는 미처 그 문제를 해결할 기회를 얻기도 전에 당장 해고당했을 것이다. 내가 선택한 그 직원은 나 대신 그 책임을 떠맡았고 나름대로 최선을 다했다. 그는 나를 위해 시간을 벌어준 셈이다. 하지만 그 때문에 회사 내에서 그의 경력은 엉망이 되어버렸다. 나는 절대로 그에게 또 다른 중요한 책무를 맡길 수가 없게 되었다. 반면 나는 멋지게 문제를 해결하고 영웅이 되었다. 너무

잔인하다고 생각하는가? 아마도 그 친구는 상관이 해고를 당할 때 같이 해고를 당했을 것이다. 하지만 위에서는 나에게 그 일을 맡겼다. 그리고 나는 그를 해고하는 대신에 오히려 그를 써먹었다. 조직과 나에게 도움이 되는 방향으로. 어쨌든 그는 은퇴할 때까지 회사에 남을 수 있었다.

왜 그자가 불구자 신세가 되었는가? 물자 부족 사태나 혹은 다른 어떤 프로젝트나 업무가 엉망이 되는 일이 일어나면 경영진들은 그 실패에 대해 책임을 물을 사람을 찾기 시작한다. 그럴 때 이렇게 아주 사소한 사건 하나로 모든 경영진들의 분노를 잠재우고 설명할 수 없는 실패를 설명할 수 있게 되는 것이다. 그 일을 한 사람이 누구든, 그의 인생은 끝장이다. 나는 경영진들이 나 대신에 나의 매트릭스 직원을 선택하도록 만든다. 물론 별로 기분은 좋지 않았지만, 그자가 근본적인 문제의 일부 책임이 있었던 것은 사실이었다. 내 예상으로는 그자가 아니면 내가 당할 판국이었다.

거리두기는 문제를 해결하거나 혹은 다른 일자리를 알아보기 위한 시간을 벌 수 있는 아주 효과적인 수단이다. 자재 담당 이사 또한 시간을 벌기 위해 나를 데려왔을 것이다. 하지만 나는 그에게 충분한 시간을 벌어주지 않았다. 당신이 곧 뜨거운 맛을 보게 되리라는 사실을 분명히 알고 있는 상황에 직면했을 때, 거리두기는 당신의 목숨을 구해줄 것이다.

지금 나는 세 명의 매트릭스 직원을 거느리고 있다. 나는 그들이 하는 일을 제일 위에서 관리하면서 한편으로는 그들이 보고하는 또 다른 상사들과도 긴밀한 관계를 유지하고 있다. 거리두기는 아주 훌륭한 수단이라고 생각한다. 나의 매트릭스 직원 중 한 사람이 맡고 있는 프로그램이 잘못되면 나는 직원을 견책하고 다른 사람으로 교체하거나 혹은 직접 그 문제를 해결할 수도 있다. 그것은 나의 선택이다.

거리두기 전술의 또 다른 방법은 물타기이다. 문제가 여러 단계를 거치면 거칠수록 강도는 더 약해진다. 그 문제에 대해서 그저 논의하는 것만으로도 문제의 심각성은 희미해지는 것 같다. 결국 문제가 내 손으로 다시 돌아올 때쯤이면 감정적인 분노 따위는 거의 사라지고 만다. 그리고 나는 이성적으로 문제에 대처할 수 있게 되는 것이다.

보신책

> 한 사람에게서 조언을 구할 때마다 그만큼 우리의 적은 줄어들게
> 마련이다.
> _칼릴 지브란(1883~1931)

법률 용어 중 기여 과실이라는 말이 있다. 대기업에서는 보신책이라고 한다. 보신책이란 어떤 결정에 대해서 더 많은 사람들로부터 동의를 얻어낼수록, 그 일이 실패로 돌아갔을 때, 당신이 화를 덜 입게 되리라는 뜻이다. 특히 만약 당신이 아직도 일자리를 차지하고 있다면, 위험한 행동을 취하기 전에는 반드시 상관의 사전 승낙을 받으라는 것이다.

아주 쉽게 들리는가? 전혀 그렇지 않다. 경영전략가들로부터 위험

한 일에 대한 사전 승낙을 얻어내는 일은 거의 불가능에 가깝다. 그들은 멍청이가 아니다. 만약 섣불리 동의했다가 일이 꼬이면 경영자들은 그들이 실수를 저질렀다고 생각할 것이다. 경영전략가들은 절대 실수를 하지 않는다. 그들은 차라리 당신이 먼저 행동에 옮기기를 원한다. 만약 일이 잘되면 재빨리 그 영광을 차지할 것이고 잘못되면 당신 목에 올가미를 걸게 될 것이다.

그럼 당신은 이런 상황에서 어떻게 싸울 수 있겠는가? 항상 어떻게 해야 할지 조언을 구하라. 만약 대답을 듣지 못하면 기다렸다가 다시 물어라. 그리고 그들과 주고받은 대화를 꼼꼼히 기록해두어라. 당신은 그들보다 얼마든지 더 기다려줄 수가 있다. 왜냐하면 그들은 상관이고 책임이 있기 때문이다. 만약 그 일이 실패해서 탐문(누구에게 이 실패에 대한 벌을 내릴지)이 시작되면, 당신은 해답을 얻으려고 여러 차례 노력했으나 당신의 상관이 그 해답을 주지 못했다는 사실을 증명할 수가 있다. 당신이 올바른 결정을 내리기 위해 노력했지만 실패했다는 사실을 다른 사람들에게 널리 알리는 것은 조금도 자존심 상하는 일이 아니다. 그 문제에 대해 더 많은 사람들이 알면 알수록 그만큼 결정도 빨리 내려지는 법이다.

보신책은 또한 당신을 실패로부터 보호해준다. '어떤 장애도 만나지 않는다면' 혹은 '모든 일이 내 뜻대로 된다면' 혹은 '약속한 대로 이런저런 일이 이루어진다면' 등등의 문구는 만약의 경우에 당신의 실패를 경감시켜준다. 왜냐하면 당신의 계획은 수많은 변수 위에 기반한 것이기 때문이다. 어떤 약속을 하더라도 가능한 많은 전제를 덧붙이도록 해라. 전제를 더 많이 붙이면 붙일수록 실패에 대한 핑곗거리도 많아진다.

또 다른 술수는 내가 군대에 있을 때 배운 것으로 "나에게 하지 말라고 말하지 않는다면, 그것은 곧 내 행동에 대한 인정이 된다"고 주장하는 것이다. 이것은 거의 금언과 같다. 만약 당신이 상관에게 어떤 일을 하겠다고 말했는데 상관이 안 된다고 말하지 않았다면 결과적으로 상관은 당신의 일을 승낙한 셈이 된다. 그러므로 나는 앞으로 하려고 하는 모든 일들을 상관에게 먼저 이야기하는 것을 철칙으로 삼고 있다. 그리고 일기장에 모든 대화를 낱낱이 기록해두었다가 일이 잘 안 풀릴 경우 상관이 나에게 일을 추진하라는 묵시적인 승인을 해주었다는 사실을 상기시키곤 한다. 내가 몇 날 몇 시에 어떤 대화를 나누었는지 정확히 밝히고 글로 씌어진 증거까지 보여준다면 상관이 그 사실을 부인하기란 어려운 일이다.

숫자 교란

> 나는 항상 사람들을 두 부류로 나눈다. 분명히 거짓인 줄 알고 살아가는 사람과 거짓을 진실이라고 믿으며 살아가는 사람이다.
> _크리스토퍼 햄프턴(1946~)

대개 숫자로 적힌 것을 보면, 특히 컴퓨터로 출력한 것일 때에는 그냥 믿어버리게 마련이다. 그렇지 않은가? 적어도 나는 그랬다. 그러나 절대 믿지 말아라. 컴퓨터는 단지 숫자를 집어삼키는 기계일 뿐이다.

컴퓨터에 숫자를 집어넣는 사람은 바로 경영전략가들이며 그들은 말
짱 거짓말쟁이들이다. 이미 언급한 것처럼 경영전략가들은 거짓말을
떡 먹듯이 한다. 그리고 가끔은 컴퓨터를 이용해서 거짓말을 하기도
한다.

숫자 교란이란 무엇인가? 숫자 교란이란 상사에게 계속해서 엄청
난 숫자를 퍼부어서 결국에는 당신에게 자리를 내주도록 만드는 것이
다. 상사는 숫자를 이해하지 못한다(회사 체계가 어찌나 복잡해졌는지 회계
사조차도 때로는 이해하지 못할 정도이다). 그저 믿을 뿐이다.

숫자는 거짓말을 하지 않는다고? 과연 그런가? 절대 그렇지 않다!
이런 속담이 있다. "거짓말쟁이는 숫자를 말하고 숫자는 거짓말을 한
다." 이것은 사실이다. 하지만 대부분의 상관들은 이 사실을 모른다.
수많은 교활한 경영전략가들이 시간을 벌 필요가 있을 때 컴퓨터를
이용하여 실패를 은폐한다. 그러다가 꼬리가 밟히면 항상 컴퓨터 착
오로 책임을 돌린다.

숫자 교란의 가장 훌륭한 예는 아직 사회 초년생이었던 내가 커다
란 전자회사 지부의 회계부 직원으로 근무했을 때의 일이다. 그때 내
가 근무하고 있던 지부에서 상당히 큰 금액의 돈을 잃어버렸다. 우리
회사는 관리가 형편없었고 일본과 한국 회사들과 경쟁하여 철저하게
패배를 당하고 있었다. 지사 부사장은 영원히 우리를 잘라버리기 전
에 먼저 장부를 훑어보았다. 그리고 3일 동안 장부를 고친 다음, 이사
회의에 나가서 앞으로 3개월 안에 모든 일이 잘 해결될 것이라고 말
할 수 있는 그럴듯한 각본을 짜내기 시작했다.

마침내 지사 부사장이 최종 숫자를 보여주었을 때, 나는 그에게 '말

도 안 되는 헛소리'며 이런 숫자는 아무 의미도 없다고 말했다. 그는 이렇게 대답했다.

"자네 이외에는 이 숫자가 헛소리라는 걸 아무도 모른다네. 자네가 입만 다물어준다면 물론 나는 말하지 않을 거야. 자네는 여기서 계속 일을 하고 싶은 건가? 일을 하고 싶지 않은 건가?"

나는 지사 부사장의 말뜻을 곧 알아차렸다. 지사 부사장은 그 숫자를 가지고 본사로 들어갔고 우리는 아무 일도 당하지 않았다.

나는 그 후에도 여러 번 똑같은 논리를 이용했다. 나를 제외하고는 어느 누구도 내 숫자가 과연 의미가 있는 것인지 알아차리지 못했다. 나는 필요하다면 숫자 조작도 서슴지 않을 것이다. 숫자 교란은 특히 보신책과 함께 결합했을 때 더욱 효과적이다. 당신의 숫자가 가정에 기초한 것이며 그 가정이 사실과 다르다고 판정이 난다고 해도, 아무도 숫자가 틀렸다고 당신을 비난할 수는 없다. 숫자란 항상 그런 것이기 때문이다.

숫자 교란을 약간 변형시킨 것이 사실과 숫자를 적당히 섞어놓는 것이다. 간부들이 보통 한 번에 파악할 수 있는 숫자는 몇 개 되지 않는다. 그러므로 머리가 감당할 수 없을 만큼의 숫자를 나열하라! 그렇게 하면 간부는 당신에게 그 의미를 설명해달라고 부탁할 것이다. 당신은 훌륭한 경영전략가답게 정확하게 설명을 해주면 되는 것이다. 간부들은 점점 더 게을러진다. 누군가가 모든 일을 대신 이해해주고 어떻게 파악해야 하는지 설명해주기를 기대한다. 그 점을 철저히 이용하라!

우선순위 조절

깊은 심연에서 빠져나온 사람들은 생각할 수 있는 머리를 잃어버린다. 그 자리에 아무리 그럴듯한 풍선을 올려놓아도 소용이 없다.

_E. 스콧 피츠제럴드(1896~1940)

당신의 경영진들은 겨우 30파운드 봉급을 주면서 당신이 50파운드 가치의 일을 해내기를 원하지 않는가? 또 그런 일은 날마다 되풀이되지 않는가? 나의 경우에는 항상 그랬다. 그리고 앞으로 나도 그렇게 할 것이다. 내가 보기에 회사 경영진들은 캐딜락 한 대에 오직 운전사 한 사람에게만 봉급을 주고 싶어하는 것 같다. 그렇다면 당신은 곧 다가올 실패를 어떻게 맞서 이겨낼 것인가? 당신에게 요구되는 일들을 모두 다 해낼 수는 없다. 반드시 실패하게 될 것이라는 것을 당신은 알고 있다. 이런 상황으로부터 어떻게 당신 자신을 구할 수 있을까?

나는 이것을 우선순위 조절이라고 부른다. 먼저 상관을 찾아간다(그도 물론 경영전략가이다). 그리고 그의 도움을 청한다. 그에게 주어진 일을 모두 다 감당할 수가 없으며 몇 가지 일은 줄여야겠다고 말한다. 틀림없이 처음에 상관은 직원들에게 초과 근무를 시키라는 반응을 보일 것이다. 하지만 이미 지난 몇 주 동안 직원들은 초과 근무를 해오고 있음을 상관에게 분명히 말한다. 그런데도 모든 목표를 달성하지는 못할 것 같다.

만약 상관이 훌륭한 정치가라면 그래도 최선을 다해서 일을 조정해보라고 말할 것이다. 반면 훌륭한 상관이라면 자리에 마주 앉아서 우선순위의 일이 무엇인지, 만약 한 가지 일을 줄인다면 어떤 영향을 미칠지에 대해서 서로의 생각을 논의해볼 것이다. 그리고 마침내 어떤 일을 줄이고 어떤 일을 그대로 할지 결정할 것이다.

훌륭한 경영전략가들은 일의 우선순위를 결정하는 데 절대 끼여들지 않는다. 그러다가 판단이 잘못되기라도 하면 어떻게 하는가? 물론 운이 좋으면 최우선순위 업무 정도는 알려줄지 모른다. 하지만 그 이후로는 그에게 어떤 조언도 기대하지 마라. 어쨌든 시도를 해보라. 그리고 노력한 결과를 기록해놓아라.

그렇다면 당신은 어떻게 해야 하는가? 당신이 요구한 내용을 자세히 기록하고 앞서 나온 보신책 전술을 참고하라. 상관에게 당신이 모든 일들을 낱낱이 기록하고 있다는 사실을 넌지시 알려주어라. 당신이 일의 우선순위를 결정해달라고 도움을 요청하면서 그 사실을 기록하고 있다는 것을 알게 되면, 상관도 대답을 하는 데 훨씬 더 신중해질 것이다.

중간급 정도 되는 간부들은 대부분 아직 성숙한 경영전략가라고 할 수 없다. 그들은 여전히 평범한 인간에 불과하며 결국 당신을 도와줄 것이다. 하지만 당신의 직급이 점점 더 높아질수록 도움을 얻게 될 가능성은 점점 더 희박해진다. 마침내 최고 간부급에 도달하게 되면 그때는 어떤 도움도 기대할 수 없다. 당신의 상관도 당신만큼이나 발뺌하기 바쁠 테니까 말이다. 그래도 어쨌든 도움을 요청하고 기록으로 남겨라. 나중에 당신의 목숨을 구해줄 일이 있을 것이다.

알리바이 공작

우리에게 아무 책임이 없는 상황이라도 일단 응답을 하면 그것
때문에 책임을 지게 된다.
_알란 마시에(1933~)

만약 당신이 이 절의 제목을 이해하지 못한다면, 당신은 이미 철저
히 자신을 서류(일종의 방화복처럼)로 감싸고 있는 것이다. 하지만 당신
의 상관이 아닌 다른 누군가가 관련되었을 때에는 이 방법을 사용해
보라. 물론 상관에게도 써먹을 수 있지만, 이 전술은 당신이 상관에게
어떤 불만을 호소했을 때, 그의 화를 돋우기 위한 것이다.

이 전술은 어떻게 사용하는가? 간단하다. 우선 어떤 일과 상관이 없
는 사람에게 편지를 보내라. 그리고 물론 당신은 그 일에 책임이 없지
만, 어떻게 처리하는 것이 적당하다고 생각하는지 물어보아라. 그럼
두 가지 경우가 발생할 것이다. 첫 번째는 당신의 편지를 무시해버리
는 것이다. 그럴 경우에는 충분히 시간을 두고 기다렸다가 다시 편지
를 보내라. 그래도 대답이 없을 수 있다. 그래도 상관없다. 일단 편지
를 보낸 이상, 당신은 문제를 해결하려고 팔방으로 노력했다는 확실
한 증거를 남긴 셈이다. 그리고 당신의 편지를 받은 그 멍청이는 아무
조처도 취하지 않았다.

두 번째 경우는 편지를 받은 그 친구가 굼뜬 엉덩이를 억지로 움직
이며 문제를 해결해보려고 노력하는 것이다. 하지만 만약 상대가 경

영전략가라면 그런 일은 절대 기대하지 마라. 경영전략가는 오히려 당신에게 똑같은 편지를 보내서 이 일은 자신의 잘못이 아니며 이런저런 이유 때문에 문제를 해결해줄 수 없다, 혹은 이런저런 조건이 되면 해결해주겠노라고 답변할 것이다. 전형적인 경영전략가라면 재빨리 다른 부서의 누군가에게로 비난의 화살을 돌리며 편지를 쓸 것이다. 만약 그렇게 되면, 당신은 모든 과정을 다시 시작해야만 한다.

이 절의 목적은 당신이 문제를 해결하려고 노력했다는 증거를 반드시 확보할 필요가 있다는 사실을 알려주려는 것이다. 그리고 항상 그 증거를 가까이 간직하고 있어라. 혹시라도 문제가 커지면, 최고 경영진 중 누군가가 관심을 갖고 왜 부장들이 아직까지 그 일을 해결하지 않았는지 이유를 알고 싶어할 것이다. 경영자는 문제를 해결하라고 직원들에게 봉급을 주는 것이다. 그런데 문제가 최고 경영자의 귀에까지 들어갔다는 것은 직원들이 업무를 태만이 했다는 뜻이 된다.

대부분의 경영전략가들은 당신이 무슨 짓을 하고 있는지 빤히 알고 있다. 자신들도 항상 그런 전술을 사용했기 때문이다. 그러므로 일단 편지를 받으면 아무 조처도 취하지 않았을 때 어떤 결과가 생기는지도 알고 있다. 당신이 그런 편지를 받게 되면 문제를 해결하거나 혹은 그 문제를 다른 사람의 탓으로 돌리는 답장을 써라. 물론 답장을 복사해두는 것을 잊지 말아라.

진주만 파일

> 교수형에 처해질 운명을 타고난 사람은 절대로 익사하는 법이
> 없다.
> _14세기 프랑스 속담

알리바이 만들기와 가장 비슷한 전략이 바로 진주만 파일 만들기다. 아마도 진주만 파일이란 명칭은 2차 세계 대전 중의 조지 마샬 장군으로부터 비롯된 것 같다. 조지 마샬 장군은 진주만의 사령관에게 그 섬은 항상 기습을 경계해야 하며 철저히 방어를 강화해야 한다는 편지를 보냈다고 한다. 그런데 이 편지는 일본으로부터 공습을 당하기 훨씬 전에 씌어진 것이었다.

모든 사람들에 대해서 지금까지 저지른 실책과 당신이 뒤로 빼돌릴 수 있는 그 밖의 다른 정보를 낱낱이 기록한 파일을 만들어라. 왜? 만약 어떤 일이 잘못되었을 경우나 혹은 누군가가 당신의 뒤를 추적할 때 필요하게 될 것이기 때문이다. 알리바이용 편지나 일기장의 기록, 편지 복사본, 그 밖에 유용하게 쓰일 만한 것은 무엇이든지 잘 간직해야만 한다.

그럼 이 진주만 파일을 어떻게 사용할 것인가? 신중하게 사용하라. 나는 일기장에 평생 일어난 모든 일들을 빠짐없이 기록했다. 그리고 한권이 끝나면, 내 컴퓨터 데이터 베이스 프로그램에 자료들을 입력

했다. 그렇게 해서 인물과 날짜, 주제별로 목록을 뽑을 수가 있었다. 진주만 파일과 편지 파일 안에는 나에게 필요한 모든 것들이 다 들어 있다. 만약 당신이 인간 사냥꾼에게 그 문제에 대해서 조 블로우에게 이미 열네 번이나 말했으며 어떻게든 해결해달라고 열여섯 번이나 편지를 썼다고 꼭 집어서 말한다면 아주 강력한 주장처럼 들릴 것이다. 그리고 당신의 머리 가죽은 무사할 것이다.

보이스카웃의 구호 중에 '항상 대비하라'라는 말이 있다. 진주만 파일을 작성하라.

듣고 싶은 말만 들어라

> 말하기의 반대는 듣기가 아니다. 말하기의 반대는 기다림이다.
> _프란 레보위츠(1951~)

경영자들은 오랫동안 편협한 시야를 갖고 살아왔다. 대부분의 경우에 경영자들은 특정한 경험과 기술을 가지고 최고의 자리에 올랐기 때문에 언제나 자신의 경험에 근거해서 상대방의 말을 판단하게 마련이다. 만약 전혀 경험이 없는 화제가 나오면 그들은 하늘이 무너진다는 말만큼이나 당신의 말에 신뢰를 갖지 않는다. 상관이 듣고 싶어하지도 않고 이해하지도 못하는데 왜 쓸데없이 이야기를 떠들며 시간을 낭비하겠는가?

그렇다면 당신의 경영자에게 절대 하늘이 무너지고 있다는 말을 하지 말라는 뜻인가? 물론 그것은 아니다. 나는 경영자들이 당신의 말을 귀담아듣지 않거나 이해하지 못할 것이라는 사실을 미리 일깨워주려는 것이다. 그러므로 당신이 한 말을 문서로 만드는 것이 중요하다. 경영자들은 당신에게 좀더 열심히 일하고 좀더 많은 인력을 투입하라고 말할 것이다(전형적인 경영전략가들의 대답이다). 하지만 그들은 실제로 미칠 영향을 이해하는 것은 아니다.

좋은 실례가 몇 년 전에 있었다. 나는 우리 회사의 가장 커다란 고객 중의 한 사람에게 만약 우리와 맺은 장기 계약을 취소한다면, 우리 회사가 얼마나 엄청난 손해를 입게 되는지 설명해주는 임무를 받게 되었다. 나의 부사장은 상관으로부터 거센 압력을 받고 있는 경영전략가였는데, 3주 안에 계산을 끝내놓겠다고 장담을 했다. 나는 당장 부사장에게 그 기한 내에 일을 끝내는 것은 불가능하다고 말했지만, 부사장은 들은 척도 하지 않았다. 한 주 후에 나는 다시 불가능함에 대해 말했고, 다음주에 또다시 같은 말을 했다. 3주가 지나자 부사장은 계산서를 요구했고 나는 없다고 대답했다. 그 일은 적어도 3개월은 걸리는 일이었다. 일단 계산이 끝난다고 해도, 그 숫자로는 어른한 사람도 설득하지 못할 것이었다. 왜냐하면 자재 계산서와 물품 명세서가 들어맞지 않았기 때문이었다. 부사장은 당장 틀린 것을 깨끗이 고치고 계산서를 달라고 했다. 나는 그 일을 하려면 일 년이나 그이상 걸릴 것이라고 대답했다.

그러자 비로소 부사장은 내 말에 귀를 기울였다. 하지만 이번에는 최소한 3개월은 걸린다는 말만 귀담아들었다. 나는 부사장으로부터 3개월 동안 혹독한 독촉을 받으며 틀린 계산서를 고쳐 부사장에게 넘길 수 있었다. 그것은 방대하고 총괄적인 자료였지만, 별로 신빙성은 없었다. 왜냐하면 자재 계산서는 50퍼센트 정도만 정확하고 물품 명세서는 그보다도 훨씬 더 부정확했기 때문이다. 석 달에 걸쳐서 우리는 주말마다 만났고 그 동안의 진행 과정에 대해 논의했다. 부사장은 내가 빠르게 진척을 보이고 있으며 석 달 후에는 일을 끝낼 수 있다는 말만 하기를 원했다. 나는 그가 듣고 싶어하는 말을 해주었다. 그리고 동시에 계산이 잘 맞지 않는다는 말도 덧붙였다. 그러나 부사장은 자신이 듣고 싶은 말만 들었다. 어찌 되었든 부사장은 내가 수정하여 제출한 계산서를 재정담당 부사장에게 넘겨주었다. 결국 회계 감사가 시작되었고 우리는 끝장났다.

사후 부검은 이런 식으로 진행되었다.

부사장: 자네는 왜 계산이 맞지 않다는 사실을 나에게 말해주지 않았나?

나: 여러 차례 말했습니다. 특히 계산서를 드리면서 확실히 말씀드렸습니다.

부사장: 자네가 그랬다고? 헛수작하지 마!

나: 그 사실을 증명할 수도 있습니다. (나는 일기장을 꺼내어 우리의 대화가 적힌 날짜를 보여준다.)

부사장: 좋아. 그렇게 말했었군. 그런데 나는 듣지 못했어. 왜 좀더 내가 알아듣게 말하지 않았나?

나: 그러려고 했습니다. 아마 제가 좀더 강력하게 말씀드려야 했나 봅니다.

할 수 있는 한 언제나 거물들을 곤경에서 구해주어라. 만약 "바로 당신이 모든 일을 망쳐놓았습니다"라고 말한다면 상관들은 배짱 좋은 당신을 증오하게 될 것이다.

그들이 듣고 싶어하는 말만 하라

> 인간은 지나치게 고통스러운 사실을 듣지 못한다. 인간 본성의 비밀스런 깊은 곳에서 고통스런 사실을 왜곡시키거나 손상시키는 것이다.
>
> _마가렛 엣우드 (1939~)

앞 절에서 이야기한 바와 같이, 경영자들은 자신이 듣고 싶은 말만 들으려고 한다. 만약 그들이 듣고 싶어하는 것과 다른 이야기를 하려면 머리를 물어뜯길 위험을 감수하거나 한마디도 듣지 않으리라는 것을 각오해야만 한다. 심지어 업무를 수행할 능력이 없는 건방진 자식이라는 인식까지 얻게 될 위험성도 있다. 그러나 당신은 경영전략가답게 이런 상황을 당신에게 유리하게 이용할 수 있다.

만약 당신의 상관이 기술부와 전쟁을 벌이고 있는 중이라면, 주로 기술부에게 책임이 돌아갈 만한 문제를 화제로 꺼내라. 물론 여러 부서가 공동으로 책임이 있을 것이다. 하지만 잘못의 50퍼센트 이상을 기술부가 저지른 것처럼 보고를 한다면, 상관은 당신의 말에 귀를 기울일 것이고 그 문제를 해결하도록 당신을 도와줄 것이다.

만약 당신이 문제점을 공정하게 보고하려고 한다면, 상관이 어떻게 당신 입에서 주로 기술부의 실책이라는 대답이 나오도록 질문을 유도하는지 잘 지켜보라. 경영전략가들은 이 점을 분명히 인식하고 있으며 당신도 그래야만 한다.

상관들은 자신의 조직이 잘못되었다는 말을 듣기 싫어한다. 그런데 당신이 군이 그런 말을 할 필요가 있는가? 상관이 듣고 싶어하는 말만 해라. 그리고 교묘하게 뭔가를 고쳐야 할 필요가 있다는 사실을 일깨워주어라. 여기 한 예가 있다.

당신: 참으로 엄청난 창고 조직을 갖고 계시군요.

상관: 그래, 그렇지. 나는 이 친구들을 한 사람 한 사람 직접 뽑았어. 그리고 이 친구들은 아주 훌륭하게 일을 하고 있단 말이야.

당신: 이렇게 능률적인 조직은 한 번도 본 적이 없습니다. 틀림없이 하루에 수천 가지 일을 진행하겠군요.

상관: 나도 때로는 어떻게 그 일을 다 하는지 놀랄 때가 있어.

당신: 그런데 공급이 중단된 물품에 대해서 생산 관리과에서 약간 불만이 있다는 사실을 알고 계십니까? 그자들도 부장님이 그들을 위해 얼마나 많은 일을 하고 있는지 깨달아야만 하는데.

상관: 나도 그 친구들을 만족시키겠다는 생각은 진작 포기해버렸다네.

당신: 그 친구들도 부장님의 노고에 감사하는 마음을 가져야만 하는데 말이죠.

상관: 사실 나도 공급이 중단된 물품에 대해서 좀 조사해볼 필요가

있다고 생각하네. 어떻게 더 개선해볼 여지가 없나 살펴봐야지. 자네
는 어떻게 생각하나?

당신: 그렇게 하신다면 폭풍우를 잠재우는 데 도움이 될 겁니다. 제
가 그들에게 부장님이 조사해보기로 했다는 말씀을 전하면 부사장님
까지 찾아가지는 않을 테니까요.

당신은 방금 무슨 일을 해냈는가? 상관과 대화를 나눈 것이다! 그
리고 창고 담당 사람들이 일을 몽땅 망쳐놓았다고 말한 것이다. 그러
면서도 상관이 듣고 싶어하는 말, 즉 '아주 훌륭하다'는 말만 했다. 그
결과 어떻게 되었는가? 당신은 상관을 통해 문제를 해결했다.

상관이 듣고 싶어하는 말만 하는 것은 진실을 말하는 것보다 훨씬
더 어려운 일이다. 조심스럽게 이 전술을 사용하라. 하지만 바로 당신
의 부하 직원이 똑같은 전술을 당신에게 써먹을 수도 있다는 사실을
명심하라. 당신이 아무리 직원들에게 진실만을, 오직 진실만을 듣고
싶다고 말해도, 직원들은 어느 날 불쾌해하는 당신을 보고 사실은 진
실을 듣고 싶어하지 않는다는 신호로 해석해버릴지도 모른다. 조심하
라!

정리

실패는 누구에게나 찾아온다. 우리는 누구나 실패를 경험하게 마련이다. 한 번도 실패한 적이 없다면, 아무 일도 시도해보지 않았다는 뜻이다. 실패가 멀지 않았다는 사실을 깨달았을 때, 당신은 뭔가를 할 수 있다. 우선 이 책을 읽고 실패한 원인에 대해서 여러 가지 변명과 구실을 만들어라. 이제 당신은 실패가 임박했을 때, 살아남을 수 있는 9가지 방법을 알게 되었다. 또한 지나치게 남용해서는 안 되지만, 거의 모든 경우에 아슬아슬하게 버티는 것이 효과가 있다는 사실도 알았다. 분리와 보신책, 숫자 교란, 우선순위 관리, 알리바이 공작용 편지, 진주만 파일 등에 대해서도 알았을 것이다. 경영전략가는 듣고 싶은 말만 듣는다. 그리고 경영진들이 듣고 싶어하는 말만 한다. 정신차려라. 경영전략가들은 기회가 있을 때마다 이런 전술들을 바로 당신에게 써먹을 것이다.

하이에나가 되어라,
하지만
사냥꾼처럼 보이게 하라

실패에는 반드시 해결책이 필요하고 해결책은 반드시 그럴듯하게 보여야만 한다. 아직도 성공할 기회는 있다. 이 장에는 실제로 문제를 해결할 수는 없지만 진짜 해결책을 찾기까지 시간을 벌어줄 수는 있는, 가장 흔히 사용되는 해결책들을 일부 소개했다. 그 중에서 가장 오래된 속임수는 재조직이다. 만약 그것만으로 공격자를 만족시키지 못한다면, 경영전략가는 새로운 컴퓨터 시스템을 구입하거나 특별 팀을 구성할 것이다. 만약 예산이 초과되면 경영전략가는 즉시 예산을 새로 짤 것이다. 또한 초과 근무는 어떤 실패에든 항상 그럴듯한 해결책이 된다.

반드시 명심해야 할 또 다른 철칙은 경영전략가에게 실패란 없다는 것이다. 심지어 실패를 했을 경우에도 그에게는 실패가 아니다.

여기 만약 당신이 실패를 했을 경우에 당신의 공격자들에게 그럴듯한 구실을 제공할 수 있는 전술들이 있다. 실패가 임박했을 때에는 항상 먼저 이 전술의 사용을 고려하라.

조직 개편

당신이 중간 간부급 정도가 될 즈음이면 이 전술에 익숙해질 것이
다. 사실 나도 이 전술을 종종 써먹는 조직에 속해 있던 적이 있었다.
어찌나 조직이 자주 바뀌던지, 동료 중에 한 사람은 이런 말을 하기도
했다.

"혹시 현재 조직 체계가 마음에 들지 않더라도 하나도 걱정할 것 없
네. 다음 달이면 조직이 개편될 테니까 말이야. 그리고 새로운 조직이
편성될 거야. 우리는 그것을 이 달의 클럽 조직이라고 부른다네."

그의 말이 맞았다. 내가 그 조직에 일 년 속해 있는 동안, 사장이 네
번이나 바뀌었으며 여섯 번이나 보고서 양식이 달라졌다.

그렇다면 조직표를 개편함으로써 얻어지는 이득은 무엇인가? 개편
된 조직표를 가지고 당신은 누구에게든 이런 말을 할 수 있다.

1. 새로운 문제를 해결하기 위해 직원들을 재편성했다.
2. 마침내 그 자리에 딱 적당한 사람을 배치했다.
3. 일을 망쳐놓은 무능한 친구들을 퇴출시켰다.
4. 말썽 많은 조직을 가장 유능한 직원 중 한 사람에게 맡겼다.

5. 생산성이 두 배나 더 향상될 수 있도록 조직을 짰다.

6. 더 이상 추가 고용이 필요하지 않도록 조직을 개편했다.

7. 중역 회의 이사장님의 똑똑한 아드님(혹은 따님)을 위해 적당한 자리를 마련했다.

8. 혹은 설명을 듣는 상대방이 듣고 싶어하는 대답이 무엇이든 거기에 부합하는 목적을 이루기 위해 했다.

사실 나는 변화를 좋아하지 않는다. 대부분의 사람들도 그렇다. 그런데 왜 단지 다른 누군가를 만족시키기 위해서 조직을 개편해야 하는가? 그것은 다른 사람들을 위한 것이 아니다. 바로 당신 자신을 위한 일이다. 당신이 조직을 개편하는 이유는 당신이 어떤 일에 실패했거나 혹은 실패하리라는 것을 알았기 때문이며 당신의 일자리와 경력과 장래를 지키기 위해서다. 당신의 상사에게 당신이 실패한 것은 다만 조직표가 잘못 짜여졌기 때문이지, 결코 당신이 무능해서가 아니라는 사실을 증명하기 위함인 것이다. 그리고 당신은 새로운 조직표를 가지고 이제 모든 일들이 값비싼 스위스 시계처럼 척척 잘 돌아갈 것이라고 상사에게 확신을 심어주게 될 것이다.

하나의 조직을 가지고 계속 운영하는 것이 더 효과적이지 않은가? 물론 그렇다. 하지만 당신이 그렇게 하면 전혀 좋을 것이 없다. 어느 자리에 누가 앉았느냐 하는 것은 전혀 중요하지 않다. 경영자들은 항상 새로운 인물이 옛날 인물보다 더 잘할 것이라고 믿는다. 그들은 마치 이미 경험해본 사람보다는 전혀 시험해보지 않은 사람을 더욱 신뢰하는 것 같다. 왜 전문적인 인력 회사가 그렇게 돈을 많이 버는지 아는가? 경영진들이 항상 새로운 인물을 원하기 때문이다.

불필요한 변화는 효과를 떨어뜨리고 부작용을 낳지 않는가? 물론 당연하다. 직원들은 심지어 꼭 변화가 필요할 때에도 변화하기를 싫어한다. 그런데 하물며 불필요한 경우에는 적의를 드러낼 수도 있다. 기강은 해이해지고 사기는 떨어진다. 새로 임명된 상관을 단지 낙하산 인사로 생각하고 그렇게 대접할 수도 있다. 그런데도 조직을 개편해야 하는가? 물론이다. 바꿔라! 모든 걸 다 바꿔라!

새로운 시스템

> 오직 인간만이 사물을 있는 그대로 내버려두지 못하고 항상 바꾸려고 든다. 하지만 정작 바꿔놓은 뒤에는 그 결과에 대해 만족하는 법이 거의 없다.
>
> _엘스페스 헉슬리(1907~)

이 전술은 너무나 오래된 것이어서 심지어 아직까지도 효과가 있다는 사실에 나 스스로도 놀랄 지경이다. 문제가 발생했는가? 문제를 해결할 수 있는 새로운 컴퓨터 시스템이나 매뉴얼 시스템을 만들어라. 당신의 상관은 당신이 정확한 해결책을 내놓았다고 만족할 것이다.

이 전술은 어찌나 효과가 좋은지 거의 모든 직급에서 어떤 문제에든 써먹을 수가 있다. 이 전술의 사용 방법에 대한 실례는 다음과 같다.

문제: 생산 기일을 맞추는 데 차질이 생겼다.

경영전략가의 해결책: 새로운 컴퓨터 공정을 도입하여 모든 곳에 설치한다.

실제 해결책: 공장장으로 하여금 지금까지의 생산 시스템을 그대로 따르게 한다.

문제: 자재 구입부에서 항상 잘못된 물품을 구입한다.

경영전략가의 해결책: 구입해야 할 자재가 무엇인지 알려주는 새로운 구입 시스템을 시행한다.

실제 해결책: 기술 연구부로 하여금 필요한 자재 목록과 제조 스케줄을 새로 정리해서 자재 구입부에게 언제 그 물건이 필요한지 말해주도록 한다.

문제: 재고 물품 명세서가 전혀 맞지 않는다.

경영전략가의 해결책: 즉시 재고 파악을 할 수 있는 새로운 재고관리 소프트웨어를 구입한다.

실제 해결책: 창고 관리자들에게 장부를 새로 맞추게 하고 잘못에 대한 징계를 한다.

문제: 너무나 뒤늦게 손해가 난 것을 알아차렸다.

경영전략가의 해결책: 새로운 전산화 비용 회계 시스템을 도입하여 현시간 경비 데이터를 제공하고 신속한 결정을 내릴 수 있도록 한다.

실제 해결책: 좀더 자주 회계 데이터를 점검하도록 한다. 대개 한 달

한 번 정도 하게 되어 있는 정기 보고를 재정 관련 부서인 경우에는 제조 부분보다 더 자주 실시하라.

앞선 실례를 통해 알 수 있듯이 거의 모든 문제에 새로운 시스템 해결책이 있게 마련이다.

새로운 시스템을 도입하면, 당장 모든 일이 순조롭게 풀릴 것이다. 그렇다면 이 해결책의 문제점은 무엇인가? 물론 여러 가지가 있지만 대부분의 사람들은 그것을 알아차리지 못할 것이다. 가장 큰 문제는 데이터이다. 컴퓨터는 오직 적당한 데이터를 입력했을 경우에만 유용하다. 흔히 말하듯이 "쓰레기를 넣으면 쓰레기만 나오는 것이다."

왜 그것이 문제인가? 대개의 경우에 기존의 시스템은 부적절한 데이터를 가지고 운용되어왔을 것이다. 그러므로 새로운 시스템 해결책 또한 곤란을 겪을 것은 뻔한 일이다. 새로운 시스템에 입력될 데이터가 여전히 부적절할 테니까 말이다.

당신은 한 번이라도 새로운 시스템을 이행해보려고 한 적이 있는가? 이것은 아기를 낳는 것만큼이나 힘든 일이다. (물론 난 그 점에 대해서는 뭐라고 확실히 말할 수는 없다. 불행히도 난 아기를 가질 수 없는 몸으로 태어났기 때문이다. 어쨌든 가장 고통스런 경험이라는 것은 분명히 말할 수 있다.)

계획의 좋고 나쁨은 둘째치고 우선 아무것도 계획대로 진척되는 일이 없다. 시스템을 이행할 때, 항상 일어날 수 있는 공통적인 문제점은 다음과 같다.

· 데이터가 엉망이 된다.

· 프로그램이 작동하지 않는다.

· 작동은 하지만, 적용이 잘못됐다.

· 프로그램의 사용자가 마음에 들어하지 않는다.

· 프로그램상의 사소한 문제 때문에 데이터가 완전히 엉망이 된다.

· 사용자들이 여전히 기존 시스템 사용을 고집한다.

· 핵심 인력들이 그만두거나 부서를 옮기는 바람에 모든 일이 수포로 돌아 간다.

시스템을 시행하기가 그토록 힘든 데에는 여러 가지 이유가 있다. 하지만 가장 큰 이유는 대부분의 경우에 시스템을 시행하려는 노력 자체가 실패하기 때문이다. 일곱 번의 시스템 시행 중에 한 번은 실패한다. 정해진 목표를 달성하지 못하고 또 다른 새로운 시스템을 끌어들이게 되는 것이다.

이런 전술에 어떻게 맞설 수 있을까? 간단하다. 우선 질문을 던져라. "이 일을 실행하는 데 비용이 얼마나 드는가? 그리고 비용 회수 기간은 얼마인가?" 혹은 이렇게 물을 수도 있다. "기존의 시스템이 있지 않은가? 그것을 좀더 빨리 가동시키려면 얼마나 걸리겠는가?" 경영 전략가를 당황하게 만들 수 있는 또 다른 질문은 이런 것이다. "기존 시스템에서 데이터의 정확성은 어느 정도인가? 새로운 시스템을 도입하면 얼마나 정확도가 향상될 거라고 생각하는가?"

어떤 시스템이든 시행되기 전에 비용 회수에 관한 분석 자료를 갖고 있는 경우는 거의 없다. 왜 그런가? 새로운 시스템은 어떤 비용이 들더라도 반드시 해결해야 할 문제의 해결책으로 제시되기 때문이다.

만약 빈틈없는 경영자가 기존 시스템의 실패 원인을 분석한다면, 새로운 시스템을 도입하는 것보다 기존의 문제점을 해결하는 편이 훨씬 비용이 적게 들 것이다.

이 전술의 적용은 다음과 같은 과정을 밟게 된다. 당신의 상사나 어떤 거물급 인사가 당신의 실패를 문책하려고 한다. 그러면 당신은 다음과 같이 대답한다. "우리는 우리 문제를 모두 해결할 수 있는 새로운 시스템의 실행을 연구하고 있습니다." 당신은 문제를 해결할 수 있는 시간을 한 달 정도 벌 수 있을 것이다. 그래서 만약 문제를 해결하게 되면, 기존의 시스템을 그대로 사용하기로 결정했다고 대답한다. 만약 해결하지 못하면, 기존 시스템을 고치는 비용과 새로운 시스템을 실행하는 비용을 비교하고 있다고 말한다. 그렇게 해서 또다시 한 달을 벌 수 있다. 만약 또다시 한 달이 지났는데도 문제를 해결하지 못하면, 경영전략가는 새로운 시스템을 시행하기 시작할 것이다.

새로운 시스템이 실패하더라도 걱정하지 마라. 왜냐하면 시스템의 시행은 다른 부하 직원에게 맡길 것이고 만약 실패를 하면 그건 그의 잘못이 된다(62쪽의 「매트릭스 조직을 이용하라」를 보라). 그 다음에는 또 다른 직원을 골라서 다시 시작하라. 이 전술이 세네 번 정도 실패하고 나면, 그때는 또 다른 시스템이 필요하다고 제안해야 한다. 이런 모든 일들이 진행되고 있는 동안, 당신은 기존 시스템을 실패하게 만든 근본적인 문제를 해결하도록 하라.

이 절에는 이 전술을 변용한 여러 가지 방법이 소개되고 있다.

고전적인 경우 하나만 들어보자. 당시 나는 중요한 물품 공급업자와 함께 프로그램 재조사를 하고 있었다. 공급 담당자들은 아직 젊고 순진한 나를 상대로 비슷한 전술들을 멋지게 써먹었다. 나와 처음 대면하는 자리에서 공급업자는 정해진 날짜까지 물품을 배달하지 못한 이유를 설명해 주었다. 공장이 제대로 정리되지 않았다는 것이었다. 그리고 일단 공장을 개편하고 나면 마치 팝콘을 쏟아내듯이 원하는 물품을 신속하게 공급해주겠다고 장담했다. 나는 그 작자가 늘어놓는 공장 개편 계획과 새로운 청사진에 귀를 기울였고 깊은 감명을 받았다. 아주 그럴듯하고 훌륭한 계획처럼 들렸던 것이다. 물품 공급업자는 새로운 공장 개선안을 시행에 옮겼지만, 생산은 조금도 늘지 않았다.

석 달 후에 다시 찾아온 나는 물품을 제대로 공급하지 못하는 진짜 원인을 알아냈다. 원인은 바로 그 공장의 부품 부족 때문이었다. 그때 공급업자가 뭐라고 말했을까? 그는 제 시간에 물품을 공급할 수 있도록 해주는 새로운 컴퓨터 시스템을 시행할 계획이라고 말했다. 아직도 젊고 순진했던 나는 그 시스템을 사주었다. 물론 사정은 전혀 나아지지 않았다.

석 달 후에 나는 다시 공장을 찾아갔다. 과연 무슨 일이 일어났을까? 이번에 그들은 나에게 조직 개편을 제안했다. 낡은 경영 방식은 "일고의 가치도 없으며" 새로운 경영 방식만이 모든 문제점을 해결할 수 있다는 주장이다. 결국 어떻게 되었을까? 그들은 계속해서 기한을 어겼으며 마침내 나는 그들을 대신할 다른 공급처를 찾아내고 주문을 취소해버렸다. 지금도 그 공급업자들은 이 책을 읽어보지 못한 어떤 다른 순진한 바이어에게 똑같은 술수를 써먹고 있을 것이다.

특별 팀을 짜라

몇몇 위대한 사람들이 위대해질 수 있었던 것은, 대부분 그 일에 딱 적합한 자질과 도구로 사용될 운명을 타고난 자들을 발견해내는 뛰어난 재능 덕분이다.

_조셉 콘라드(1857~1924)

경영진들이 당신을 진정한 영웅으로 생각하기를 원하는가? 그렇다면 특별 팀을 구성하여 함께 문제를 해결하라. 그 문제가 누구의 문제이든 상관없이, 문제를 해결할 팀을 구성하자고 제안하라.

경영진들은 그 제안을 아주 좋아할 것이다! 먼저 경영진들이란 이렇게 멍청한 아이디어를 왜 좋아하는지 이해할 필요가 있다. 그것은 뭔가 문제를 해결할 수 있는 방안이 생긴 것 같은 환상을 심어주기 때문이다. 경영진들이 멍청한 아이디어를 얼마나 좋아하는지 그 한 예로써 내 친구 중에 한 명이 자신의 뜻과는 반대로 시스템 실행팀을 맡게 된 적이 있었다. 그 특별 팀은 도시 전체에 흩어져 있는 네 개의 서로 다른 건물에 위치한 열 명의 친구들로 이루어져 있었다. 어느 날 밤에 그 친구와 내가 함께 술을 마셨는데, 나는 그에게 널찍한 트레일러 한 대를 사서 팀원 전체가 함께 사용할 수 있도록 해달라고 요구해보라고 농담을 던졌다. 그리고 우리는 그 황당한 생각에 폭소를 터뜨렸다. 하지만 경영진들은 정말로 트레일러를 한 대 사서 주차장에 놓아주었다. 팀원들은 화장실 시설이 전혀 갖추어져 있지 않은 그곳을 단 한 번도 이용하지 않았다.

경영진들은 특별 팀을 짜서 문제를 해결하기를 좋아한다. 아주 그 럴듯해 보이기 때문이다.

"나는 특별히 선발된 팀을 짜서 이 문제를 연구해보도록 했지. 그리 고 마침내 해결했다네."

이 전술은 교묘하게 시간을 끌기 위한 책략으로 사용할 수 있다(95 쪽의 「위원회를 소집하라」를 보라). 하지만 대개의 경우 특별 팀은 문제를 해결하지 질질 시간만 끌지는 않는다.

그렇다면 이 특별 팀에 누구를 집어넣을 것인가? 나는 막 대학을 졸 업한 젊은이들과 이상주의자들을 집어넣는다. 만약 닳고닳은 프로들 로 팀을 구성한다면, 그들은 당신이 듣고 싶어하는 대답이 무엇이든 바로 그 대답을 안겨줄 것이다. 왜냐? 그들은 멍청하지 않기 때문이 다. 만약 당신이 미리 어떤 해결책을 염두에 두고 있는지 안다면, 그 들은 새로운 해결책을 애써 찾기보다는 그저 당신의 생각에 동의하 기에 급급할 것이다. 사실 그건 잘하는 짓이다. 상관의 생각이 옳다고 다시 한 번 확인시켜줄 뿐, 감히 상관이 싫어할 만한 아이디어로 상관 의 성미를 거스르는 모험은 하지 않기 때문이다. 만약 참신하고 급진 적인 아이디어를 내놓았다가 실패하면 그 죄는 몽땅 그들이 뒤집어쓰 게 된다.

반면 이상적인 사람들은 그렇게 생각하지 않는다. 그들은 실제로 일을 해결하는 데 더 많은 관심을 가지고 있다. 상관이 정말로 문제를 해결하라고 자신들을 선발했다고 굳게 믿으며, 상관은 아무 해결책도 생각하지 못하리라고 전제해버리는 것이다.

만약 당신이 특별 팀에 선발되면 어떻게 해야 하는가? 먼저 당신의 상관을 잘 파악하라. 만약 상관이란 작자가 그저 자신의 생각을 승인받기 위한 거수기쯤으로 특별 팀을 이용하는 친구라면, 상사의 생각을 그대로 따라라. 하지만 상사가 진정으로 새로운 해결책을 찾고 있다면, 그때는 새로운 아이디어를 내기 위해 노력하라.

특별 팀에 뽑히면 기뻐해야 할까? 그럴지도 모른다. 하지만 내가 일하던 몇 군데 회사에서는 상사의 눈밖에 나버린 쓸모없는 인력이나 비생산적인 인력을 그저 바쁘게 움직이게 하기 위해서 특별 팀에 집어넣곤 했다. 그런 자들은 해고를 시킬 수도 없었고 그렇다고 일을 시킬 수도 없었던 것이다. 그럼 어떻게 할까? 특별 팀에 집어넣고 자진해서 그만두기를 기다린다.

물론 내가 일했던 또 다른 직장에서는 반대의 경우가 있었다. 대단히 잠재력이 있는 인력들로 팀을 구성하여 여러 가지 경험을 할 수 있게 해주었던 것이다. 결국 모든 것은 특정 회사의 경영진들과 그들의 철학에 달려 있다.

특별 팀의 일원으로 반드시 기억해야 할 사항은 양이 가치를 결정한다는 것이다. 보고서를 만들 때에는 두 쪽짜리 요약문으로 시작해라. 어쨌든 경영진들이 읽는 것은 그것뿐이다. 나머지 보고서는 가능한 한 길게 써라. 10쪽짜리 보고서는 절대로 백만 단어로 이루어진 2권 분량의 보고서만큼의 무게를 가지지 못한다. 상세한 각주는 당신의 생각이 그만큼 많은 조사를 거쳤으며 정확하다는 사실을 보여준다.

과연 어떻게 양을 늘릴 것인가? 기록할 수 있는 것은 모두 다 기록하라. 개인 한사람 한사람과 나눈 대화를 상세하게 보고하고 모든 회의에 대해서도 전부 기록하라. 참고한 문헌의 전문을 싣고 보고서의 주제와 부합하는 것이라면 무엇이든 다 첨부하도록 하라.

만약 당신이 상관이라면, 특별 팀은 당신에게 시간을 벌어주고 때로는 심지어 해결책을 제시해줄 수도 있다. 당신의 미국의 역대 대통령들 모두가 소위 특별 위원회라는 것을 이용한다는 사실을 알아차렸는가? 만약 대통령들이 정말로 해결책을 원했다면, 특별 위원회의 제안을 실행에 옮겼을 것이다. 하지만 과연 그랬는가? 그런 일은 극히 드물었다. 대통령들은 특별 위원회를 단지 과시용으로 사용했을 뿐이다. 그렇게 함으로써 투표권자들에게는 대통령이 그 문제에 관심을 갖고 있다는 인상을 심어줄 수 있다. 또한 만족할 만한 해결책을 찾거나 혹은 여론이 잠잠해질 때까지 시간을 끌 수도 있다. 그 문제에 대해서 어떤 대책을 세우고 있느냐는 질문을 받을 때마다, 이렇게 대답할 수도 있다. "특별 대책 위원회를 세워서 그 문제를 연구하게 하고 있습니다. 연구가 끝나면 해결책을 찾을 수 있을 것입니다." 그게 과연 합당한 대답일까? 사실 연구는 몇 년이 걸릴 수도 있다.

특별 팀은 당신이 문제를 해결하기 위해서 뭔가를 하고 있다는 해명을 하는 데 아주 유용한 도구이다. 그런 대답을 들으면 대부분 기뻐하게 마련이다. 한편 경영전략가는 정말로 문제를 해결할 수 있는 방법을 궁리할 시간을 벌게 된다. 또한 특별 팀은 당신이 조직 내에서 처분하고 싶어하는 사람들을 처분할 수 있는 자리이며, 동시에 장래가 촉망되는 인재를 길러내는 자리이기도 하다. 당신에게 특별 팀을 잘 활용하라고 권하고 싶다. 특히 당신이 문제를 해결하지 못하면 경영진이 당신을 사형에 처할 처지에 놓여 있을 경우에 말이다.

예산을 조정하라 / 예상하라

> 만약 충분한 예산을 가지고 적절한 광고만 칠 수 있다면 당신은
> 언제나 모든 사람들을 속일 수가 있다
> _조셉 E. 리바인 (1905~　)

예산상의 실패는 여러 가지를 의미한다. 그것은 당신이 필요한 경비를 잘못 예상했다는 것을 의미할 수도 있다. 혹은 당신의 부서를 잘못 운영했다는 것을 의미할 수도 있다. 당신이 어떻게 하느냐에 따라 그것은 아주 중요한 일이거나 혹은 아주 사소한 일일 수도 있다.

정해진 예산을 맞출 수가 없다는 사실을 알았을 때, 당신은 어떻게 하는가? 재정부의 누군가가 긴 칼을 들고 당신을 노리고 있다면? 새로운 일자리를 찾아다니기 시작하는가? 책임을 떠맡을 누군가를 찾기 시작하는가? 혹은 예산을 조정하는가? 어느 것이든 가능하다. 하지만 이 절에서는 마지막 해결책을 다룰 것이다.

예산이란 경영진들이 회사의 운영에 대한 통제권을 유지하기 위해 만들어낸 도구이다. 앞서(70쪽의 「협상의 기본」을 보라) 언급한 바와 같이, 당신이 예산안을 제출하면 회계부와 간부들은 항상 예산을 막으려고 한다. 예산안을 제출할 때에는 항상 부풀려서 적어라. 예산은 경영진들이 당신을 꼼짝못하게 만들고 싶을 때 써먹는 여러 방법 중의 하나이다. 예산에 적힌 항목 중 단 한 가지라도 비용을 절감한 것이 없으면 상관에게 좋은 꼬투리를 잡힌 셈이 된다. 상관은 호시탐

탐 당신에게 잔소리를 퍼붓고 싶어한다. 만약 당신이 똑똑하다면, 최저 예산선보다 실제로 쓴 지출이 적다는 것을 보여줄 것이다. 그렇게 하는 데 실패한다면 당신은 다음번 퇴출 대상 일순위에 오르게 되는 것이다.

회사에 따라서 예산을 무기처럼 사용하기도 하고 전혀 무시하기도 한다. 하지만 두 가지 방식 모두 비생산적이다. 예산은 수시로 감시되고 반드시 지켜져야만 한다. 똑똑한 경영전략가라면 경영자의 방식이 어떻든지간에 꼭 그렇게 할 것이다. 경영자는 언제 바뀔지 모르는 일이기 때문이다.

예산을 부풀리려면 어떻게 하는 것이 좋을까? 회계부에 친구가 있으면 도움이 된다. 예산안을 제출할 때에는, 여러 가지 전제를 달도록 해라. 만약 전제 조건 중에 하나라도 들어맞지 않게 되면, 당신은 새롭게 예산안을 제출할 핑계를 얻게 되는 셈이다. 예산을 부풀릴 때에는 그 이유를 기록하면 도움이 된다. 부사장을 찾아가서 어떻게 예산을 부풀렸으며 왜 그랬는지 설명할 수 있다. 그렇지 못하면 당장 무능력한 직원으로 찍히게 된다. 그 다음에는 어떤 일이 벌어지는지 당신도 잘 알고 있을 것이다.

나는 적어도 일주일에 한 번 정도는 15분 동안 조용히 앉아서 예산을 초과하기 위한 그럴듯한 핑곗거리를 궁리하곤 한다. 그리고 일기장 제일 앞장에 생각해낸 구실들을 모두 적어놓는다. 또한 가끔씩 부하 직원 중에 두 사람을 데려다가 아무 일도 하지 말고 오직 예산을 검토하고 잘못된 진짜 원인을 밝혀내라고 명령한다. 물론 경영진들에게 진상을 밝히지는 않지만, 적어도 나 자신은 진상을 파악하고 잘못을 저지른 사람을 조용히 처벌할 수 있다. 예산 담당 직원들은 만약 내가 예산 전쟁에서 궁지에 빠졌을 때, 사용할 수 있도록 데이터를 모으기도 한다. 나는 그 직원들에게 예산에서 조금이라도 남는 게 있으면 그건 그들 몫이라고 말한다. 그러면 엄청난 동기 부여가 되어서 열심히 내 일을 처리하는 것이다. 결국 회계부에서 내 뒤를 캘 때, 나는 항상 필요 이상의 데이터를 충분히 갖고 있게 마련이다.

나는 예산을 세우는 데 있어서 '예방적 접근'이라고 부르는 방식을 좋아한다. 만약 예산을 맞추지 못할 것이라는 사실을 알게 되면, 나는 미리 회계 부장이나 혹은 부사장—누가 권력을 갖고 있느냐에 달렸다—을 찾아가서 도저히 예산을 맞추지 못할 것 같으며 왜 그런지 이유를 말한다. 그렇게 하는 데에는 두 가지 목적이 있다. 첫 번째는 회계부장이나 부사장에게 내가 그 분야의 전문가이며 맡은 일에 대해 훤히 알고 있다는 인식을, 혹은 환상이라도 심어주기 위해서다. 두 번째는 나중에라도 내 뒤를 캐고 다니지 못하도록 하기 위해서다. 당신이 회계부장이라면, 벌써 한 달 전에 찾아와서 어떤 문제가 있고 어떻게 해결하면 좋을지 조언까지 구하고 간 사람을 조사할 수 있겠는가? 항상 회계 담당자들에게 조언을 구하라. 그들은 정보 처리 부서 친구들과 마찬가지로 속이 좁고 아주 이기적이다. 나는 정보 처리 부서 부장을 지내본 경험이 있기 때문에 자신 있게 말할 수 있다.

예산을 관리하는 것은 고통스러운 일이다. 예산의 운영과 처리에 대해 배우려면 엄청난 시간을 들여야만 한다. 곤경에 처했다고 생각할 때, 경영전략가의 전술을 사용하여 자신을 구하라. 하룻밤 사이에 부장들이 자진해서 모습을 감추는 가장 큰 원인이 바로 예산상의 실책 때문이다. 그렇지 않으면 결국 인력 시장에서 헐값에 팔리는 인생이 될 것이다.

초과 근무를 하라

> 열심히 일한다고 해서 사람이 죽는 것은 물론 아니다. 하지만 왜 군이 위험을 무릅쓰겠는가?
>
> _로널드 레이건(1911~)

사장은 초과 근무를 하는 직원을 전적으로 신뢰한다. 당신과 당신의 직원들이 밤늦게까지 일을 하는 모습을 보여주는 것만큼, 사장의 마음을 사로잡을 수 있는 것은 없다. 사장은 당신이 정말로 노력하고 있다고 생각할 것이다. 왜 그런가? 사장의 입장에서 한 번 생각해보라. 만약 당신이 초과 근무를 하지 않았는데 실패를 했다면, 당연히 만약 초과 근무를 했다면 실패하지 않았으리라는 논리가 성립된다.

사장이 초과 근무를 좋아하는 또 다른 이유는 추가 고용 없이 일을 처리할 수 있기 때문이다. 사장들은 추가 고용을 끔찍이 싫어한다. 만약 당신이 실패에 대한 해결책이랍시고 추가 인력을 달라고 말한다면, 사장은 당장 당신을 사무실 밖으로 던져버릴 것이다. 반면 게으른 직원들을 좀더 열심히 일하도록 하겠다고 제안하면 사장들은 미소를 지으며 고개를 끄덕일 것이다. 초과 근무야말로 경영진들이 절대 거절하지 않는 한 가지 해결책이다.

왜 진작부터 초과 근무를 하지 않았느냐 혹은 왜 실패할 때까지 기다렸느냐고 추궁을 받게 되면, 당신은 초과 근무를 하지 않고도 성공할 것이라고 생각했으며, 초과 수당 예산을 넘기지 않으려고 했다고 대답해야만 한다. 왜 합리적인 이유가 아닌가?

만약 초과 근무를 하고도 실패했을 경우에는 어떻게 해야 할까? 만약 단지 일을 시킬 직원이 없어서 실패했다면 어떻게 더 많은 초과 근무 시간을 얻을 수 있을까? 경영전략가라면 그럴 필요가 없다고 대답할 것이다. 더 열심히 일할 것이 아니라, 단지 더 현명하게 일하기 시작하라. 수영을 할 수 없는 사람은 아무리 열심히 발버둥을 친다고 해도 물 속에서 오래 버틸 수가 없다. 도움을 받아라!

한 달 내내 일주일에 50시간 내지 60시간 동안 근무를 한 직원들에게 앞으로도 한두 달 간은 계속 일해야 한다는 말을 어떻게 할 수 있을까? 어떻게 하면 이런 상황에서 직원들로부터 당하지 않을 수 있을까? 기억하라. 당신은 경영전략가이며 경영전략가는 때때로 거짓말을 한다는 사실을. 적어도 진실을 완전히 밝히지는 않는 법이다.

직원들에게는 일이 거의 다 끝났으며 쉴 수 있는 시간이 멀지 않았다고 말하라. 하지만 딱 잘라 기한을 말하지는 말아라. 만약 기한을 정하게 된다면, 직원들이 받아들일 수 있을 만한 합리적인 날짜를 말하라. 그리고 그때까지는 끝날 것이라고 말하라. 그때가 되면 다시 똑같은 전술을 사용한다(108쪽의 「아슬아슬 버텨라」를 보라).

초과 근무는 항상 효과가 있는 몇 가지 전술 중의 하나이다. 경영진들은 이 전술을 좋아한다. 특히 초과 수당을 지불할 필요가 없을 때에는 말할 것도 없다. 이 전술을 사용하라!

정리

![막대]

패배자를 좋아하는 사람은 아무도 없다. 실패에 대한 변명을 듣고 싶어하는 사람도 없다. 실패했다면 그것으로 끝이다. 만약 당신이 실패하게 되면 절대 그 사실을 인정하지 마라. 그리고 일시적인 미봉책을 제시하라. 세상 사람들이 다 알기 전에 미리 해결책을 제시하고 모든 사람들에게 알려주어라. 그러면 당신의 목숨을 구하고 당신을 노리는 사냥꾼들의 손을 피할 수 있을 것이다. 조직 개편과 새로운 시스템의 적용, 특별 팀의 구성, 예산의 재조정, 초과 근무 등 여러 가지 전술을 생각해보라. 반드시 효과가 있을 것이다.

실패로부터 살아남는 기술

누구나 실패하게 마련이다. 오직 경영전략가만이 실패하지 않는다. 모험을 하지 않는 사람은 실패하지 않을 뿐만 아니라 성공도 할 수 없다. 이 세상은 용감하게 모험을 하고 실패를 하는 사람들이 차지한다. 성공의 비밀은 실패로 인한 손해를 얼마나 줄이느냐, 실패와 당신과의 연관성을 얼마나 잘 무마하고 책임을 모면하느냐에 달려 있다.

이 장에서는 포위 공격을 당할 때 유용하게 쓸 수 있는 많은 전략을 다루고 있다. 만약 당신이 실패를 하면, 늑대들은 당신을 갈가리 찢어 먹기 위해 달려들 것이다. 이 전술들은 이 책의 앞장에서 소개한 전술들이 모두 실패를 했을 때 유용하게 써먹을 수 있는 생존 기술이다. 본래 예방약은 치료약보다 훨씬 더 싸고 효과적인 법이다. 일 온스의 예방약은 일 파운드의 치료약과 맞먹는다. 하지만 때로는 치료약이 필요할 때도 있다.

경영전략가들은 절대로 실패를 인정하지 않는다. 그리고 경영전략가는 절대로 실패하지 않는다는 철칙을 기억하라. 어떤 이들은 정직하게 인정하고 경영자의 선처에 호소한다. 하지만 많은 이들은 사람들의 시선을 자신의 실책보다는 다른 사람의 실책에 쏠리도록 할 것이다. 어떤 이들은 부하 직원이나 자재 구입부, 정보 처리 부서를 비난할 것이다. 또 어떤 이들은 심지어 더 커다란 특권을 달라고 요구하기도 할 것이다. 결국 실패란 있을 수 없다.

실패를 섣불리 인정하지 마라

> 승리를 차지하기 위해서는 행운을 갖고 태어나거나 혹은 스스로 행운을 만들어야만 한다. 절대로 포기하지 마라. 온갖 술수를 써서 도와줄 사람을 구하고 스스로 힘차게 일을 시작하라 약간의 돈은 물론 도움이 될 것이다. 하지만 정말로 승리를 차지하기 위해서는 어떤 상황하에서도 절대로—다시 한 번 반복하지만—절대로 현실을 직면하지 말아라.
>
> _루스 고든 (1896~1985)

실패에 대한 가장 좋은 대답은 실패가 아니라고 주장하는 것이다. 만약 당신이 실패에 절대 유의하지 않으면, 당신의 적은 당신의 실패를 증명해야만 한다. 하지만 당신이 경영전략가의 전술을 사용한다면 실패를 증명하기란 쉬운 일이 아닐 것이다.

왜 실패를 인정하지 말아야 하는가? 끝까지 실패를 부인해야만 한다. 왜냐하면 일단 실패라는 오명을 쓰게 되면, 당신은 패배자로 낙인찍히기 때문이다. 수많은 능력 있는 사람들이 단 한 번의 실패로 평생

뒷전에 물러앉아 썩는 꼴을 나는 여러 번 보았다. 성공하기 위해 반드시 지불해야 하는 대가 중의 하나가 실패의 위험을 무릅쓰는 것이다. 그러다가 실패하면 절대 실패는 없다는 확고한 신념을 가지고 끝까지 부인하라.

실패를 증명하기가 정말로 그렇게 어려운가? 물론이다! 당신의 생활에서 한번 생각해보라. 당신의 아이가 거짓말임이 뻔한 이야기를 말했다고 치자. 그것을 증명할 수 있겠는가? 아니, 불가능하다! 어떻게 증명하겠는가? 무조건 아이를 심하게 추궁하면서 벌을 주거나 아니면 그 말을 받아들이는 수밖에 없다. 회사에서도 마찬가지다. 경영자들은 당신이 거짓말을 하고 있다고 생각하겠지만, 증명할 수는 없다. 그리고 대개는 당신의 부인을 받아들일 것이다.

정직은 최선의 방책이다

상식과 솔직한 거래만큼 사람을 놀라게 하는 것은 없다.
_랠프 왈도 에머슨(1803~1882)

만약 끝까지 부인할 수 없다는 것을 깨닫게 되면, 그때는 인정하라. 당신의 상사가 어떤 사람이냐에 따라서 때로는 정직이 당신의 목숨을 구해주기도 한다. 어떤 상사들은, 내가 그렇듯이, 실패도 당신의 업무 중의 한 과정으로 받아들인다. 그럴 경우에는 정직이 유일한 방책이다. 당신이 정직하고 충성스러우며 당신의 상사가 경영전략가가 아니라면, 상사는 당신을 구하려고 애를 쓸 것이다. 상사가 경영전략가라고 해도 자신이 살아남기 위해 당신이 필요하다면, 역시 당신을 구하려고 할 것이다.

좀 웃기는 일이다. 하지만 한번은 내가 비참하게 실패를 하고서 상사에게 솔직히 털어놓은 적이 있었다. 상사 또한 나의 실패에 깊이 연루되어 있었기 때문에, 우리는 함께 허심탄회하게 의논을 했고 상사는 마치 내가 모든 기대를 뛰어넘어 엄청난 성공을 거둔 것처럼 경영진에게 보고를 했다. 그리고는 아직도 일을 '깨끗이 마무리짓기 위해서' 조금 더 할 일이 남았다고 덧붙였다. 하지만 경영진들 귀에는 내가 성공했다는 말로 들릴 뿐이었다.

나의 상사는 내 실패를 받아들이고 나를 도와주었다. 그 후로도 여러 번 이런 일이 있었지만, 대개는 한 번에 조금씩만 실패를 털어놓았다. 나는 실패할 때마다 조금씩 사소한 잘못을 인정하곤 했다. 결국 소소한 잘못이 모여서 커다란 실패가 되었을 때, 상사는 이미 마음의 준비를 하고 거의 나와 한 패가 되어 있었다. 내가 전적으로 실패에 책임을 지고 쓰레기처럼 버림을 받은 경우는 단지 몇 번뿐이었다.

정직한 사람은 잿더미 속에서도 불사조처럼 다시 일어나서 또 다른 기회를 잡는 법이다. 바로 내가 그랬다. 대부분의 성공한 경영전략가들은 몇 번 실패를 경험했기 때문에 어느 정도 시간이 흐른 후에는 기꺼이 당신에게 또 다른 기회를 줄 것이다. 실패를 만회하는 데에는 일 년 정도의 시간이 필요할 것이다. 만약 당신이 그 회사를 좋아하고 기꺼이 기다릴 마음이 있다면, 정직하게 실패를 인정하고 다른 사람에게 책임을 떠넘기려고 하지 마라. 심지어 실패의 원인이 다른 사람에게 있다고 하더라도, 조용히 비난을 감수하는 편이 당신에게 유리할 것이다.

나는 정직한 사람들을 좋아하고 신뢰한다. 완벽하게 신뢰할 수 없는 직원보다는 정직한 직원이 훨씬 더 소중하다. 나는 정직한 사람들에게 항상 두 번째 기회를 주었다. 그러므로 대부분의 경영전략가들도 그렇게 할 것이다.

관심 돌리기 — 불특정 다수를 노려라

> 발이 잘못한 것을 신발 탓으로 돌리는 사람이 있다.
> _사무엘 베케트(1906~1989)

가장 훌륭한 전술은 다른 부서로 관심의 초점을 돌리고 실패를 떠넘기는 것이다. 이것은 구체적이지 않다는 점에서 다른 일반적인 비난의 범주에 속하지 않는다. 당신은 어떤 개인이 아니라, 불특정 다수를 공격하는 것이다. 어느 부서를 비난한다고 해서 그 부서의 부장과 철천지원수가 되지는 않는다. 물론 화를 낼지는 모른다. 하지만 어쨌든 당신은 실패로부터 멀리 달아날 수 있을 것이다. 운이 좋으면 그 부서를 담당하고 있는 사람이 아주 정직해서 모든 문책을 순순히 받아들일 수도 있다.

불특정한 초점 옮기기 전술의 가장 전형적인 문구는 이런 것이다.

"우리 부서는 그 일을 해낼 수가 있었습니다. 하지만 무슨 무슨 부서에서 저에게 무슨 무슨 일을 해주지 않았습니다. 일을 끝내려면 꼭 필요한 것이었는데 말입니다. 도대체 그 부서 사람들은 언제 협조할 작정이죠?"

또 좀더 구체적으로 이렇게 말할 수도 있다.

"기술부는 전혀 쓸모가 없단 말이야. 그걸 살 수가 있나, 만들 수가 있나, 조사를 할 수가 있나? 도대체 언제쯤 되어야 기술부 친구들이 상아탑에서 나와서 세상에 눈을 뜨게 될까?"

또 다른 예는 다음과 같다.

"우리는 노력했습니다. 하지만 스케줄이 너무 빡빡했어요. 도저히 불가능한 계획이었습니다. 만약 스케줄만 잘 짜여져 있었다면 우리는 반드시 해냈을 겁니다. 왜 우리가 전혀 쓸데없는 스케줄에 따라서 이 일을 해야만 하는 겁니까?"

항상 효과가 있는 고전적인 방법은 이런 식이다.

"영업부와 판매부, 계약부가 모두 도저히 할 수 없는 일을 우리에게 맡겼습니다. 한 번도 우리에게 할 수 있느냐고 물어보지도 않았죠. 그래도 우리는 최선을 다해 노력했지만, 할 수가 없었습니다. 도대체 우리에게 먼저 물어보지 않는 거죠?"

마지막으로 예를 하나 더 들어보자.

"우리는 잘 해나가고 있었습니다. 정말 잘하고 있었는데, 품질 관리부에서 모든 걸 망쳐놓았습니다. 이 멍청이들이 우리를 조사하는 한, 우리는 아무것도 만들지 못할 겁니다. 그들이 또 조사를 한답시고 무슨 일을 저지를지 누가 알겠습니까?"

결국 자신은 모든 비난으로부터 살짝 빠져나가고 몇 가지 질문을 통해 다른 조직에게 책임을 전가한다는 사실을 부디 당신이 알아차렸기를 바란다. 제일 마지막에 반드시 질문을 던지는 것이 바로 핵심이다. 당신은 실패했다. 하지만 당신을 비난하는 사람에게 쉴새없이 질문을 퍼부어라. 그리고 관심을 당신의 실패에서부터 그 실패를 유발하게 한 조직으로 돌려라. 경영자는 어린아이와 같아서 관심이 쉽게 쉽게 바뀐다. 성공적인 경영전략가는 모든 기회를 다 이용하여 경영자의 관심을 다른 쪽으로 돌린다.

책임질 때와 그렇지 않을 때

> 살인을 저질러도 형벌이나 비난을 두려워할 필요가 없다면, 인간은 당장 살인을 저지를 것이다. 아니면 최소한 미소로써 살인자를 격려할 것이다.
>
> _시몬느 웨일(1909~1943)

어떤 일이 실패할 때마다 경영진들의 즉각적인 반응은 문책할 대상을 찾아서 응당한 벌을 주는 것이다. 이 책에 소개된 여러 가지 전술 중에서 내가 가장 싫어하는 전술이 바로 부하 직원에게 책임을 돌리는 것이다. 물론 효과는 있다. 하지만 심정적인 고통이 따른다.

당신은 절대로 잘못을 저지르지 않는 상사 밑에서 일을 해본 적이 있는가? 만약 그의 조직 내에서 어떤 일이 잘못된다면, 그것은 무조건 밑에서 일하는 사람들의 책임이 된다. 어떤 면에서 그건 사실이다. 하지만 부하 직원들의 행동을 지시한 책임은 누구에게 있는가? 부하 직원들의 행동에 대해 조금도 책임을 지지 않으려고 하는 사람은 신의가 부족한 사람이고 기피해야 할 인물이다.

부하 직원을 짓이기는 것은 간단하다. 그들에게는 방어할 힘이 없기 때문이다. 일을 망쳐놓은 것은 바로 그들이고, 당신이 그들을 지켜주지 않으면 아무도 참견하고 나설 사람이 없다. 경영자들은 누군가를 문책하고 싶어서 안달이 났으므로 당신이 갖다 바치는 직원을 기꺼이 받아들일 것이다. 경영자들은 희생자가 누구든 상관하지 않는다. 다만 시스템이 벌 받을 사람을 요구할 뿐이다.

가장 뻔뻔스러운 방법은 왜 실패를 했느냐고 질문을 받았을 때, "나는 누구누구에게 이 일을 맡겼는데, 그자가 하지 않았습니다"라고 대답하는 것이다. 그 말이 진실이든 아니든, 그것은 상관이 없다. 경영자는 간부인 당신의 말을 믿을 것이다. 부하 직원들은 으레 자신을 지키기 위해 거짓말을 한다고 알려져 있다. 반면 경영전략가는 절대로 거짓말하는 법이 없다.

당신이 이 전술을 써먹는다면, 부하 직원을 사지로 내모는 것과 다름이 없다. 그는 곧장 분쇄기로 향할 것이며, 당신은 앞으로 어떤 일에서도 더 이상 그 직원을 믿고 의지할 수가 없을 것이다.

이 전술의 또 다른 변용은 부하 직원을 직접 비난하는 것이 아니라, 직원이 곤란에 처했을 때 보호해주지 않는 것이다. 가령 이런 식으로 써먹을 수 있다.

상사: 자네 조직은 완전히 엉망이야. 무슨 일인가?

당신: 저는 이 일을 존스에게 맡겼습니다. 그 친구도 꽤 열심히 일했는데, __가 협조를 하지 않는 바람에 실패하고 말았습니다.

상사: 그렇다면 존스가 기대에 부응하지 못했단 말인가?

당신: 그렇긴 했습니다만, 그래도 열심히 노력했습니다. 만약 __가 기대만큼 뒷받침을 해주었다면 존스는 이 일을 해냈을 겁니다.

상사: 내가 보기에는 자네가 존스 그 친구에게 새 직장을 알아봐줘야 할 것 같군. 앞으로 중요한 순간에 또다시 그 친구를 믿을 수 있을지 모르겠어.

존스가 끝장났을까? 아마 그랬을 것이다. 하지만 잘못은 당신에게 있지 않았나? 물론 지당한 말씀! 당신은 존스의 업무를 수시로 파악하고 성공할 수 있도록 도와주었어야만 했다. 그렇지 않으면 그의 실패에 대해 일부분 책임을 져야만 했다. 하지만 때로는 부하 직원들이 당신을 대신해서 잘못을 떠맡을 필요가 있을 수도 있는 법이다.

당신이 잘못을 저지를 때마다 번번이 부하 직원들을 희생시킨다면, 직원들은 절대로 당신이나 당신의 능력을 전적으로 신뢰하려고 하지 않을 것이다. 이 전술을 절대 써먹지 못할 때가 있고 또 반드시 필요할 때가 있다. 그러므로 함부로 사용하지 마라.

나는 자재 관리에 대해서는 아무것도 모르는 상사 밑에서 일해본 적이 있다. 하지만 그는 사람 관리에 뛰어났고 생존 전략을 알았으며 과감하게 결단을 내릴 줄 아는, 참으로 능력 있는 친구였다. 이 친구는 문제를 해결할 때까지 자신의 잘못을 떠넘기기 위해 나를 고용했다. 그 당시에 나는 목이 달아나는 순간까지도 상황을 알아차리지 못했다. 하지만 그의 일하는 모습을 지켜본 결과, 오늘날 나는 그를 존경하지 않을 수 없게 되었다. 그는 결정적인 실수가 들통날 때까지 나를 보호하려고 애썼다. 최대한 힘껏 나를 돌봐주었지만, 어쨌든 나는 공식적인 희생양이 되었다. 나를 이용해서 그는 중간 간부에서 부사장까지 승진했다. 그의 뒤를 따라 올라가던 나는 책임을 지고 물러나야만 했다.

이 전술을 이용하는 또 다른 방법은 일단 상사가 부하 직원을 비난하도록 만든 다음에, 당신이 직원을 옹호하며 책임을 떠맡는 것이다. 그러나 반드시 책임을 져야 할 사람은 당신이 아니라, 부하 직원이라는 사실을 상사의 머릿속에 확실히 인식시킨 후에 그렇게 하라. 예를 들면 이런 식이다.

당산 제가 직원을 좀더 꼼꼼하게 챙겼어야만 했습니다. 제가 잘 지켜보고 자세히 충고를 해주었다면 이런 일은 일어나지 않았을 겁니다.

상사: 무슨 소리인가? 자네가 모든 직원들의 일거수 일투족을 일일이 감시할 수는 없는 일 아닌가? 본인이 알아서 처리했어야 하는 것 아닌가? 그자가 이 모든 일을 망쳐놓은 거야.

당신: 저도 책임을 느낍니다. 직원을 좀더 잘 관리했어야 했는데.

상사: 자네는 좋은 상관이군. 멍청한 부하 직원이 들어오는 건 자네도 어쩔 수 없는 일이지.

이 대화를 통해 당신이 얻은 것은 무엇인가? 당신은 상사에게 당신이 기꺼이 잘못된 일에 대해 책임을 지려는 사람임을 보여주었다. 그리고 부하 직원을 보호하려고 애쓰는 좋은 상관임을 보여주었다.

그러므로 떠넘기기 전술을 쓰고 싶으면, 이 방법을 쓰는 것이 가장 좋다.

하지만 여기에는 반드시 대가가 따른다. 당신이 책임을 떠넘긴 사람은 당신의 행동을 기억할 것이다. 그리고 두 사람의 관계는 결코 회복될 수 없을 것이다. 그러므로 이 전술은 제일 마지막 보루로 남겨두어라. 마지막 궁지에 몰렸을 때가 아니면, 사용하지 마라.

우선권 확보

> 왕들이 지니고 있는 성스러운 권리란 다름아닌 최고의 자리에 오른 사람의 성스러운 권리다.
>
> _허버트 스펜서(1820~1903)

거의 모든 중역들과 전문가들이 찾아오는 손님들을 통제하는 직원을 따로 두고 있다는 것을 유심히 살펴본 적이 있는가? 의사들은 접수처를 두고 있고 중역들은 비서를 두고 있다. 심지어 식료품점까지도 손님을 통제하는 시스템을 갖추고 있다. 기다림은 삶의 한 과정이다. 이 장은 기다리는 시간을 단축하거나 혹은 곧장 윗선과 닿을 수 있는 방법을 알려주고 있다.

모든 사람들이 우선적인 일부터 처리한다. 경영전략가로서 당신이 해야 할 일들 중 하나는 우선순위를 정하는 것이다. 누구나 자기 일을 먼저 처리해주기를 원한다. "지금 나를 봐주시고 저 사람은 나중에" 뭐 이런 식이다. 기다리는 걸 좋아하는 사람은 아무도 없다. 만약 당신의 경력이 어떤 임무나 프로젝트의 성공적인 완수에 달려 있다면 당신은 한시라도 기다릴 수 없다.

「블루스 브라더스」라는 영화에서 두 명의 주인공들은 자신들이 하느님으로부터 사명을 받았다고 말한다. 아마 이보다 더 우선적인 일은 없을 것이다. 그렇지 않은가? 경영전략가로서 최우선순위에 있는 일이 뭐라고 생각하는가? 최고 경영자가 직접 내린 명령, 중역 회의의 시간 엄수? 우선적이라고 생각되는 항목들을 하나하나 생각하면서 목록을 적어보는 것은 어떨까?

목록을 만들어라. 그리고 제일 높은 우선권을 가진 것부터 순위를 매겨라. 아마 이런 식의 목록이 만들어질 것이다.

1. 사장이나 회장의 지시

2. 부사장과 총 관리 이사의 지시

3. 지국의 부사장의 지시

4. 내 상관의 상관의 지시

5. 다른 지국의 부사장의 지시

6. 안전 수칙 혹은 보안 위반

7. 부사장과 프로그램 담당자의 지시

8. 다른 프로그램 담당자의 지시

9. 계약부의 지시

10. 품질 보증부의 지시

이 목록은 아마 끝없이 이어질 것이다. 이 목록을 어떻게 사용할 것인가? 만약 당신이 우선권을 확보해야 할 필요가 있으면, 이 목록을 보고 누구에게서 명령을 얻어내야 하는지 알 수가 있다. 얻기가 어렵지 않냐고? 사실 그건 아주 쉬운 일이다.

몇 가지 예를 들어보자. 가령 보통 때라면 통과하는 데 2년은 족히 걸릴 절차들을 좀더 빨리 통과해야 할 필요가 있다고 하자. 그러면 어떻게 해야 할까? 무조건 제일 처음 절차부터 밟으면서 다른 사람들처럼 애원을 할 수도 있다. 혹은 자재부의 부사장을 직접 찾아가서 오늘까지 이 일이 통과되지 않으면 모든 생산라인이 중단될 것이며 총책임자는 쥐구멍을 찾게 될 거라고 엄포를 놓을 수도 있다.

또 예를 들어서 고객에게 2주 안에 배달을 해주겠다고 약속을 하고 물건을 팔았다고 하자. 당신은 반드시 물건을 팔아야만 한다. 봉급이 거기에 달려 있기 때문이다. 그런데 대개 공장에서 그 물건을 만드는 데에는 6주 내지 8주가 걸린다는 걸 당신도 알고 있다. 일단 생산관리담당자에게 부탁을 했다가 앞으로 10주 내지 12주까지는 물건을 출하하지 못한다는 말을 듣게 되면, 당신은 절망에 빠질 것이다. 이제 어떻게 해야 할까? 가능한 한 판매와 영업을 책임지고 있는 부사장을 찾아가라.

왜 하필 영업부 사람인가? 영업부 부사장은 자신이 원할 때, 자신이 원하는 것을 항상 얻을 수 있기 때문이다. 당신이 다니는 회사를 한번 생각해보라. 틀림없이 그곳도 마찬가지일 것이다. 영업부 친구들은 막강한 영향력을 행사한다. 그들이 물건을 팔지 않으면 아무도 먹고 살 수 없기 때문이다.

그러므로 당신이 판매하려고 하는 일의 중요성을 역설하면서 만약 약속한 대로 물건이 배달되면 앞으로 더 많은 계약이 성사될 것을 내비쳐라. 아마도 도움을 받을 수 있을 것이다.

　일반적인 절차를 뛰어넘어 우선권을 확보하는 것이 회사에 손해를 입히는가? 지당한 말씀이다! 당신이 순서를 뛰어넘게 되면, 다른 일들은 그만큼 더 기다려야 되고 늦어지게 된다. 일단 한 가지 일이 늦어지게 되면, 다른 일들도 뒤따라 늦어지게 되는 것이다. 그리하여 악순환이 시작된다. 여기서 벗어나는 길은 오직 한 가지, 우선권을 확보하는 것뿐이다. 모든 일이 항상 늦어지는 것만큼 일상적으로 되풀이되는 일은 없다.

　마음이 꺼림칙한가? 당신은 경영전략가답게 오직 한 가지 신념만을 가지고 살아라. 클린트 이스트우드가 말한 것처럼 "남자는 남자가 해야 할 일을 해야만 하는 것이다." 만약 당신이 필요한 것을 필요한 때에 얻지 못하면 시스템은 엉망이 되고 누군가의 도움을 받아야만 한다.

　할 수 있는 한 모든 종류의 핑곗거리를 다 움켜잡아라. 누군가 당신의 스케줄을 꼬이게 하고 비정상적인 상태로 만들어놓는다면, 그때마다 기록을 해라. 핑계 하나만으로는 당신 자신을 분쇄기에서부터 구할 수 없다. 하지만 한 수레 분량의 핑계라면 효과가 있을 것이다. 당신의 우선권을 침해하려는 시도는 무조건 미리 저항하라. 그리고 반드시 기록하라.

정리

만약 경영전략가들이 저 밖에 서서 당신을 잡아먹을 기회만 기다리고 있다는 사실을 당신이 기억한다면, 이 장은 당신의 목숨을 구할 것이다. 실패의 책임이 자신에게 돌아오지 않도록 실패를 해명하는 것은 아주 중요한 일이다. 절대로 실패를 인정하지 않기, 정직하기, 다른 곳으로 관심을 돌리기, 우선권을 확보하기 등의 전술은 분쇄기를 피하는 데 아주 유용하게 사용될 수 있다.

먹이 사슬에서
안전한 장소를 확보하라

이 장에서는 정말로 실패를 만회할 수 있는 방법에 대해 논의할 것이다. 앞의 장들에서는 어떻게 실패를 피할 수 있는지, 혹은 어떻게 효과적으로 실패를 회피하는지에 대한 문제를 다루었다. 이제 경영전략가들이 문제를 해결하기 위해서 사용하는 몇 가지 방법들을 소개할 것이다. 그들은 예비 타진, 상층부 공략, 일대일 공격, 이름 팔기 등의 방법을 사용한다. 우리는 또한 사람들을 해고하고 이력서를 내고 고용하는 일에 대해서도 논의할 것이다. 효과적으로 조직을 통제하는 방법과 위기에 대한 약간의 충고도 들려줄 것이다. 마지막으로 수많은 경영전략가들이 더러운 일들을 감쪽같이 처리할 때 사용하는 기술을 소개할 것이다. 이런 것들을 알아야 당신이 당하지 않는다.

예 비 타 진

더 이상 논쟁거리가 되지 않으면 관심거리도 되지 않는다.

_윌리엄 해즐리트(1778~1830)

저녁 뉴스에서 하위급 정부 관리가 어떤 정책에 대해서 한마디 언급을 했다가 여론이 호의적이지 않으면, 바로 다음날 저녁에 좀더 높은 직위의 관리가 전날의 사실에 대해 전혀 모르는 일이라고 발뺌하는 것을 종종 보지 않는가? 반대로 여론이 호의적으로 돌아가면, 고위직 관리는 즉시 그 정책을 실행하고 신망을 얻는다. 경영전략가들이 날마다 하는 일도 똑같다.

어떻게 하는가? 아주 쉽다. 한 가지 예를 들어보자.

상황: 품질 관리부 담당자가 일부 제품이 조사를 받지 않았다는 이유로 제품 출하를 자꾸만 연기하고 있다. 직원들을 교체하고 그 물량을 소화할 수 있을 만한 충분한 검사관이 없다. 당신은 품질 관리부 담당자를 화나게 하고 싶지는 않다. 그 관리자는 앞으로 계속해서 모든 출하를 거부할 수 있기 때문이다. 언젠가 품질 관리부의 한 친구는 나에게 이런 말을 하기도 했다. "내 성미 건드리지 마. 내가 마음만 먹는다면 결함을 찾아내지 못할 제품은 없어." 결국 당신의 목표는 품질 관리부 담당자를 적으로 만들지 않고 상황을 해결하는 것이다.

계획: 당신은 충성스러운 지원 한 사람을 불러서 총 책임 이사와 품질 관리 담당자를 만나라고 부탁한다. 그리고 출하가 늦어지는 것에 대해서 신랄하게 불평을 한 다음, 제품 검사를 지역 검사소에 하청을 주는 방안을 제안하라고 지시한다. 만약 총 책임 이사가 그 생각을 마음에 들어하면, 아무 문제가 없다. 그러나 못마땅하게 생각한다면, 당

176

신이 나서서 총 책임 이사의 분노로부터 부하 직원을 구해내고 품질 관리 이상의 보복으로부터도 지켜준다. 어쨌든 당신은 개인적으로 품질 관리 담당자의 성미를 건드린 것은 아니다.

실행: 부하 직원이 지시한 대로 한다. 품질 관리 담당자는 즉시 방어 태세에 들어간다. 그는 직원 교체 기간을 상당히 줄였으며 30일 이내에 모든 일이 정상으로 돌아올 것이라고 주장한다. 또한 인력 부족으로 인하여 남아 있는 전직원들이 초과 근무를 하고 있으며 외주를 줄만한 예산도 남아 있지 않다고 말한다.

결과 1: 총 책임 이사의 반응을 잘 살펴보다가, 만약 이사가 품질 관리부 쪽으로 마음이 기울거나 그쪽 편인 것 같으면 당신은 이렇게 말하라. "제 직원과 저는 이 심각한 문제에 대해서 아무 이야기도 나누지 못했습니다. 사실 저는 품질 관리부가 조속한 시일 내에 문제를 잘 해결하리라고 믿습니다. 그러므로 좀더 기다리라고 우리 직원들에게 명령을 내리겠습니다."

결과 2: 만약 총 책임 이사가 품질 관리부의 주장에 동의하지 않고 결정을 주저하는 것 같으면 당신은 이렇게 말하라. "이 일시적인 문제 때문에 우리는 생산 스케줄에 차질을 받게 되었습니다. 제 생각에는 품질관리부가 정상이 될 때까지 외주를 주기를 바랍니다. 틀림없이 30일 이내에 정상을 회복할 것입니다. 그러므로 일주일 정도만 외주를 주면 될 것입니다. 만약 예산이 문제라면 저희 예산에서 약간 지원을 해줄 수도 있습니다."

결과 3: 만약 총 책임 이사가 품질 관리부에 대해서 몹시 분노하는 기색을 보이면, 그때는 입다물고 가만히 있는 것이 가장 현명한 처신이다. 그리고 총 책임 이사가 원하는 대로 상황을 이끌어가도록 내버려두라.

당신의 답변을 한 번 분석해보자. 첫 번째 경우에 총 책임 이사는 외주를 원하지 않으며 당신은 마치 품질 관리부 편처럼 보인다. 하지만 정말 그런가? 당신은 직접적으로 품질 관리부를 공격하지 않으면서도 총 책임 이사에게 당신의 의사를 전달했다. 이 문제를 심각하게 생각하고 있으며 좀더 주의 깊게 지켜봐야 할 필요가 있다는 사실을 이사에게 알린 것이다.

당신은 또한 출하 정지가 풀리기 전까지는 이 문제가 결코 해결될 수 없다는 사실을 분명히 밝혔다. 두 번째 경우에 총 책임 이사는 마음의 결정을 내리지 못하고 당신은 중도적인 해결책을 취하여 출하 정지가 풀릴 때까지만 외주를 주자고 주장한다. 당신은 품질 관리부의 문제를 해결해주었으며, "틀림없이 30일 이내에 정상을 회복할 것입니다"라는 말로 그들의 신망을 얻었다. 또한 외주에 필요한 경비를 지불하겠다고 제안함으로써 품질 관리부가 더 이상 어떤 반론도 제기할 수 없도록 만들었다. 마지막 경우에 총 책임 이사는 품질 관리부에 대해 몹시 화를 내고 당신은 몇 가지 선택을 할 수가 있다.

- 불난 집에 부채질한다.
- 조심스럽게 품질 관리부를 옹호해준다. 나중에 그 보답을 받게 될 수도 있다.
- 입을 다물고 총 책임 이사가 품질 관리부 친구를 잡아먹도록 내버려둔다.

예비 타진 전략을 사용하면 당신은 상사가 어떤 생각을 갖고 있는지 확실히 파악할 때까지 곤란한 문제로부터 거리를 둘 수 있다. 일단 상사의 의사를 파악하게 되면, 당신은 자신감을 갖고 행동할 수가 있다. 회사의 중견 간부들 중에 예비 타진을 하지 않고 행동을 취하는 사람은 거의 없다.

상층부 공략 전술

> 승리자에게는 어떤 것도 오명이 될 수 없다.
> _윌리엄 셰익스피어(1564~1616)

당신은 백화점에 어떤 물건을 교환하러 갔다가 점원으로부터 반품을 받을 수 없다는 말을 들은 적이 있는가? 그러면 당신은 몹시 화가 나서 백화점 책임자를 찾아갈 것이고, 책임자는 정중하게 반품을 받아줄 것이다. 인생이란 그런 것이다. 뭔가를 원한다면 곧장 최고 책임자를 찾아가라. 어째서 부하 직원들과 실랑이를 하며 시간을 낭비하는가? 그들은 문제를 해결해줄 수 있는 힘이나 권력이 없다. 그런데 왜 곧장 최고 책임자를 찾아가지 않는가?

경영전략가는 이 전술을 어떻게 사용하는가? 대부분의 경우 원하는 것을 얻어내기 위한 협박으로 사용한다. 그리고 이 전술이 필요한 순간에는 주저없이 전술을 사용한다. 개인적으로 나는 부하 직원들에게 자신이 맡은 책임을 다할 수 있는 기회를 주고 싶다. 하지만 직원들은 종종 게으르고 무성의하기 때문에 나는 이 전술을 써먹는다. 경영전략가는 이 전술을 쓸 때 절대로 미리 알려주지 않는다. 곧장 실행에 옮길 뿐이다.

일단 실행에 옮기기만 하면, 상층부 공략 전술의 효과는 압도적이다. 당신은 최고 책임자를 찾아가서 그의 조직이 얼마나 제대로 일을 처리하지 못하고 있으며 얼마나 형편없는지에 대해서 낱낱이 고하고 그의 분노를 자극한다. 물론 최고 책임자는 당신에게 화를 내지는 않을 것이다. 다만 자신보다 훨씬 밑의 선에서 처리해야 할 문제를 자신이 직접 해결해야 한다는 사실에 분노할 것이다. 일단 이 친구가 분노하면 그의 부하들을 움직이는 것은 식은 죽 먹기다. 그리고 다음부터는 당신을 좀더 조심스럽게 대할 것이다.

상층부 공략 전술을 사용하는 방법은 여러 가지가 있다. 당신은 자연스럽게 대화를 나누다가 "오, 그런데 말이야" 하면서 슬쩍 불평을 흘릴 수도 있다. 혹은 공식적으로 항의를 할 수도 있고 최고 책임자에게 편지를 쓸 수도 있다. 상층부 공략 전술은 거의 언제나 만족할 만한 결과를 가져온다. 몇 가지 예를 들어보자.

가끔씩 최고 책임자를 직접 찾아가라. 나는 어떤 계약 체결 담당자와 문제가 있었다. 그자는 나에게 자신의 회사에서 제출한 표준 시간표를 제시했고 그 시간표는 우리 공장 스케줄과는 전혀 맞지 않았다. 나는 그 회사의 사장에게 직접 전화를 했고 그 결과 스케줄을 조정할 수 있었다.

때로는 다른 누군가가 압력을 행사하도록 하라. 내가 담당하는 납품업자가 우리 회사의 회계 경리부와 지불 문제로 말썽을 빚고 있었다. 회계 경리부 사람들이 지불을 한 달씩 늦추자, 모든 납품업자들이 들고일어난 것이다. 나는 납품업자에게 총 책임 이사 앞으로 직접 편지를 써서 물품 대금을 완전히 지불해주지 않으면 요구한 물량을 출하하지 않겠다고 통고하라고 했다. 납품업자는 바로 그 주에 대금을 받을 수 있었다.

경영전략가는 윗사람을 찾아가는 것을 두려워하지 않는다. 만약 누군가가 마땅히 해야 할 일을 하지 않는다면 당장 그의 상사나 상사의 상사를 찾아가라. 만약 조직 전체가 똑같이 멍청이들로 가득 찼다면 최고 책임자를 만날 때까지 계속 올라가라. 그래도 안 되면 신문사와 방송사를 찾아가라. 이렇게 충분한 압력을 행사한다면 경영전략가는 당신이 원하는 것을 들어줄 것이다.

일대일 공격

> 특정한 한 지점을 집요하게 공격하는 것 이외에, 태만한 일상의
> 표면을 뚫고 들어갈 수 있는 방법은 없다.
> _찰스 호턴 쿨레이(1864~1929)

나는 이 전술을 무척 좋아한다. 너무나 기본적이고 저돌적인 전술이기 때문이다. 일대일 공격이란 무엇인가? 말 그대로 온갖 중상모략으로 한 개인을 공격하여 화나게 만들고 실수하게 만드는 것이다. 그렇다면 어떻게 일대일 공격을 사용할 수 있는가?

나: 당신 부서 친구들은 전혀 일을 하지 않아. 그래서 내 일을 하는데도 막대한 지장이 있다구.

상대방: 글쎄, 사실 좀 문제가 있긴 있지.

나: 당신들 문제가 뭔지는 듣고 싶지도 않군. 당신과 당신 부서 사람들은 모두 다 무능해.

상대방: 무슨 소리야? 나는 무능하지 않아.

나: 당신이야말로 세상에서 제일 무능한 멍청이야. 아무 짝에도 쓸모가 없다구! 도대체 당신 같은 인간이 어떻게 아직도 자리를 지키고 있는지 모르겠어. 아마도 온갖 아부를 다해서 간신히 버티고 있는 거겠지. 당신이 일을 잘해서 그럴 리는 없어!

나는 이런 식의 대화를 몇 분이나 계속한다. 그를 화나게 하려는 것이다. 이유는? 일단 그가 화를 내기 시작하면 세 가지 결과 중 하나가 일어나리라는 것을 잘 알고 있기 때문이다. 그는 자신의 분노를 문제로 돌리거나, 나에게 돌리거나 혹은 나와 문제 모두에게 돌릴 것이다.

대개의 경우에는 일단 문제를 해결하고 나를 미워한다. 하지만 어쨌든 문제를 해결하기는 한다. 무능력한 인간으로 낙인 찍히고 싶은 사람은 아무도 없기 때문이다. 만약 몇 사람이 누가 무능하다고 떠들기 시작하면, 순식간에 모든 사람들이 그렇게 말하게 마련이다. 설사 그것이 진실이 아니라 하더라도 움직일 수 없는 사실로 받아들여지는 것이다.

내 평생에 내가 상대방을 가장 분노케 했던 욕설은 비역꾼이라는 말이었다. 나는 그에게 네가 할 줄 아는 거라고는 그 짓밖에 없으며, 계속 그렇게 할 일을 다하지 않으면 온 세상 사람들에게 떠들고 다닐 거라고 호통을 쳤다. 그 말은 그의 관심을 끌기에 충분했다. 물론 그는 호모가 아니었지만(나도 그 사실을 알고 있었다), 만약 내가 그렇다고 떠들고 다니면 오해를 살 수도 있는 일이었기 때문이다. 좀 치사한가? 솔직히 그렇다. 하지만 결국 그자가 내가 원하는 일을 해주었나? 두말할 나위도 없다.

일대일 공격 전술을 사용하면 두 가지 결과를 가져온다. 대개는 상대방의 관심을 끌어서 당신이 요구하는 문제를 해결하게 된다. 두 번째 경우는 적을 만든다. 그러므로 나는 동료들에게는 되도록 이 전술을 쓰지 않는다. 다른 조직의 부하 직원에게 이 전술을 쓰는 것은 비교적 안전하다. 부하 직원을 적으로 만드는 것은 결코 걱정할 일이 아니다. 나중에 다시 찾아가서 정중히 사과하면, 오히려 황송해하며 사과를 받아들일 테니까 말이다. 부하 직원들은 당신을 적으로 만들고 싶어하지 않는다.

이 전술은 거칠지만 효과적이다. 이 전술을 사용해서 모든 문제가 해결되고 나면, 반드시 상대방에게 사과하고 친구가 되어라. 앞으로 그 사람은 당신의 요구에 더욱 주의를 기울이게 될 것이며, 정확하게 일을 처리하려고 노력할 것이다.

이름 팔기

셰익스피어의 세계에서와는 달리, 현실 세계에서는 장미의 아름다움조차 그 명성에 따라 달라진다. 현실은 실제 있는 그대로가 아니다. 현실은 겉으로 드러나보이는 바로 그것인 것이다.

_허버트 H. 험프리 (1911~1978)

제1법칙인 "첫째도 인맥, 둘째도 인맥이다"와 비슷한 전술이 바로 이름 팔기이다. 당신은 이름을 팔고 다니는 사람을 혐오하는가? 나도 그렇다. 나는 그자들의 뻔뻔스러움이 싫다. 하지만 어떤 문제를 반드시 해결해야 할 필요가 있을 때, 사람들을 움직일 수 있을 만한 세력가의 이름을 파는 것은 효과가 있다.

경영전략가들은 이름 팔기 전술을 어떻게 사용하는가? 아주 교묘하면서도 강력하게 사용하기 때문에, 듣는 사람은 만약 원하는 대로 해주지 않으면 당장 하늘에서 날벼락이 떨어질 것 같은 생각이 든다. 예를 들어서 "사장님이 이런저런 일을 원한다"라는 말은 경영전략가들이 사용하는 전형적인 술수이다. 때로는 "만약 이 일이 성사되지 않으면 총 책임 이사가 뒤집어질 거다"라고 말할 수도 있다.

이런 식으로 높은 사람을 파는 것이 효과가 있는가? 물론이다. 특히 당신이 정말로 높은 사람과 통한다는 사실을 상대방이 알고 있을 때에는 더욱 효과적이다. 하지만 당신이 허풍을 떨거나 괜한 허세를 부린다고 생각한다면, 곧 당신은 역공을 당하고 응당한 대가를 치르게 될 것이다.

나는 이름 팔기 전술을 아주 가끔씩 사용한다. 일단 상대방의 관심을 끌기 위해서 사용할 때도 있지만, 어떤 논쟁에서 이기려고 이 전술을 쓰는 법은 절대 없다. 당신도 이름 팔기 전술을 써야만 하는가? 물론 그래야만 한다. 당신이 높은 사람의 총애를 받고 있다면, 경영전략 가답게 당신은 이 전술을 써야만 한다.

한두 사람의 이름을 잘 팔 수만 있다면, 그것은 거의 사장의 아들이 되는 것만큼이나 효과가 있다. 높은 사람의 친구라는 이유 하나만으로 얼마나 엄청난 세력을 갖게 되는지 알고 보면 깜짝 놀랄 정도이다. 아무도 높은 사람의 친구를 거스르고 싶어하지 않는다.

프랭크 시나트라가 나오는 영화를 오래 전에 본 적이 있다. 프랭크는 조니 콩코였고 그의 형은 레드 콩코였다. 레드는 모두가 두려워하는 총잡이였는데, 조니는 형의 이름을 팔아서 마을 사람들에게 막강한 영향력을 행사했다. 하지만 형이 죽자, 조니는 마을에서 쫓겨났다. 이름 팔기 전술을 사용할 때에는 조심하라. 당신의 빽이 죽으면, 당신도 죽는다.

해 고 하 기

너는 그 자리에 너무 오래 있었다. 명령하노니, 떠나라 그리고 너와 끝낼 수 있도록 해라. 신의 이름으로 명하노니, 가거라!

누군가를 해고해야 할 때 어떻게 하는가? 무척 고통스러운 일이다. 책상의 반대편에 앉아 있기도 쉬운 일은 아니다. 물론 해고를 당하는 것도 괴롭지만 해고를 하는 것도 거의 그만큼이나 힘들다. 한 사람의 일생을 영원히 끝장낸다는 사실을 알고 있기 때문이다. 해고당한 사람은 그날을 평생 기억할 것이다. 해고당한 사람은 제발 그 말이 농담이었다고 말해달라는 듯한 눈빛으로 당신을 간절히 바라볼 것이다. 하지만 동시에 당신 말이 사실이며 그 무엇으로도 해고를 막을 수 없다는 사실을 분명히 알고 있을 것이다.

나는 이 일을 어떻게 처리하는가? 나는 곧장 본론으로 들어가서 솔직하게 말한다. "당신은 이런저런 이유로 해고되었소." 나는 더 이상 다른 말은 하지 않고 상대방이 뭔가 말을 할 때까지 기다린다. 상대방은 곧장 내 말에 반응을 보일 것이다. 만약 당신이 상사로서 일을 잘했다면 해고당한 직원은 별로 놀라지 않을 것이다. 해고를 통보하기 전에 이미 몇 번이나 직원과 상담을 했었을 테니까 말이다. 그리고 그가 하는 일이 만족스럽지 않다는 사실을 알려주었을 것이다.

그러면 좀 쉬울까? 전혀 아니다. 절대로 쉬운 경우는 없다. 나는 직장생활을 하는 동안 열두 명의 직원을 해고했다. 아무리 수없이 직원에게 잘못을 시정하지 않으면 해고될 것이라고 경고했다 하더라도 힘들기는 마찬가지다. 괴로운 일이다. 일시적이긴 하지만.

깨끗이 처리하라. 하지만 반드시 해야만 한다. 만약 누군가가 해고를 해야 한다면, 그리고 해고를 당해 마땅하다면, 당신은 해고를 해야만 한다. 만약 해고를 하지 않는다면 남은 직원들에게 잘못된 행동을 하여도 용서받을 수 있다는 메시지를 보내는 셈이 된다. 한 사람의 잘못을 용납하면 모든 사람들의 잘못을 용납하게 된다. 그러므로 결단을 내리고 실행에 옮겨라.

자신이 한 일로 인해 고통을 겪게 될까? 당신이 인간이라면 당연히 가슴이 아플 것이다. 그렇다고 해고하지 않으면 앞으로 더 커다란 고통을 겪게 된다. 결행하라. 무능한 직원을 해고하는 것도 당신의 승진과 관련이 있다.

나는 해고를 어떻게 하는가? 나는 직원에게 미친 듯이 화를 낸다. 그의 행동이 못마땅하다고 몇 번이나 말한다. 거듭 경고를 하고 다시 한번 기회를 주겠다고 말한다. 그래도 말을 듣지 않으면, 거의 해고해 달라고 자청하는 것과 다름없다. 나는 무능한 직원과 나 자신에 대해 화를 낸다. 그러다가 우리 두 사람 모두 일을 망친다. 하지만 그 직원은 그 대가를 치러야만 한다.

직원을 해고하는 것은 힘든 일이다. 하지만 직원이 해고당할 일을 자초할 때에는 서슴지 말고 해고하라!

이력서 쓰기와 고용하기

> 나는 누군가를 채용하면, 그자가 그저 부풀어오르기만 하는지, 아니면 성장하는지를 주의 깊게 지켜본다.
>
> _우드로우 윌슨(1856~1924)

사람을 고용하는 문제에 대해서는 나도 당신만큼이나 아는 바가 없다. 그것은 마치 결혼과도 같다. 진상을 깨달았을 때에는 이미 때가 늦었다. 일단 반지를 끼고 나면, 당신은 계약을 맺은 것이다. 마찬가지로 일단 일을 시작하면, 당신은 그자를 직원으로 받아들인 것이다. 어떻게 잡초를 골라낼 수 있을까? 이 절은 바로 그 문제를 다루고 있다.

고용의 첫 번째 단계는 이력서다. 나는 이력서라는 물건을 증오하지만, 제도가 그런 건 어쩔 수 없다. 이력서는 오직 한 가지 목적을 위해 쓰인다. 바로 면접에 나가는 것이다. 이력서는 당신이 면접실의 문을 들어서기 위해서 사용하는 판매 도구인 것이다. 만약 이력서가 당신을 팔지 못하면, 다시 써야만 한다.

어떤 이력서가 좋고 어떤 이력서가 나쁜가? 그저 자신의 업적만 나열할 뿐, 자신의 위치와 맡았던 책임에 대해서는 아무런 소개도 없는 그런 이력서를 나는 싫어한다. 사실 업적은 나에게 아무 의미도 없다. 그자가 어느 정도 위치에서 그런 일을 했는지 모르기 때문이다. 그저 팀의 일원이었는가? 팀장이었는가? 꼭두각시처럼 시키는 대로 일만 하고서 자신의 업적인 양 주장하는 것은 아닌가? 어떤 위치에 있었으며, 어떤 책임을 맡고 있었고, 어떤 일을 했는지 정확히 말하라.

나는 그 세 가지가 다 필요하다. 그저 당신의 업적에 대해서만 떠들어대는 이력서를 보낸다면 나는 절대로 당신을 면접에 부르지 않을 것이다.

간부급 인사가 필요하면 나는 반드시 간부였던 사람을 원한다. 지금까지 다녔던 회사의 경영진이 당신에게 간부가 될 기회를 주지 않았는데, 왜 내가 그래야만 하는가? 나는 피치 못할 경우가 아니면 절대 모험을 하지 않는다. 인증받지 않은 간부를 써서 내 조직을 망쳐놓는 일은 하지 않을 것이다.

나는 정규 교육을 좋아한다. 나 또한 많은 교육을 받았고 사람을 고용할 때면 높은 교육을 받은 사람을 찾는다. 정규 교육을 받았다는 것은 그 친구가 기꺼이 값어치만큼의 대가를 치를 준비가 되었다는 의미이다. 교육이란 기본적으로 그저 정해진 과정을 밟는 것이다. 어떤 경우에는 전혀 배운 것이 없을 수도 있다. 하지만 단지 졸업 증명서 하나만으로도 당신은 자신이 힘든 교육 제도를 훌륭히 견디고 통과했다는 사실을 증명할 수 있는 것이다. 그것은 나에게 많은 의미가 있다.

나는 또한 풍부한 경험을 좋아한다. 나는 될 수 있으면 나보다 더 많은 걸 알고 있는 사람을 고용하려고 한다. 만약 나더러 완벽한 직원을 뽑으라고 한다면, 모두 다 55세에서 60세 사이의 아직 패기가 남아 있는 사람을 뽑을 것이다. 경험은 가장 좋은 선생이다. 나는 이 업계에서 오랫동안 있었고 나를 도와줄 수 있는 사람을 고용하고 싶다. 만약 당신에게 경험이 있다면, 이력서에 자세히 써라. 대부분의 경영전략가는 베테랑을 원하지 신참을 원하지 않는다.

만약 당신에게 대학 졸업장이 있다면, 고등학교를 나왔느냐 하는 것은 아무 문제가 되지 않는다. 대학에 들어가려면 당연히 고등학교를 나와야만 하기 때문이다. 마찬가지로 만약 당신이 회계부에서 일자리를 얻고 싶다면 버거킹에서 햄버거를 구운 당신의 경력 따위는 전혀 중요하지 않다. 당신이 회계에 대해서 얼마나 많은 것을 알고 있으며, 얼마나 일을 잘할 수 있는지를 알고 싶을 뿐이다.

이력서 작성 대행소를 이용해야만 할까? 그럴 수도 있을 것이다. 다만 내가 앞서 말한 것을 명심하라. 당신의 경험과 학력을 나열하고 그 조직에 당신이 얼마나 적합한 인물인지를 확실히 보여주어라. 그래야만 자신을 팔 수 있다.

나나 혹은 다른 누군가가 당신의 인생의 목표가 무엇인지 관심이나 있을까? 전혀 없다. 나는 당신이 '나의' 목표를 완수하는 데 도움이 되기를 바랄 뿐이다. 일단 내가 당신을 고용하면 당신의 목표는 바로 나의 목표가 되는 것이다. 그렇지 않다면 당신은 오래갈 수 없다. 그러므로 괜히 이력서에 인생의 목표 따위를 열거하지 마라. 종이만 낭비할 뿐이다.

그런데 이런 이야기가 실제로 잘못된 문제를 해결하는 것과 무슨 상관이 있는가? 사람을 고용하는 것은 어떤 문제를 해결하는 데 가장 중요하다. 일은 사람이 하고 그 일을 할 수 있는 사람을 찾기란 어려운 일이다. 나는 이력서를 볼 때 어떤 점을 먼저 보는지 이미 이야기를 했다. 당신도 비슷한 범주에서 생각해보라. 사람만이 문제를 해결할 수 있다. 좋은 직원을 고용하는 것은 결혼 상대자를 잘 고르는 것과 같다. 조심하라.

처음에는 세게, 나중에는 슬슬

저돌적이고 집념 있고 성공한 재벌이지만 그 나라 안에서는 단지 끔찍한 본보기밖에 되지 못하는 인간이 있을 수 있다. 일이 잘 풀릴 때에는 저돌적이고 현실적이고 이익의 마지막 한 방울까지 쥐어짜지만, 막상 떠나고 나면 황폐한 사업체와 증오의 기억밖에는 남기지 않는 그런 관리자가 있다. 저돌적인 관리자는 자신의 공장 너머의 바깥 세상은 결코 바라보지 않는다. 혹은 보다 넓은 세상과 함께 살아간다는 의식 따위는 전혀 없다. 나는 그런 사람들은 정년이 되어 퇴직을 했을 때 멍하니 앉아서 무슨 생각을 할까 의아스럽다. 오랜 세월에 걸쳐 쌓이는 마음의 풍요로움 같은 것은 그런 자들을 피해 멀찌감치 달아나버렸을 텐데 말이다.

_로버트 멘지스(1894~1978)

이 전술은 군대 지휘관 전술이라고 불러야 할 것이다. 왜냐하면 거의 모든 군대 지휘관들이 이 전술을 쓰기 때문이다. 왜 그럴까? 효과가 있기 때문이다. 나는 군대에서 3년을 보냈으며 거의 모든 지휘관들이 이 전술을 썼다.

이것은 어떤 전술인가? 당신이 처음 어떤 조직이나 부서를 맡았을 때 자신을 소개하는 방법은 여러 가지다. 한동안 입을 다물고 조용히 있으면서 일이 어떻게 돌아가는지 살펴볼 수도 있다. 혹은 군대에서 생도를 가르칠 때 하듯이 할 수도 있다. 지휘관들은 대개 이전 지휘관들이 부하들을 어떻게 다루어야 하는지 몰랐다고 생각한다. 또한 자기 밑에서 일하는 사람들이 한결같이 무능하다고 생각한다. 만약 당신이 그렇게 생각한다면 당신은 어떤 식으로 조직을 다룰 것인가? 마치 당신이 존 웨인이나 람보, 클린트 이스트우드나 되는 것처럼 사람들을 족칠 것이다. 엉덩이를 걷어차고 함부로 이름을 부르고 말이다.

그렇지 않은가?

군대 장교 훈련을 받았음에도 불구하고 나는 그런 식으로 생각하지 않는다. 나는 내 밑에서 일하는 사람들이 모두 유능하다고 생각하고 전임자가 자신이 할 일을 잘 알고 있었다고 생각한다. 다만 그는 해결할 수 없는 문제에 봉착했을 뿐이었다. 그렇지만 내가 그렇게 생각한다는 사실을 아무에게도 알리지 않는다. 나는 마치 전형적인 군사 장교처럼 행동한다. 고함을 지르고 호통을 치고 협박을 한다. 당신은 직원들이 내 명을 따르기 위해 도망치는 생쥐처럼 죽을힘을 다해 뛰는 모습을 보게 될 것이다. 왜 그렇게 하는가? 그럴 필요가 있기 때문이다. 일단 내 뜻대로 되지 않으면 괴물로 변해버린다는 인식을 심어주고 나면, 그 다음부터는 보통 평범한 인간처럼 직원들을 대할 수 있다.

왜 이렇게 일부러 거칠고 사나운 척해야 하는가? 혹시 관절염이 너무 심해서 손가락 하나 움직이지 못하는 총잡이에 대한 오래된 서부 이야기를 기억하는가? 이 총잡이는 아침마다 마누라가 옷을 입혀주어야만 했다. 하지만 총을 뽑지 않은 지 10년이 지난 후까지도 그는 여전히 두려움의 대상이었다. 명성 때문이었다.

왜 당신이 이 일을 맡게 되었는가? 전임자가 일을 제대로 하지 못했기 때문이 아닌가? 전임자가 강한 추진력이나 영향력을 발휘하지 못했기 때문이 아닌가? 만약 그렇다면 직원들이 당신을 조금 두려워하게 만들 필요가 있다. 물론 공포에 떨게 하고 싶지는 않을 것이다. 하지만 적어도 당신이 "뛰어올라!"라고 고함을 지르면, 즉시 허공에 붕 떠서 "얼마나 더 높이 뛰어오를까요?"라고 물어볼 정도가 되게끔 해야만 한다. 왜 그럴까? 일단 그렇게 되면 직원들을 마음대로 부리는 것에 대해서는 아무런 걱정을 할 필요가 없기 때문이다. 그 이후로는 늙은 총잡이처럼 직접 총을 뽑을 필요도 없이 당신의 명성만으로도 충분할 것이다.

다음에 어떤 조직을 맡게 되면 이 전술을 사용해보라. 한동안 거칠게 굴다가 다시 상냥한 모습으로 돌아오면 모두들 당신을 용서할 것이다. 직원들이란 언제나 당신을 용서할 수 있는 기회가 오기만을 간절히 바라며 기다리고 있으니 걱정하지 마라. 일단 해야 할 일을 하라. 그러면 모든 것이 용서될 것이다.

배짱이 없으면 영광도 없다

> 당신이 옳다고 믿는 것을 조금씩 실천에 옮겨라. 어쩌면 내일은 누군가가 당신의 행동을 위험한 도전으로 받아들일지도 모른다는 생각을 가지고. 그때는 기다려라. 만약 아무런 반응이 없으면 또다시 한걸음을 내디뎌라. 용기란 오직 작은 실천이 모여서 만들어지는 것이다.
>
> _조지 콘래드(1933~)

이것 역시 군대에서 흔히 듣던 말인가? 나는 이 표현을 좋아한다. "배짱이 없으면 영광도 없다." 이 표현은 너무나 인생을 잘 요약해주고 있기 때문에 나는 어떤 상황에도 그대로 적용될 수 있다고 생각한다. '배짱'이라는 말은 상황에 따라서 여러 가지 의미로 해석될 수 있다. '배짱'은 당신이 원하는 것을 실천에 옮기는 결단을 의미할 수 있다. 혹은 위험을 무릅쓸 수 있는 능력을 의미하기도 한다. 혹은 원하는 것을 얻기 위해 고통을 감당할 수 있는 능력을 의미할 수도 있다. 의미야 어떻게 정의하든, 당신도 이 격언을 마음에 새기도록 하라.

먼저 배짱을 원하는 것을 실천에 옮길 수 있는 결단이라고 정의해보자. 나는 오늘날 회사의 중역이 되기를 원하면서도 그에 대한 대가를 치르려고 하지 않는 젊은이들을 수없이 많이 본다. 그들은 야간 학교를 다니려고 하지도 않고 초과 근무를 하거나 주말에 회사를 나오거나 다른 어떤 특별한 노력도 하지 않으려고 한다. 그들은 단지 그 자리가 손에 굴러들어오기만을 바란다. 이런 젊은이들과 어떻게 배짱에 대해서 이야기를 나눌 수가 있겠는가? 어떻게 젊은 부하 직원들에게 이런 이야기를 할 수 있겠는가?

나는 친구 한 사람에게 왜 아무도 나에게 싸움을 걸어오지 않는지 모르겠다고 말한 적이 있다. 나는 수많은 곳에서 조직적인 싸움이 일어나는 것을 보았지만, 한 번도 싸움에 연루된 적은 없었다. 내 친구는 모두들 나와 싸우기를 싫어한다고 말했다. 반드시 이기기 전까지는 절대 포기하지 않는다고 평판이 자자하기 때문이라는 것이다. 나는 일단 물면 상대방의 목숨이 끊어질 때까지 절대 놓지 않는 불독으로 알려져 있었다. 당신도 그런가? 반드시 그래야 할까? 늙은 총잡이를 생각해보라. 그의 명성이 모든 싸움을 대신해주었다. 당신은 싸우는 것을 좋아하는가? 나는 싫다. 나는 일단 싸움이 붙으면 상대방을 쓰러뜨려야만 하기 때문에 싫다. 나는 그저 상처만 입히고 마는 사람이 아니다. 두 사람 중 하나는 반드시 죽어야만 하는 것이다.

존 웨인이 그렇게 사랑받고 존경받는 이유는 무엇일까? 훌륭한 배우이기 때문일까? 대사가 훌륭해서일까? 아니다. 배짱과 의지를 지닌 인물로 묘사되었기 때문이다. 당신은 절대로 늙은 존을 이길 수 없다. 존 웨인은 배짱을 지녔다.

배짱의 또 다른 의미는 위험을 감수하는 것이다. 당신의 직장 경력을 끝장낼 수도 있는 위험을 감수할 배짱이 있는가? 직장을 그만두고 자신의 사업을 시작할 배짱이 있는가? 상관에게 멍청이라고 말할 배짱이 있는가?

뭔가 원하는 것이 있다면, 당신은 그것을 차지하기 위해 기꺼이 위험을 무릅써야만 한다. 아무도 당신을 대신해주지 않는다. 원하는 것을 차지하고 문제를 해결하기 위해 기꺼이 고통을 감내해야만 하는 것이다. 위험을 감수하는 사람만이 뭔가를 이룰 수 있다.

대부분의 사람들이 두 종류의 인간이 있다는 사실에 동의할 것이다. 바로 쥐새끼와 인간이다. 만약 당신이 쥐새끼라면 이 전술은 아마도 당신을 무척 기쁘게 할 것이다. 만약 당신이 진짜 남자, 혹은 진짜 여자라면 당신은 도대체 왜 내가 이런 당연한 이야기를 떠들어대는지 의아해하고 있을 것이다. 이미 다 알고 있는 뻔한 사실말고 뭔가 좀더 쓸모 있는 다른 이야기를 해주기를 바랄 테니까 말이다. 내가 이런 이야기를 하는 이유는, 지금도 수백만의 사람들이 어떤 종류의 인간이 될지를 결정하지 못하고 있기 때문이다. 이 글은 그런 이들에게 윌리 콕스나 허먼 밀크토스트가 아니라 존 웨인이나 캐리 네이션이 되라고 충고하기 위한 것이다.

당신은 어떤 문제가 해결되기를 얼마나 간절히 원하고 있는가? 만약 고통과 괴로움을 참고 견딜 준비가 되어 있지 않다면, 당신은 정말로 간절히 원하는 것이 아니다. 위험을 무릅쓸 마음이 없다면 싸울 가치도 없다. 싸울 가치도 없다면 어째서 당신의 경력이나 일자리를 위태롭게 하겠는가? 그저 물러앉아서 다른 사람들 싸움이나 구경하라. 문제가 정말로 심각하다면 다른 누군가가 나서서 해결할 것이다. 왜 당신 목이 달아날지도 모르는 위험을 자처하겠는가? 당신이 아니라 다른 친구가 죽음의 도박을 하도록 내버려두라.

당신이 내 말을 믿는다면 당장 이 책을 던져버리고 운이 좋아 중간 간부쯤 되었을 때 은퇴할 계획을 세워라. 장거리 경주자들을 보라. 장거리 경주자들은 든든한 뱃심이 필요하다. 레이스의 중반이 지나면 폐가 조여들고 다리가 후들거리고 머리가 터질 것 같다. 그런데도 계속 달리는가? 물론이다. 장거리 경주자들은 언제 경기를 포기할지 모르는 상황에서, 혹은 몸에 부상을 입을지도 모르는 상황에서 위험을 무릅쓴다. 아무리 힘들고 고통스러울지라도 당신은 결승점에 도달할 때까지 계속 달려야만 하는 것이다.

경주 하나하나, 시합 하나하나가 정상을 향한 한걸음 한걸음이다. 한번 실패를 만회할 때마다 당신은 정상에 한걸음 더 다가가는 것이다. 실패를 두려워하거나 끝까지 달리지 않는다면 당신은 한걸음도 앞으로 나갈 수 없을 뿐만 아니라 조금씩 뒤로 후퇴할 것이다.

위험을 두려워하지 말고 끝까지 달려라. 일단 달리기 시작하면 결승점에 도달하거나 혹은 사망 판정을 받기 전까지는 절대 멈추지 마라. 숨이 끊어져 구더기가 우글거리는 자신의 송장을 보기 전에는 절대 그만두지 마라. 물론 그때는 더 이상 아무리 애써봤자 아무런 소용이 없다. 하지만 당신이 원하는 것을 얻기 전까지는 다리와 마음과 정신과 욕망을 쉬게 하지 마라. 일단 걸음을 멈추게 되면 당신은 대부분의 중간 간부들이 그렇듯이 힘이 빠져서 이미 가진 것으로 만족하게 될 것이다. 그리고 모든 걸 포기하고 이 정도면 충분하다고 자위하게 마련이다.

내 친구 중에 하나는 낭만적인 사랑에 대해 이렇게 말하곤 했다.

"자네 기준에 걸맞는 상대를 못 찾겠거든 자네 눈을 낮추도록 해."

만약 당신의 인생관도 이런 식이라면 내 충고를 들어라. 승리하고 싶다면 배짱을 가져라.

이후에도 가끔씩 이 대목을 다시 읽도록 하라. 어떤 곤란한 일에 부딪혔을 때, 이 말을 기억하라.

"배짱이 없으면 아무것도 얻을 수 없다."

정리

문제를 해결하는 데에는 여러 가지 방법이 있다. 지금까지 나는 나에게 도움이 되었던 몇 가지 성공적인 방법들을 소개했다. 우리는 예비 타진에 대해서 이야기했으며, 조직의 최고 책임자를 곧장 찾아가는 것과 일대일 공격과 이름 팔기 전술에 대해서도 이야기했다. 직원을 해고하고 다시 고용하는 것에 대해 이야기했으며, 조직을 넘겨받았을 때 해야 할 일과 위험을 두려워하지 않는 철학에 대해서도 이야기했다. 우리는 또한 자신이 직접 연루되지 않으면서 부하 직원으로 하여금 필요한 일을 하도록 하는 방법에 대해서도 이야기했다.

경영전략가의 삶을 살다 보면, 실제로 뭔가를 해결해야만 할 때가 있다. 전술이 바닥나고 더 이상 어떻게 해야 할지 모를 때에는 이 장을 다시 읽고 그대로 실천하라.

일사불란하게
조직을 이끌어라

부하 직원들을 관리하고 개발하는 데에도 여러 가지 방법이 있다. 이장에서는 가장 중요한 몇 가지 방법을 소개하겠다. 만약 당신이 한 회사에 오랫동안 몸담고 있을 계획이라면, 부하 직원들을 개발하는 것은 당신의 성공을 위해 가장 핵심적인 요소이다. 이 장에서 우리는 '신의'에 대해 이야기해볼 것이다. 또한 야심만만한 부하 직원을 다루는 방법과 다른 모든 사람들이 패배자라고 낙인찍었던 사람들을 데려다가 훌륭한 직원으로 써먹는 방법에 대해서 이야기하겠다. 나는 예전 상사 중 한 사람이 어떻게 우리의 점심을 빼앗아 먹으려고 덤벼드는 일벌레를 처리했는지 그 방법을 소개하겠다. 그리고 당신 인생에서 뭔가 훌륭한 것을 크게 확장시켜서 당신이나 당신 부하가 승진을 하도록 만드는 방법을 살짝 알려주도록 하겠다. 또한 부하 직원들을 좀더 열심히 일하도록 만드는 가장 효과적인 방법 중에서 하나를 공개할 것이다. 나는 부하 직원이 경영자의 눈에 띄지 않도록 하는 것이 얼마나 중요한지 알려주고 직원에게 수치감을 안겨주어 좀더 일을 하도록 만드는 방법에 대해 알려주겠다. 그리고 마지막으로 동지 의식을 갖는 것이 얼마나 중요한지에 대해서도 말해줄 것이다.

아랫사람에게 신의를 지켜라

우리는 모두 대통령의 사람들이다.

_헨리 키신저(1923~)

아랫사람에게 신의를 지키면 아주 오랜 세월이 지난 후에 그에 대한 보답을 받을 수 있다. 십년 전 내가 처음 커다란 항공 우주 회사에 들어갔을 때, 나는 이 원칙을 깨달았다. 그리고 그 원칙은 오늘날에도 변함이 없다.

"저 사람은 도대체 뭐 하는 친구야?"

나는 우리 부서의 나이 많은 한 사람을 가리키며 내 친구에게 나지막이 물어보았다. 그 사람은 아무 일도 하지 않는 것처럼 보였던 것이다. 그 사람은 일하는 모습을 보인 적이 거의 없었다. 설사 뭔가 일을 하는 것처럼 보일 때에도 나는 도대체 무슨 일을 하는 것인지 알 수가 없었다. 거의 날마다 술 냄새를 홀홀 풍기고 다녔으며, 하루는 아침 10시에 책상에 엎드려 쿨쿨 잠을 자기도 했다.

"자기 하고 싶은 일을 하지."

벌써 오래 전부터 이 회사에 다니고 있던 내 친구가 대답했다.

"무슨 문제가 있나?"

내가 다시 물었다.

"아니야. 저 사람은 시키는 일은 뭐든지 다해. 다만 일을 잘못하는 게 문제지. 그래서 아무도 저 사람에게는 어떤 일을 해달라고 부탁을

202

하지 않아."

"그런데 왜 해고를 안 당하는 거지?"

내가 물었다.

"저 노인네는 한때 이 부서의 책임자였어. 그것도 아주 능력 있는 부장이었대. 그런데 우리 부사장이 입사한 지 한 시간도 안 된 신참이었을 때, 저 노인네가 장차 부사장이 될 재목이라는 걸 단박에 알아차린 거야. 그래서 부사장의 뒤를 봐주고 승진을 하도록 모든 도움을 아끼지 않았어. 결국 부사장은 저 양반을 해고할 수가 없게 된 거지."

당신도 장차 부사장이 될 인재를 선발하여 후원해줄 수도 있다. 그래서 모든 일이 실패로 돌아갔을 때 당신의 자리를 보존해줄지도 모른다. 젊은 사람에게 정당한 대접을 하라.

이것이 바로 신의가 아닌가? 부사장은 옛 은혜를 기억하고 늙은 알코올 중독자에게 일자리를 주었다. '신의'라는 말을 생각할 때마다 나는 이 이야기를 떠올리곤 한다. 만약 당신이 술주정뱅이에게 봉급을 주고 다른 사람들로부터 그를 지켜준다면, 그것이 바로 신의이다. 만약 당신이 당신의 부하들을 진심으로 돌보아준다면, 나중에 인생이 너무 힘들어서 술주정뱅이나 돼야겠다고 결심했을 때, 안식처를 얻을 수 있을지도 모른다.

야심만만한 부하직원 다루기

야심은 높이 날아오를 수도 있지만 슬금슬금 기어올 수도 있다.

부하 직원들은 경영자와 똑같은 관점에서 자기 자신을 보지 않는다. 이 세계에서 회자되는 오래된 속담이 그런 사실을 아주 멋지게 표현해주고 있다.

"만약 실제 가치만큼의 금액을 주고 사람을 샀다가, 그 사람이 자신의 가치라고 생각하는 만큼의 금액을 주고 팔 수만 있다면, 당신은 단 한 명만 팔아도 단숨에 부자가 될 것이다."

부하 직원이 자신의 주제를 모르고 지나치게 야심이 많을 때, 상사는 그를 어떻게 다루어야 할까? 내 대답은 그냥 피하라는 것이다.

부하 직원: 제가 그 일을 책임 맡아 해보고 싶습니다.
회피하는 상사: 좋아. 자네를 후보자 중 한 사람으로 고려해보겠네.

상사가 이 상황을 어떻게 다루는지 주의 깊게 살펴보라. 먼저 상사는 이미 뽑아놓은 다른 후보자가 있다는 말을 부하 직원에게 말하지 않는다. 둘째, 상사는 부하 직원에게 너는 아무 짝에도 쓸모가 없으며, 후보 대상에조차 오를 가능성이 전혀 없다고 말하지 않는다. 셋째, 상사는 부하 직원에게 한 번 생각해보겠다는 말 이외에는 다른 어떤 약속도 하지 않는다.

당신이라면, 이미 다른 사람을 뽑아놓았는데, 부하 직원이 달려와서 왜 다른 사람을 뽑았느냐고 물으면 그 상황을 어떻게 모면하겠는가? 나는 항상 정직하라고 충고한다. 물론 전술적인 정직이다.

부하 직원에게 진실을 말하고 다음번 기회가 다시 올 때에 대비해서 만반의 준비를 하라고 격려하라. 자신의 문제를 해결한다고 해서 승진이 보장되는 것은 아니다. 그것은 실제 능력과 남들에게 인정받는 능력과 기회가 결합될 때 이루어지는 것이다. 「경영전략가의 이미지」절을 다시 보라. 도대체 내가 왜 그 빈 자리를 차지하지 못했는지 의문이 들 때, 그 절이 참고가 될 것이다.

패배자에게도 기회를 주어라

> 너무 까다롭게 굴지 마라. 낡은 중고 다이아몬드라도 전혀 없는 것보다는 낫다.
>
> _마크 트웨인(1835~1910)

내가 가장 성공을 거둔 조직 중에 몇몇은 쓰레기 더미에서 만들어진 것이다. 나는 일부러 그렇게 했다. 흔히 패배자라고 낙인 찍힌 사람들 중에 두 번째 기회가 찾아오기만을 노리는 자들은 헤아릴 수 없이 많다.

그리고 현명한 경영전략가는 조직의 판단을 무조건 받아들이는 것이 아니라, 스스로 판단을 내린다. 패배자에게 두 번째 기회를 준다면, 그들은 당신에게 충성을 바칠 것이다. 만약 두 번째에도 실패를 한다면, 세 번째 기회라는 것은 없다. 대부분의 똑똑한 사람들은 그 사실을 알고 있다. 능력만 있다면, 나는 패배자들을 사랑한다.

폐차장은 온갖 종류의 사람들이 모이는 곳이다. 그리고 대개의 경우에 권모술수의 피난민들로 가득 차 있다. 이들은 경영진들의 눈 밖에 난 사람들이거나 혹은 다른 신참자에게 밀려서 쫓겨나온 사람들이다.

만약 이 피난민들을 고용하려면 정치적으로 그렇게 하는 것이 과연 타당한지를 확실히 조사할 필요가 있다. 만약 경영진이 끝장내고 싶어하면서도 해고는 하지 못하는 그런 자에게 생산적인 일을 맡기는 것은 현명한 일이 못되기 때문이다.

시간은 모든 상처를 치유한다. 아주 진부한 격언이기는 하지만, 분명히 일리는 있다. 1, 2년 정도 폐차장에서 쉬고 나면 경영진들의 심기를 사납게 했던 문제나 어려움도 점차 사라지고, 쫓겨났던 사람도 부활할 가능성이 있다. 하지만 쓰레기 더미에서 부하 직원을 뽑고 싶어하는 간부는 별로 없다. 왜냐하면 그곳에 그 직원을 처넣었던 사람이 바로 자신을 그곳에 처넣을까봐 두렵기 때문이다. 혹은 폐차장에는 단지 실패의 기록만 달고 다니는 사람들로 가득하다고 생각하기 때문이다. 피난민들은 누군가 그만두거나 퇴직을 하면 다시 기회를 얻을 수 있을지 모른다는 희망을 품고 있다. 하지만 패배자는 어떤 희망도 갖고 있지 않다.

당신이 폐차장에 버려졌는지 그렇지 않은지 어떻게 알 수 있을까? 먼저 당신의 직함이 신호다. 만약 특별한 프로젝트를 맡거나 혹은 모호한 직함을 달고 있으면 당신은 폐차장에 버려진 것이다. 그곳에서 어떻게 나올 수 있을까? 죽을힘을 다해 일을 해야 한다. 그리고 기다려라. 시간을 다 채울 때까지는 다른 어떤 곳도 갈 수가 없다. 나 또한 폐차장에 버려진 적이 있을까? 물론이다. 나는 재빨리 다른 일자리를 구했으며 서둘러 최고 자리에 올랐다. 경영진이 나를 용서해주기를 기다리며 1, 2년씩 헛되이 써버리지 않았다.

현명한 경영전략가는 폐차장을 주의 깊게 살펴본다. 쓸 만한 인물이 처박혀 있는 것을 발견하면 온갖 술수를 써서 그 사람에게 자기 부서의 일을 맡긴다. 쓸 만한 직원은 얻기가 어려운 법이다. 만약 폐차장에서 구할 수 있거든 망설이지 말아라.

다른 부서의 부하직원 다루기

> 승승장구할 때 만나는 사람들에게 잘해주어라. 몰락의 길을 걸을 때 다시 만나게 될 것이다.
>
> _윌슨 미즈너(1876~1933)

나는 이 전술이 어떻게 사용되는지 직접 목격한 적이 있다. 그 효과는 도저히 믿을 수가 없을 정도였다! 당시에 나의 상사와 나는 회계 부서의 한 일벌레 때문에 골치를 썩고 있었다. 그는 우리를 산 채로 뜯어먹으려고 덤볐다. 특별히 똑똑한 친구는 아니었지만, 무척 위험했다. 마치 우리 부서가 모든 일을 망쳐놓은 듯이 보이게 하는 데이터를 찾아내서 당장 온 천하에 공개할 태세였다. 그때마다 우리는 적당히 해명을 하곤 했지만, 언젠가 치명적인 결과를 가져올 수도 있는 일이었다.

그 일벌레가 세 번째로 똑같은 일을 하자, 나의 상관은 나와 일벌레를 자신의 사무실로 불러들였다. 나의 상관은 마음만 먹으면 엉덩이의 살점이라도 물어뜯을 수 있는 그런 인물이었다. 그러므로 나의 상관이 그 회계부 친구와 이야기를 끝냈을 때, 그 친구는 완전히 초주검 상태가 되었다. 다음날 나의 상관은 똑같은 일을 되풀이했다. 그리고 그 다음날도 마찬가지였다. 상사의 목적이 무엇이었을까? 아마도 회계부 친구를 완전히 길들여서 다시는 우리를 건드리지 못하게 만들려는 속셈이었을 것이다.

효과가 있었을까? 그렇기도 하고 아니기도 했다. 문제의 일벌레는 자신의 상사인 회계 검사관을 찾아가서 자신이 당한 일을 일러바쳤다. 마침내 회계 검사관이 나의 상사를 찾아왔을 때, 나의 상사는 일벌레에 대해 한바탕 칭찬을 늘어놓았다. 심지어 자기 밑으로 그 친구를 넘겨줄 수 없느냐고 묻기까지 하면서 지금까지 함께 일한 회계사 중에서 가장 훌륭하다고 추켜세웠다. 그리고 그런 친구를 부하 직원으로 둔 것에 대해 고맙게 여겨야 할 것이라고 입에 침이 마르도록 칭찬을 하더니, 마지막으로 자신이 겪고 있는 곤란한 문제에 대해 슬쩍 언급했다. 하지만 그 일벌레가 별 뜻 없이 나눈 대화에 대해 그토록 상처를 받았다는 사실에 대해서는 깜짝 놀라는 척했다. 회계 검사관은 더 이상 할말이 없었다. 나의 상사는 그 일벌레를 칭찬한 것 이외에는 아무 잘못이 없기 때문이었다. 회계 감사관은 일벌레에게 나의 상사와 앞으로 잘 지내도록 노력해보라고 말한 것이 틀림없었다. 그 뒤로 나와 나의 상사는 더 이상 그 문제로 골치를 썩지 않았다.

이것은 어떤 전술인가? 만약 다른 부서의 직원을 박살을 낼 필요가 있을 때에는 그렇게 하라. 그리고 위로 불려가거든, 그 직원이 마치 기적이라도 일으킨 것처럼 칭찬을 늘어놓아라. 물론 그 직원과 약간의 마찰이 있었다는 사실은 분명히 밝히되, 아주 사소한 문제임을 강조하라. 설령 세상에서 가장 심각한 문제라고 해도 반드시 별것 아닌 것처럼 행동해야 한다.

작은 일에 효과가 있었다면, 큰 일에도 적용하라

> 뻔뻔스러운 인간이 반드시 성공한다고까지는 말하지 않겠다. 하지만 대단히 뻔뻔스럽고 약간 재능이 있는 인간이 전혀 뻔뻔스럽지 못하고 훌륭한 장점을 많이 지닌 사람들보다 좀더 출세할 가능성이 많은 것은 사실이다.
>
> _레이디 메리 워틀레브 몬테규(1689~1762)

이 글은 10장에도 포함될 수 있는 내용이다. 부하 직원의 발전을 위해서뿐만 아니라, 당신 자신의 발전을 위해서도 적용할 수 있는 전술이기 때문이다. 어떤 전술인가? 만약 당신이 어떤 특정 행동에 대해 크게 칭찬을 하면 그 행동은 반드시 되풀이되게 마련이다. 일상 생활의 경우를 생각해보라. 만약 아이들이 어떤 행동을 했을 때, 미소를 지으며 애정을 보이면 아이들은 반드시 똑같은 행동을 다시 한다. 행동 심리학자인 스키너 박사 같은 사람은 이런 현상을 연구하는 데 평생을 바치기도 했다.

이 전술을 부하 직원을 개발하는 데 어떻게 적용시킬 수 있을까? 당신이 좋아하는 행동을 하면 크게 칭찬하고 싫어하는 행동을 하면 완전히 무시하라. 효과가 있을까? 물론이다. 오히려 야단을 치고 잔소리를 퍼붓는 것보다 훨씬 더 효과가 오래간다.

이제 경영 기술의 하나로 이 원리를 어떻게 이용하는지 알았다면, 다음에는 경영전략가로서 어떻게 써먹을지 생각해보라. 다음에 열거하는 세 가지 경우에서 공통점을 찾아보라.

1. 나의 주장에 의해, 내 동료 중 한 사람이 납품업자들의 품질은 향상하고 비용은 절감할 수 있는 훈련 프로그램을 만들었다. 이 일이 성공하자 그 친구는 자신이 회사를 위해 얼마나 많은 공헌을 했는지 나발을 불고 다니기 시작했다. 처음에는 몇몇 사람이 그의 말에 귀를 기울이더니 조금씩 더 많아졌다. 몇 달이 지나자, 그는 회사 전체의 훈련 프로그램을 책임지게 되었다. 또한 그 훈련 프로그램을 납품업자들뿐만 아니라 회사 조직 전체를 총괄할 수 있는 새로운 시스템으로 발전시키기까지 했다. 덕분에 이 친구는 이사가 되었다. 하지만 생산 비용은 증가시킨 반면, 원가 절감에는 아무런 기여도 하지 못했다.

2. 하부 시스템에 심각한 기술적 문제가 발생하자, 한 엔지니어가 자재 구입부로 전출되어 도급 계약을 담당하게 되었다. 문제를 멋지게 해결한 이 엔지니어는 '편협한 도급 계약 사무관'들 대신에 엔지니어들이 이 일을 맡게 된다면 어마어마한 비용이 절감될 것이라고 주장했다. 그 엔지니어는 이 아이디어를 더욱 확장해서 모든 자재 구입에 관련된 서류들을 자신의 부하 엔지니어에게 올리도록 했다. 하지만 이 시스템은 비용만 증가시켰을 뿐, 어떤 눈에 띄는 성과도 가져오지 못했다. 한정된 조직 내에서는 효과적인 아이디어였지만, 보다 커다란 조직에서는 어리석은 짓이었던 것이다.

3. 한번은 시스템 실행팀을 지원하라는 임무를 맡은 적이 있었다. 나는 내가 일하는 영역 내에서 기존의 직원들을 다 몰아내고 내 사람들을 집어넣어야 할 필요가 있었다. 그래서 어떻게 했을까? 나는 한 팀은 한 자리에 모여 있어야만 한다고 주장하면서, 우리 조직 내에 빈 자리로 들어오라고 제안했다. 멍청한 그 팀의 팀장은 당장 자기 팀을 이끌고 우리 부서로 이사를 왔다. 그 때문에 내 부하 직원들은 거의 폭동이라도 일으킬 기세였다. 그렇게 되자, 나는 다시 그 팀장에게 시끄러운 우리 부서 사람들로부터 방해받지 않고 조용히 생각하고 계획을 짤 수 있는 그 팀만의 공간이 필요할 거라고 제안했다. 또다시 내 생각을 받아들인 팀장은 곧 다른 곳으로 떠나버렸다. 그리고 우리는 더 이상 그 팀이 존재한다는 사실을 인식하지 못할 정도로 아무런 간섭도 받지 않게 되었다.

회사 경영자들은 만약 어떤 일이 한정된 규모 내에서 효과를 발휘한다면, 더 커다란 규모 내에서는 더 많은 효과를 거둘 것이라고 생각하는 경향이 있다. 그들은 어떤 작은 일에서 승리자라면 보다 큰 일에서도 승리할 것이라고 믿는다. 만약 당신이 어떤 작은 일에 대해 보상을 받는다면 그 일을 보다 더 크게 확대해보라. 그리고 과연 더 많은 보상이 돌아오는지 지켜보라. 실제로 어떤 결과를 낳는가 하는 것은 전혀 상관이 없다. 어쨌든 한 번 시도해보라.

결국 이 전술의 목표는 경영자의 입에서 '잘했다'라는 칭찬 한마디를 듣는 것이다. 그렇지 않은가?

직원에게 더 열심히 일하라고 요구하는 기술

> 진정한 지도자는 직접 지도할 필요가 없다. 그는 그저 길의 방향
> 을 가리키는 것만으로도 충분하다.
> _헨리 밀러(1891~1980)

고등학교나 대학교에서 시험을 보던 일을 기억하고 있는가? 시험
이 끝나고 나면 항상 조금만 더 열심히 공부할걸 하며 후회하곤 하지
않았는가? 달리기 경주를 하다가 아슬아슬하게 우승을 놓친 경험이
있는가? 조금만 더 열심히 달렸다면 이길 수도 있었을 텐데라며 한탄
한 적이 있는가?

이 세상 사람 누구나 조금만 더 열심히 공부했다면, 조금만 더 열심
히 노력했다면, 승리할 수 있었을 것이라고 중얼거린다. 노력은 승자
와 패자를 가름하는 단 하나의 조건이다. 사람들도 이 사실을 알고 있
다. 그리고 경영전략가는 이 사실을 역으로 이용한다.

부하 직원이 찾아와서 기한 내에 일을 마칠 수 없을 것 같다고 선수
를 친다면, 당신은 어떻게 하겠는가? 부하 직원이 당신의 조언을 구하
며 일이 잘 안 될 것 같다고 말한다면, 당신은 어떻게 하겠는가? 바로
이 전술을 사용하라.

부하 직원: 저는 이 일을 끝낼 수가 없을 것 같습니다. 도움이 필요합니다.
전략가: 무슨 도움 말인가?

부하 직원: 어떤 도움이든지요! 어쨌든 이 일을 혼자서 끝낼 수는 없습니다. 아주 난처합니다.

전략가: 나는 자네가 최선을 다했다고 생각하지 않네. 그렇지 않은가? (당신은 그 친구가 열심히 일하고 있으며 정말로 도움이 필요하다는 사실을 알고 있다. 하지만 당신은 도움을 줄 수가 없다. 더구나 그 친구가 좀더 열심히 일하기를 원한다.)

부하 직원: 저는 엉덩이가 닳도록 일을 하고 있습니다. 그래도 부족하단 말입니까?(비난의 초점을 슬쩍 옮기려는 것에 주목하라.)

전략가: 아직도 내 질문에 대답하지 않았어. 자네는 100퍼센트 능력을 다 발휘했는가? 난 그렇게 생각하지 않아. 자네는 항상 전화통이나 붙잡고 있고 필요 이상으로 다른 친구들과 수다를 많이 떨더군. 그런데도 자네는 정말로 100퍼센트 능력을 다 발휘했다고 생각하는가?

부하 직원: 물론 조금 더 노력할 수는 있을 겁니다. 하지만 정말로 저는 열심히 일을 했고 이제는 도움이 필요합니다. 이 부서에서 저보다 더 열심히 일을 하는 사람은 없을 겁니다. (물론 그렇다. 하지만 그렇다고 무슨 차이가 있는가?)

전략가: 봉급을 결정할 때 그 점을 충분히 고려하겠네. 하지만 자네가 100퍼센트 노력을 하지 않는데 내가 자네를 도와주는 것이 과연 합당하다고 생각하는가? 나는 그렇게 생각하지 않네.

부하 직원: 계속 노력하겠습니다. 그리고 원하시는 대로 전력을 기울이겠습니다.

경영전략가는 어떻게 했는가? 그는 부하 직원으로 하여금 자신의 실책을 인정하게 만들었다. 사람들은 누구나 어떤 일이 실패하면 마치 자신의 잘못인 양 자책하게 마련이다. 사실 더 커다란 실패의 원인은 다른 데 있는데도 말이다. 그들은 이렇게 중얼거린다. 조금만 더 열심히 노력했다면!

직원이 승진이나 봉급 인상을 요구할 때, 현명한 경영전략가는 어떻게 하는가? 이 전술을 사용한다. "당신이 전력을 다해 일하지 않는데, 내가 왜 당신의 봉급을 올려줘야 하는 거요?" 직원이 휴가나 개인적인 이유로 조퇴를 요구할 때에도 마찬가지다. 이 전술은 엄청난 힘을 가지고 있으며 사람이라면 누구나 갖고 있게 마련인 죄책감을 자극한다. 직원에게 충분한 죄책감을 심어주어라. 더 이상 당신에게 아무것도 요구하지 않을 것이다. 영원히!

경영진의 눈에 띄도록 하라

> 당신이 아니었다면, 아마도 영원히 눈에 띄지 않았을 것을 눈에 보이게 하라
>
> _로버트 브레송(1907~)

야구에 관련된 이런 속담이 있다. "보지 못하면 치지도 못한다." 기업정치에서도 마찬가지다. 만약 경영진이 부하 직원을 보지 못하면, 당신은 그 직원에 대해 아무것도 할 수가 없다. 나는 개인적으로 직원들의 업적이나 활동을 보지 못하면 승진시켜주지 않는다. 그게 바로

인간의 본성이다. 당신이라면 부하 직원이 전혀 쓸모가 없다고 생각하면서 승진을 시켜주겠는가? 아무리 다른 간부가 그 친구 참 훌륭하다고 말해도, 당신이 그 친구에 대한 직접적인 인식이 없으면 어떤 일도 해주기 싫을 것이다.

왜 그럴까? 모든 승진이나 봉급 인상은 경영진들의 승인을 받아야만 한다. 이 승진을 뒷받침할 만한 근거가 있는가? 왜 이 친구가 아니라 저 친구를 승진시키려고 하는가? 무슨 특별한 일을 했는가? 만약 당신이 경영진을 찾아가서 부하 직원의 승진이나 월급 인상을 요구해보았다면, 그리고 그 주장을 관철시키지 못했다면, 내 말이 무슨 뜻인지 쉽게 이해할 것이다. 사람은 어디를 가든지 최소한 자신의 직속 상관보다 한 단계 높은 자리에 있는 간부에게 깊은 인상을 심어놓아야 한다.

경영전략가라면 이런 상황을 어떻게 극복할까? 그는 자신의 뛰어난 부하를 널리 선전하고 다닐 것이다. 경영전략가가 된다는 것은 모든 사람의 신뢰를 얻고 전혀 흠 잡을 일이 없다는 뜻이다. 달리 말하면, 경영전략가들 중에서 반드시 일을 잘해서 신뢰를 얻고 일을 잘못해서 비난을 받은 사람은 아무도 없다는 것이다. 경영전략가는 자연스럽게 모든 사람들의 신뢰를 끌어들이고 잘못에 대한 비난은 선택한 부하 직원에게 돌려버리는 재주가 있다. 경영전략가가 어떻게 하는지 직접적인 예를 보라.

상사: 지난 프로젝트에서 일을 썩 잘했더군. 덕분에 우리는 수백만 달러를 절약했다네. 고맙네.

경영전략가: 고맙습니다. 하지만 제 직원들이 없었다면 그 일을 해내

지 못했을 것입니다. 직원들이 그 일을 다했습니다. 저는 그저 팀을 이끌었을 뿐이죠. (경영전략가는 절대로 칭찬을 덥석 받아들이는 일이 없다. 물론 그렇다고 거부하지도 않는다.)

상사: 자네가 조직한 팀이 그 일을 해낸 거야. 자네의 리더십을 보여준 셈이지.

경영전략가: 이 프로젝트를 성공시키는 데 특히 한 사람이 커다란 공로를 세웠습니다. 그 친구가 아니었다면 모든 일이 실패했을지 모릅니다. 혹시 시간이 있으시면 잠깐 저희 부서에 들르셔서 그 친구를 격려해주십시오. 그 친구에게는 커다란 힘이 될 겁니다.

상사: 물론 그렇게 하고말고.

이렇게 해서 상사가 부하 직원을 찾아와 칭찬을 해주면, 두 가지 결과가 생긴다. 첫째는 상사가 그 부하 직원을 인식하게 된다. 두 번째는 부하 직원이 경영전략가가 공로를 함께 나누는 사람이라는 사실을 알게 되고 더욱 열심히 일을 하게 된다. 이런 전술은 경영전략가가 정말로 그 부하 직원에게 포상을 해주고 싶을 때 커다란 도움이 된다. 이제는 상사도 그 부하 직원을 잘 알고 있기 때문이다.

내가 종종 써먹는 또 다른 방법은 추천서를 요청하는 것이다. 어떤 일이 정말로 잘 풀려서 우리 조직의 노력에 대한 보상을 얻어내고 싶을 때, 나는 동료들에게 추천서를 써달라고 부탁한다. 추천서를 쓰거나 혹은 적어도 추천서에 사인을 함으로써 동료들은 우리 직원들에 대해 알게 된다. 그리고 내가 승진이나 봉급 인상을 요구할 때, 내 주장을 뒷받침해줄 것이다.

부하 직원 중에 스타를 한 명 키우는 것은 아주 중요한 일이다. 언제나 훌륭한 업적과 더불어 부하 직원의 이름을 제일 앞에 내세워라. 누군가를 승진시킬 필요가 있을 때, 부하 직원 중에 특출한 스타가 한 명 있다면 굳이 사장의 퇴물 친구를 받아들이지 않아도 된다. 당신은 당신의 부하 직원을 승진시킬 수 있을 것이다.

위협의 기술

> 인생을 살다보면, 오직 물리적인 폭력만이 유일한 해결책이 되는 그런 상황이 있게 마련이다. 만약 당신이 그 해결책을 쓰지 않는다면, 평생토록 해결되지 않을 문제를 끌어안고 살아가게 될 것이다.
> _루셀 호반(1925~　)

나는 「고함을 지르는 자들과 그들과 맞서 싸우는 방법」이라는 글에서 이 전술에 맞서기 위한 전술을 소개한 적이 있다. 부하 직원의 노력을 끌어내기 위한 모든 노력이 실패로 돌아갔을 경우에는 태도를 돌변하여 훈련 교관식 접근 방법을 채택할 수도 있다. 바로 고함 지르기와 위협하기다. 끝장을 내버리겠다든가, 손을 봐주겠다든가, 혹은 쫓아내겠다는 식의 위협은 항상 심각하게 받아들여지게 마련이다. 물론 이따금씩 사용할 때 말이다.

하지만 곧장 실행에 옮겨지지 않는 위협은 쓸모 없는 공염불이 되어서 무시를 당한다. 만약 부하 직원을 다루기 위해 이 전술을 사용해야만 한다면, 반드시 자신이 한 말을 실행에 옮길 준비를 해두어라. 항상 자식을 위협하지만, 정작 실행에 옮긴 적은 한 번도 없는 부모들이 얼마나 많은가?

"조니, 만약 당장 그 일을 그만두지 않으면 당장 집 밖으로 내쫓겠다!"

이 아이가 정말 쫓겨났을까? 대부분의 경우는 그렇지 않다. 그 아이가 당신의 협박을 심각하게 받아들였을까? 절대 아니다. 오직 당신이 자리에서 벌떡 일어나서 정말로 뭔가 행동을 할 것 같은 표정을 지으며 다가올 경우에만 두려움을 느낄 뿐이다. 부하 직원들도 마찬가지다. 만약 당신이 위협만 하고 벌을 주지 않는다면 그 위협은 한낱 공염불일 뿐이다. 당신의 뜻대로 하려면 반드시 벌을 주어야만 한다.

위협은 아주 효과적인 수단이다. 하지만 그 위협이 심각하게 받아들여지고 정말로 실행될 것이라는 확신이 있을 때만 효과적이다. 이 세상 모든 상인들이 달러는 서슴없이 받는다. 왜냐하면 미국 정부가 그 뒤에 있다는 걸 알기 때문이다. 만약 회사가 약속한 것을 지키지 않을 거라는 사실을 당신이 안다면, 당신은 그 회사를 위해 일을 하겠는가? 위협도 마찬가지다. 달리 부하 직원들을 다룰 수 있는 방법이 전혀 없을 때에만 이 전술을 사용하라. 하지만 일단 이 전술을 쓴다면 반드시 자신의 말을 지킬 각오를 하라.

추 켜 세 우 기

신이 우리의 선행에 대해 줄 수 있는 최고의 보상은 더 좋은 일을 할 수 있도록 능력을 주시는 것이다.

_앨버트 휴바르드(1856~1915)

이 전술을 사용하려면 당신의 조직 내에 불발탄이 하나 있어야만 한다. 혹은 모든 사람들이 불발탄이라고 여길 만한 인물이 있어야 한다. 불발탄이란 군대 용어로서, 겉으로 보기에는 멀쩡하지만 터지지 않는 폭탄을 말한다. 사람에 비유하자면, 할 일을 하지 못하는 사람이다.

어느 날 나는 나의 상관에게 내 인생이 얼마나 고달픈지 하소연을 하고 있었다. 일이 너무 많아서 죽을 때까지도 그 일을 다해내지 못할 것 같다고 내가 계속 떠들어대는 동안, 상관은 조용히 내 말을 들어주었다. 내 말이 끝나자, 상관은 나를 똑바로 쳐다보면서 이렇게 말했다.

"이 일이 그렇게 쉬운 일이었다면 차라리 존에게 맡기지 왜 자네에게 맡겼겠나!"

존은 우리 조직의 불발탄이었다. 갑자기 어깨가 으쓱해진 나는 서둘러 면담을 끝내버렸다.

나의 상사는 나를 어떻게 처리했는가? 은근히 추켜세우면서 동시에 채찍질을 가한 것이다. 상사는 자신도 그 일이 힘들다는 것을 잘 알고 있음을 분명히 했다. 하지만 내가 충분히 그 일을 해낼 수 있을 것이라고 믿고 있다는 사실도 알려주었다. 동시에 더 이상 그 일에 대해서 엄살을 떠는 소리는 듣고 싶지 않다고 못을 박은 것이다. 물론 나는 다시는 불평을 하지 않았다.

당신은 부하 직원들에게 이 전술을 어떻게 사용할 것인가? 약간의 죄책감만 심어주어도 직원들은 불평을 그만두고 열심히 일을 할 것이다. 나는 이 전술을 사용해서 불평분자들의 입을 막고 슈퍼스타들을 더욱 격려할 수 있었다. 직원들은 누구나 일은 너무 많고 봉급은 너무 적다고 생각한다. 그러므로 가끔씩 당신이 그런 사정을 잘 알고 있다는 것을 보여줄 필요가 있다. 한 번 시도해보라!

소속감 심어주기

> 지도자에게서 가장 중요한 자질은 지도자로 인정을 받을 수 있는 능력이다.
>
> _앙드레 모루아(1885~1967)

왜 어떤 조직은 일하기가 좋고 어떤 조직은 그렇지 못할까? 어떻게 하면 사람들로 하여금 그 조직에 대해 강한 자부심을 가지고 소속감을 갖도록 만들 수 있을까? 왜 사람들은 계속해서 미 해병대에 지원을 하는 것일까? 가장 현대적인 장비와 가장 훌륭한 지도력을 지니고 있기 때문일까? 전혀 그렇지 않다. 사람들이 해병대에 지원하는 것은 그것이 뭔가 특별한 의미를 지녔기 때문이다. 해병대가 된다는 것은 가장 훌륭한 조직의 일원이 된다는 것을 뜻한다.

경영전략가들은 소속감을 어떻게 이용하는가? 경영전략가는 사람들로 하여금 그의 조직의 일원이 되고 싶은 마음이 우러나도록 만들 수가 있다. 그의 조직의 한 사람이라는 사실에 대해 자부심을 느끼도록 만들 수 있으며, 또한 마치 해병대처럼 그의 조직이 최고라는 인상을 심어줄 수 있다. 최고가 되고 싶다면 내 조직에 들어오라.

이런 능력은 뛰어난 인재들을 불러모은다. 왜냐하면 뛰어난 인재들은 뛰어난 조직에서 일하고 싶어하기 때문이다. 그들은 이류 팀에서 뛰고 싶어하지 않으며 최고의 팀과 하나가 되고 싶어한다.

그렇다면 어떻게 그런 인상을 심어줄 수 있을까? 모든 사람들에게 당신이 최고라고 말하라. 자기 자신과 상관과 부하 직원들에게 당신의 팀이 최고라는 확신을 심어주어라. 직원들이 스스로 확신을 가지고 다른 사람들에게 자랑하고 다닐 때까지 쉬지 않고 똑같은 이야기를 되풀이하라. 해병대가 정말로 가장 훌륭한 조직인가? 나는 모르겠다. 하지만 나를 포함해서 세상 대부분의 사람들이 그렇게 생각하는 것은 사실이다. 해병대원들은 자신들이 가장 훌륭하다고 말할 것이다. 만약 누군가에게 이 세상에서 가장 뛰어난 전투 능력을 지닌 군대가 어떤 군대냐고 묻는다면, 백이면 백, 다 미 해병대라고 대답할 것이다. 왜 그런가? 그들은 자신들이 훌륭하다고 생각하기 때문에 정말로 훌륭해졌다. 그들은 모든 일에서 뛰어나기를 요구한다. 왜냐하면 해병대라면 반드시 뛰어나야만 하기 때문이다. 뛰어난 것은 지극히 당연한 일이며, 그보다 약간만 못해도 인정받지 못한다. 이 철학을 당신의 조직에 적용하라. 그러면 최고의 조직을 갖게 될 것이다.

당신은 당신 스스로 생각하는 것만큼 훌륭해질 수 있다. 뛰어난 능력은 기본 요구 사항이다. 그보다 못하다면 결코 충분하다고 말할 수 없다.

정리

████████

우리는 이 장에서 여러 가지 문제를 다루었다. 충성심이나 야심만만한 부하 직원들, 쓰레기 더미에서 진주를 줍는 법, 부하 직원을 다루는 법 등에 대해서 이야기 했다. 또한 부하 직원들을 더욱 쥐어짜는 전술과 작은 일을 아주 중요한 일로 키우는 전술, 직원에게 좀더 열심히 일하라고 요구하는 전술을 살펴보았다. 만약 당신이 누군가를 승진시키고 싶다면 경영진의 눈에 띄도록 하라는 것과 직원들의 동기를 유발하기 위해 위협을 가하는 것에 대해 논의했다. 마지막으로 나는 소속감에 대해 언급하면서 만약 당신의 조직이 성공하려면 반드시 소속감을 갖도록 해야만 한다고 조언했다.

조직이 당신을 위해 일을 하도록 만들기 위해서는 뭔가 보상을 해줘야만 한다. 부하 직원들의 능력을 개발하고 뒤에서 밀어주는 것은 필요조건이다. 보스가 되는 것을 두려워하지 마라. 당신을 도와주는 직원들을 돕는 일에 능력을 아끼지 마라.

승진의 기술
—제 몫을 차지하라

모든 사람들이 승진하기를 원한다. 하지만 일 년에 겨우 몇 사람만이 가까스로 승진을 할 수 있을 뿐이다. 그 이유가 무엇일까? 운이 좋아서일까? 아니면 뭔가 특별한 일을 했기 때문일까? 이 장에서는 경영전략가가 몇 번 안 되는 승진의 기회를 확실히 차지하기 위해 사용하는 전술들을 다루고 있다.

당신은 교묘하게 승진을 요구할 수도 있다. 혹은 아주 기술적으로 전문가가 되어서 승진을 시켜주지 않을 수 없게 만들 수도 있다. 혹은 당신이 직접 다른 자리를 찾아서 승진을 할 수도 있고, 상사에게 다른 직장을 알선해줄 수도 있다. 만약 승진을 원한다면, 당신의 개인 파일에 조직 내의 다른 사람들이 쓴 추천서를 채워넣어라. 만약 생각만큼 빨리 승진을 하지 못하면 언제든지 다른 자리를 알아볼 수도 있다. 가장 빠르고 가장 확실한 방법은 스타를 따라다니는 것이다. 스타가 한 계단 올라설 때마다 당신도 그 뒤를 따라갈 것이다.

승진하기를 원하는가? 그렇다면 이 책을 읽어라.

승진을 요구하는 법

불행하게도 구걸이 네 운명이라면, 기왕이면 커다란 대문만 두드
려라.
_아랍 속담

절대 승진을 요구하지 마라! 승진을 하는 데에는 여러 가지 방법이
있지만, 직접 승진을 요청하는 경우는 하나도 없다. 어떤 방법이든 당
신의 상관으로 하여금 당신을 승진시켜주고 싶게끔 만드는 것이다.
당신이 사장에게 승진이나 봉급 인상을 요구하면, 사장의 머릿속에는
두 가지 생각 중에서 하나가 떠오르게 마련이다.

'오, 이런. 그 말이 맞아. 이 친구를 승진시켜주지 않으면 안 되겠
군!'

혹은 이렇게 생각할 수도 있다.

'도대체 이 멍청이는 자기가 뭔 줄 아는 거야? 승진할 만하면 어련
히 내가 알아서 승진을 안 시켜주었을까.'

대부분의 경우에 두 번째 생각이 떠오르기 쉽다. 상관이 당신을 승
진시키기를 원한다면 어떻게든 방법을 찾았을 것이다. 그런데 당신이
먼저 요구를 하고 나서면 상관의 성미를 건드리게 될지도 모른다. 그
리고 상관의 눈 밖에 날 위험성이 크다.

당신이 단도직입적으로 승진을 요청하면, 상사는 도저히 회피할 수
없는 입장이 된다. 하지만 당신이 상사를 궁지로 몰면, 당신은 그들이

무슨 생각을 하고 있는지 모른다. 봉급 인상을 요구할 때에는 조심스럽고 치밀하게 해야 한다. 내가 봉급을 인상할 때 써먹던 전술 한 가지를 소개하겠다.

상관: 어떻게 지내나?

나: 화가 나서 미칠 지경입니다! 제가 받는 봉급이 다른 회사의 4분의 1 수준밖에 되지 않는다는 걸 이제야 알았지 뭡니까? 회사에서 저를 이렇게 대접하다니 정말 섭섭합니다(상관이 아니라 회사를 공격하는 것에 주목하라). 이건 내 잘못이 아닙니다. 물론 이사님께서 어떻게 해주시기를 바라는 것도 아닙니다. 하지만 저는 어떤 친구들보다 열심히 일했습니다. 너무 부당한 일 아닙니까?

상관: 정말로 다른 친구들이 자네보다 더 많이 받는다고 생각하나?

나: 맹세할 수도 있습니다.

상관: 내가 한 번 알아보겠네. 하지만 약속은 할 수 없네.

하지만 상관은 약속을 지켰고 한 달 안에 내 봉급은 특별 인상되었다. 여기에 두 가지 점이 참작되었다. 나는 같은 급에서도 제일 마지막 서열이었고 상당히 열심히 일하는 직원이었다. 나는 정면 대결을 벌이거나 상사에게 대책을 강요하지도 않았다. 다만 상사가 먼저 물었을 때, 나를 괴롭히는 문제가 무엇인지 알려주었을 뿐이다. 그것은 상사의 잘못이 아니었다. 그리고 상사가 어떻게 할 수도 없는 문제라고 내가 생각한다는 사실도 분명히 밝혔다. 상사는 이렇게 대답할 수도 있었다.

"이봐, 봉급 문제는 인사과에서 조정하는 거야. 문제가 있다면 그 멍청이들이나 찾아가보라구."

혹은 이렇게 대답할 수도 있었다.

"더 많은 걸 원하거든, 더 많은 노력을 하도록 해."

그 밖에도 준비된 핑곗거리는 헤아릴 수 없이 많다.

설사 상사가 당장에는 아무런 조처를 취해주지 않는다고 해도 그의 기억 속에는 당신의 불평이 저장되어 있을 것이다. 그리고 돈 때문에 당신을 잃고 싶지 않다면, 다음번에 봉급을 인상할 수 있는 기회가 있을 때, 당신의 불평을 떠올릴 것이다. 당신은 심리적으로 유리한 입장에 서 있는 것이다.

적절한 시기가 가장 중요하다. 만약 상사의 머리가 복잡하거나 중대한 문제로 골치를 썩고 있을 때 당신이 조심스럽게 요구를 한다면 그 요구는 그저 스치고 지나가버릴 것이다. 그 사실을 알아차린 당신이 이번에는 좀더 노골적으로 요구를 한다면, 상사는 마치 당신이 다짜고짜 찾아와서 승진을 요구한 것처럼 생각할 것이다. 적절한 시기를 선택하도록 하라. 반드시 상사가 당신의 말에 귀를 기울여야 하며, 당신은 조심스럽게 요구를 해야만 한다.

돈 때문에 훌륭한 직원을 잃는 짓만큼 내가 싫어하는 일은 없다. 그 다음으로 내가 싫어하는 일은 새로운 직원을 고용하여 다시 훈련시키는 것이다. 대부분의 사람들, 특히 직급이 낮은 사람들이 미처 깨닫지 못하는 한 가지 사실은, 경영자의 관점에서 볼 때, 좋은 직원을 발견하기란 하늘에서 별 따기라는 것이다. 새로 들어온 직원은 훈련시키기도 어려울 뿐만 아니라, 조직 문화에 적응하지 못할 수도 있다. 당신이 능력 있는 직원이라면 상사는 절대로 당신을 잃고 싶어하지 않는다. 당신이 분별력 있게만 행동한다면 이 정보를 유리하게 이용할 수 있다. 하지만 조심하라. 상사의 눈에는 당신이 훌륭한 직원처럼 보이지 않을 수도 있으니까 말이다.

기술적인 전문가가 되어라

> 쓸모 있는 약간의 지식이 쓸모 없는 심오한 지식보다 훨씬 더 가치가 있다.
>
> _칼릴 지브란(1883~1931)

만약 당신의 상관이 당신을 승진시킬 수 없는 이유를 찾아낼 수만 있다면, 그 이유를 찾아내려고 할 것이다. 그리고 그것을 이용할 것이다. 상사들은 승진을 고려할 때 주로 네 가지 관점에서 사람들을 판단한다.

1. 내가 이 친구와 잘 지낼 수 있는가? 신의가 있는가? 내 마음에 드는가?
2. 기업 정치를 이해하는 친구인가?
3. 자기 일을 할 수 있는가? 전문 기술이 있는가?
4. 동료들과 잘 지내는가? 부하 직원을 잘 다루는가?

상사가 승진을 거부하는 데에는 여러 가지 이유가 있다. 나는 일찍이 승진에 방해가 되는 이유들을 가능한 많이 제거해야만 한다는 사실을 깨달았다. 그리하여 나는 전문 지식을 쌓는 데 노력을 집중했다. 야간대학을 통해 박사 학위를 취득했고 자격증을 따는 데 필요한 시험을 쳤다. 마침내 어느 누구도 기술적으로 내가 그 일을 감당할 자격이 없다는 말은 할 수 없게 되었다. 나는 또한 직원 경영에 관한 수많은 세미나에 참석했으며 부하 직원들을 더 잘 관리하기 위해 도움이 될 만한 모든 기술들을 습득했다. 그리하여 나는 사람 다루는 데 능숙한 인물로 인정을 받았다. 마침내 남은 과제는 단 두 가지뿐이었다. 상사와 잘 지낼 수 있느냐? 그리고 기업 정치를 이해하고 있는가?

당신도 성공에 방해가 되는 요소를 제거할 수 있다. 이 책을 읽고 전략적인 기술을 습득하라. 다른 부족한 면은 야간 대학과 세미나를 통해 보충하라. 상사와 잘 지내는 문제는 내가 어떻게 충고할 수 없는 개인적인 문제이다. 다만 상사와 잘 지내기 위해서는 신의가 대단히 중요하다는 조언을 덧붙이고 싶다.

회사 내에서 다른 자리 찾기

> 샘물이 마르기 전까지는 물의 소중함을 결코 알지 못한다.
> _18세기 스코틀랜드의 속담

앞서 언급한 바와 같이 승진이나 봉급 인상을 요구할 때에는 아주 조심스럽게 해야만 한다. 그리고 가장 좋은 방법은 회사 내에서 다른 자리를 찾아내는 것이다. 하지만 회사 밖에서 들어온 일자리 제안을 이용하는 것은 별로 권하고 싶지 않다. 경영진의 눈에 당신이 떠날 궁리만 하는 것처럼 보일 수도 있기 때문이다. 어쩌면 선수를 쳐서 당신을 먼저 해고해버릴 수도 있다. 반면 회사 내에서 다른 자리를 찾는 것은 문제가 되지 않는다. 어차피 당신은 이 회사 사람이고 다만 자신에게 더 잘 맞는 일거리를 찾는 것뿐이니까 말이다. 일단 다른 자리를 찾게 되면, 당신의 상관은 두 가지 중 하나를 선택해야만 한다. 당신을 그냥 보내든지, 아니면 당신을 승진시키든지.

단지 다른 부서장이 당신을 원한다는 사실 하나만으로 당신의 가치는 높아진다. 그것은 마치 아내와 같다. 만약 누군가가 당신의 아내에 대해 얼마나 예쁘고 마음씨가 곱고 몸매가 늘씬한지 모른다고 칭찬을 늘어놓으면, 당신은 새삼스럽게 아내의 그런 점들을 인식하고 아내를 높이 평가하게 되는 것이다. 회사 내에서도 마찬가지다.

나는 수많은 경우에서 이 전술이 성공적으로 사용되는 것을 보았다. 나 또한 이 전술을 두 번 사용해본 적이 있다. 그리고 내 밑에 있던 야심만만한 직원들은 여러 번 나에게 이 전술을 써먹었다. 당신의 상관은 어쩌면 승진을 결정할 만한 힘이 없다고 둘러댈지도 모른다. 하지만 막상 당신이 다른 부서로 옮겨갈지도 모르는 상황이 되면, 당신의 상관은 기적을 일으킬 수도 있다. 그는 보다 높은 상관에게 달려가서 당신이 떠나가면 부서 전체가 엉망이 될 것이라고 엄살을 떨면서 뭔가 조처를 취해달라고 조를 수도 있다. 이 전술은 확실히 효과가 있다. 하지만 만약 효과가 없거나, 당신이 자신의 가치를 과대평가했을 경우에는 다른 자리로 옮겨갈 각오를 해야만 한다. 비록 허세를 부린 것이라고 해도 피할 수 없는 일이다.

상사에게 다른 자리 알선해주기

> 우리는 사물들의 세계에 살고 있다. 그리고 사물들과 우리들의 관
> 계는 오직 그것을 이용하고 소비하는 방법에 대해 앎으로써 맺어
> 진다.
> _에리히 프롬(1900~1980)

앞 절의 내용과 반대되는 전술이 바로 상사에게 회사 내의 다른 부서나 회사 밖에서 일자리를 주선해주는 것이다. 상사가 떠나면 그 빈자리는 당신의 차지가 될 수 있다. 혹은 상사가 당신을 함께 데리고 갈 수도 있다. 어느 쪽이든 당신은 승리자가 될 것이다.

언젠가 나보다 약간 더 나이가 많은 상사 밑에서 일한 적이 있었다. 그는 모든 영광은 혼자서 독차지하고 모든 비난은 부하에게 떠넘기는 유형의 상사였다. 이런 친구 밑에서는 앞날이 캄캄했다. 그래서 나는 그 친구를 위해 다른 자리를 알아보기 시작했다. 하지만 회사 내에서는 아무도 그를 원하는 부서—우리 조직 이외에 다른 곳에서는 얼간이로 평판이 자자했다—가 없었기 때문에 회사 밖에서 일자리를 찾아야만 했다. 거의 3개월 동안이나 찾아 헤맨 끝에 나는 그를 위해 적당한 자리를 구해줄 수 있었다. 직위도 더 높고 월급도 더 많고 집에서도 더 가까운 직장이었다.

하지만 이 일의 배후에 내가 있다는 사실을 알리지 않고 어떻게 상사에게 이 정보를 흘리느냐가 어려운 문제였다. 배후 조정자처럼 알려지면 좋을 게 하나도 없기 때문이다. 때마침 내가 물색한 회사에서 일하는 친구가 있어서 그를 이용하기로 했다. 그 친구는 나의 상사에게 전화를 걸어서 회사를 옮길 기회가 있다고 알려주었다. 상사는 면접을 보았고 그 자리를 따냈다. 물론 나는 상사의 자리로 승진했으며 그 후로 모두들 오래오래 행복하게 잘 살았다. 딱 한 사람, 나의 상사였던 친구만 빼놓고 말이다. 그 친구는 새 직장으로 옮겨간 지 6개월 만에 쫓겨나고 말았다. 아마 새 회사도 우리처럼 얼간이를 두고 볼 수 없었던 모양이다.

추천서를 받아두어라

> 정당한 칭찬은 빚이지만, 아첨은 선물일 뿐이다.
> _사무엘 존슨(1708~1784)

항상 깨닫는 일이지만, 다른 부서의 장으로부터 추천서를 받아두면 승진하기가 훨씬 더 쉽다. 일단 추천서는 상사의 관심을 끈다. 그러므로 가능한 한 가장 높은 사람들로부터 추천서를 받아두어라. 그리고 당신이 꽤 훌륭한 직원이며 뭔가 중요한 일을 하고 있다는 인상을 심어주어라. 대개 추천서는 세 가지 목적에 사용된다.

1. 경영진들에게 당신이 얼마나 일을 잘하는지를 알려준다.
2. 경영진들에게 다른 누군가가 당신의 능력을 인정하고 높이 평가했다는 사실을 알려준다.
3. 경영진들의 눈에 띄어서 승진을 용이하게 하고 당신의 이름을 머릿속에 각인시킨다.

이 사실을 입증하기 위해서, 나는 내 밑에서 일하는 한 평범한 젊은 이를 데려다가 얼마나 빨리 승진시킬 수 있는지 알아보기로 했다. 그리고 부사장급 정도 되는 임원들 네 명으로부터 추천서를 받았다. 그 친구는 마치 성스러운 혈통을 타고난 왕자라도 되는 것처럼 초고속 승진을 했다. 또 다른 경우에 나는 부사장을 대신해 편지를 한 통 써서 서명을 하도록 한 적이 있었다. 그 내용은 컴퓨터 프로그래머에게 그의 상사가 하지 말라고 명령한 어떤 일을 나를 위해 해줄 것을 지시하는 것이었다. 나중에 프로그래머는 질책 대신 포상을 받았다.

누군가가 나나 나의 조직이 일을 아주 잘했다고 칭찬할 때마다, 나는 내 상관이나 상관의 상관에게 칭찬의 내용이 담긴 편지를 좀 써달라고 부탁한다. 대부분의 사람들은 기꺼이 청을 들어준다. 물론 나 또한 그들을 위해 편지를 써준다. 높은 사람들이 그런 편지를 받는 경우는 극히 드물기 때문에 그들은 정말 엄청난 일을 해낸 모양이라고 생각해버린다.

당신을 도와준 사람을 인정하는 것도 도움이 된다. 만약 당신을 믿고 따르는 팀을 짜고 싶다면, 당신이 팀원들을 돌봐주어야만 한다. 만약 돈으로 보상해줄 수 없다면 제일 좋은 방법은 다른 사람들에게 그들이 얼마나 훌륭한 일을 했는지 추천서를 쓰게 해서 그들이 인정받고 있다는 사실을 증명해주는 것이다.

회사 밖에서 일자리 구하기

> 한 자리를 떠나 다른 곳으로 가는 것은 흥미로운 일이다. 심지어 생각만 해도 재미있다. 떠남을 통해, 우리는 헤어질 수 있는 것이 무엇이며 헤어질 수 없는 것이 무엇인지 새삼 인식하게 된다. 떠남은 또한 뭔가 새로운 것이 다가오리라는 기대와 꿈을 갖게 하는 것이다.
>
> _리처드 포드(1944~)

회사 밖에서 일자리를 얻기 위한 첫 번째 단계는 면접을 보는 것이다. 언젠가 신문에 구인 광고를 낸 적이 있었는데, 한 자리에 대해서 보통 50통에서 100통 정도의 지원서를 받았다. 그 중에서 어떻게 면접을 볼 사람과 보지 않을 사람을 골라냈을까? 나는 지원자들을 추리기 시작했다. 대학 교육을 받지 않은 친구들은 제일 먼저 탈락시켰다. 그래도 지원자가 여전히 많으면 석사 학위가 없는 자들을 탈락시켰다. 그래도 많으면 나는 자기 소개서를 보고 누가 과연 자신을 팔기 위해 최선을 다했는지 살펴본다. 개인적으로 나는 너무나 전문적으로 잘 작성된 자기 소개서는 좋아하지 않는다. 자기 소개서 한 장 직접 작성할 능력조차 없는 친구라는 인상을 받기 때문이다.

면접에 나갈 때에는 가능한 한 프로다운 옷차림을 하라. 나는 언제나 직장을 바꿔야 할 때라는 생각이 들면, 여력이 닿는 한 가장 값비싼 정장을 사 입었다. 구두가 새 브랜드 제품처럼 보이지 않으면 당장 새 구두를 사 신었다. 셔츠와 타이도 마찬가지였다. 면접이 있기 삼사일 전에 유명한 미용사를 찾아가 머리를 잘라라. 손톱을 물어뜯는 버릇이 있거든 손톱 손질까지 받고 면접이 끝날 때까지 절대 손톱을 물어뜯지 말아라. 담배를 피거나 껌을 씹어서도 안 된다.

질문에 대답하고 질문을 던지는 것이 면접의 전부이다. 마음을 편하게 가지고 이 사실을 명심하라. 당신만 유능하다면, 당신이 일자리를 얻고 싶어 안달하는 것보다 면접하는 친구가 당신을 차지하고 싶어서 더 안달을 할 것이다. 물론 그에게 건방진 멍청이라는 인상을 심어주어서는 안 된다. 하지만 그런 생각을 가진다면 마음이 느긋해질 것이다. 면접관은 유능한 인재를 필사적으로 찾고 있다. 하지만 멍청이를 고용하는 실수를 저지르고 싶어하지는 않는다.

면접에 나서기 전에 그 회사에 대해서 가능한 한 많은 것을 알아야만 한다. 면접관이 허락을 한다면, 질문을 하고 대답을 받아 적어라. 나는 항상 몇 가지 질문을 해도 좋으냐고 물었다. 그리고 단 한 번도 거절당한 적이 없었다. 면접관의 대답을 받아 적는 행동은 그가 하는 말을 대단히 중요하게 생각하고 있다는 인상을 심어준다. 나는 면접에 들어갈 때면 항상 준비된 질문 목록을 가지고 들어갔다. 그런 행동은 면접관에게 당신이 오랫동안 꼼꼼히 준비해왔으며 즉흥적으로 일을 하는 사람이 아니라는 사실을 보여준다. 면접을 받는 친구가 아무런 질문도 하지 않을 때처럼 면접관을 답답하게 만드는 일도 없다. 그것은 지원자가 이 일에 대해 아무런 관심도 없다는 걸 의미한다.

면접관들은 항상 "왜 이 일을 하고 싶어하느냐?"고 묻는다. 왜 그러는지는 나도 모르겠다. 하지만 항상 똑같다. 면접관들이 그 질문을 통해 얻은 정보로 어떤 원대한 일을 할지는 커다란 수수께끼이다. 어쨌든 긍정적으로 대답할 준비를 하라. 예전 상사가 멍청이였다든가, 지난번 봉급 협상이 잘못되었다든가, 당연히 당신 차례라고 생각했던 승진이 다른 사람에게 넘어갔다든가, 망할 놈들이 정당한 몸값을 지불하지 않기 때문이라고 말해서는 안 된다. 이런 식으로 대답한다면 면접관들은 당신 태도를 불량하게 생각할 것이다. 면접관들이 제일 꺼려하는 인물은 바로 태도가 불량한 사람들이다. 제일 그럴듯한 대답은 이런 것들이다.

· 저는 항상 이 회사를 위해 일하고 싶었습니다. 그래서 광고를 보자마자 곧 지원을 했습니다.
· 저는 이곳에서 더 많은 기회를 얻을 수 있을 것이라고 생각했습니다. 저는 이 회사를 위해 많은 것을 할 수 있을 것입니다. 지금까지 제가 쌓은 풍부한 경험은 이 회사에 커다란 도움이 될 것이라고 확신합니다.

봉급이 얼마나 되는지에 대해서는 절대로 묻지 마라. 대신 그들이 그 주제를 꺼내도록 하라. 만약 당신을 원한다면 먼저 이야기할 것이다. 면접관은 당신이 얼마나 받았는지 물어볼 것이다(이때가 바로 이를 악물고 거짓말을 할 순간이다). 그 다음에 다시 물을 것이다.

"우리 회사에서 일한다면 얼마나 받으면 되겠소?"

만약 이렇게 묻는다면, 그들은 당신이 지금까지 받고 있는 봉급보다 10 내지 15퍼센트 정도 높은 몸값을 요구하리라고 기대하고 있을 것이다. 만약 당신이 그보다 높은 몸값을 요구한다면 그들은 아마 거절할 것이다. 왜냐하면 자신의 가치를 과대평가하고 있다고 생각하기 때문이다. 그러므로 합리적인 제안을 하라. 만약 당신이 정말로 그 자리를 원하는지 확신이 없다면 기대하는 것보다 10퍼센트를 더 올려서 불러라. 그래도 당신을 원한다면 그들은 그 값을 지불할 것이다. 만약 그들이 망설인다면 미련없이 단념하라. 나는 한 번 자리를 옮겨서 25퍼센트나 월급을 인상한 적이 있었다. 나는 내가 생각하기에도 너무 높다고 여겨지는 금액을 불렀는데 상대방이 수락한 것이었다. 하지만 기꺼이 그 대가를 치를 생각이 없다면 함부로 값을 부풀리지 마라.

　　이력서를 쓰거나 면접을 받으면서 거짓말을 하는 것은 아주 흔한 일이다. 내 친구 중에는 대학을 졸업하지 못한 녀석이 있었다. 한 번도 내색은 하지 않았지만 그 친구의 이력서에는 항상 석사 학위를 받은 것처럼 되어 있었다. 그래도 절대 꼬리를 밟히지 않았고 나보다 더 많은 돈을 벌었다. 그 친구가 영업부 직원이 되자, 그의 이력서에는 영업 담당이사라는 경력이 덧붙여졌다. 그리고 그의 판매 실적은 항상 일 년에 몇 십만 달러라고 과장되었다. 이력서가 진짜인지 일부러 시간을 들여 확인하는 회사는 거의 없다. 하지만 소홀히 한 대가를 톡톡히 치르는 회사는 많다. 이런 사실을 신중하게 이용하라. 나는 가끔씩 이력서나 면접에서 진실을 과장할 때가 있다. 하지만 내가 말하는 내용은 모두 사실에 기반한 것이며 증명할 수도 있다. 당신도 그렇게 하기를 바란다.

스타를 따라가라

이따금씩 이 지상에는 특출나게 뛰어난 사람들이 나타난다. 그들
의 놀라운 능력은 우리의 눈을 멀게 하며 눈부신 재능은 휘황한
광채를 발휘한다. 그 기원도, 운명도 알 수 없는 특별한 혜성처럼,
이들은 조상도 후손도 갖고 있지 않다. 이들은 오직 그들만의 종
족에 속해 있을 뿐이다.

_장 드 라 브뤼에르(1645~1696)

당신은 워터 몬데일이 어떻게 대통령직에까지 도전할 수 있었는지
생각해본 적이 있는가? 그는 두 명의 스타를 따라 했기 때문에 그럴
수 있었다. 한 사람은 휴버트 험프리였다. 몬데일은 그를 좇아 상원의
원이 되고 부통령이 되었다. 그 다음에는 지미 카터 대통령을 좇아서
세상에서 가장 위대한 자리에 도전할 수 있게 된 것이다. 그에게 재능
이 있었을까? 물론이다. 하지만 몬데일은 다른 재능 있는 사람들의
뒤를 따라서 자신의 능력만으로는 도저히 오를 수 없는 수준에까지
도달했다.

자동차 경주를 생각해보라. 시간당 120마일의 속력으로 달리면서
왜 자동차들이 충돌을 하는가? 경주자들이 정신나간 멍청이들이기
때문일까? 아니다. 그들은 앞차로 바람막이를 하려고 하기 때문이다.

그렇게 하면 훨씬 더 엔진에 무리를 주지 않고 앞차와 똑같은 속력으로 쫓아갈 수가 있다.

비즈니스의 세계도 정치나 자동차 경주와 마찬가지다. 정상에 오르는 가장 쉬운 방법은 정상에 오르고 있거나 정상에 도달한 사람을 찾아서 그의 '심복'이 되는 것이다. 만약 그가 다시 한 계단 올라서면, 그가 떠난 빈자리는 별로 힘들이지 않고 당신 차지가 될 것이다. 혼자서 그 자리를 차지해야 할 때보다 훨씬 더 쉬운 것은 물론이다. 이미 그가 정상에 올랐다면 당신의 뒤를 지켜보는 대부를 갖는 것도 멋진 일이다.

조직 내에서 충성심은 기술적인 능력보다 훨씬 더 중요하다. 사실 나는 기적이라도 일으킬 수 있는 능력을 지녔지만 충성심이 없는 사람보다 평범하지만 충성스런 사람을 더 좋아한다. 대부분의 최고 중역들도 똑같은 생각을 갖고 있다. 그들은 자기 '사람'들을 돌봐주며 자기 사람이 아닌 자들을 분쇄기로 보내버린다.

스타의 뒤를 따르는 것이 얼마나 커다란 보상이 돌아오는 일인지를 보여주는 좋은 예는 거의 날마다 일어난다. 거대한 조직에서는 종종 여러 가지 이유로 사장을 갈아치운다. 사장이 죽거나 다른 직장을 찾아 떠나거나 하는 경우에 그 자리는 대개 외부 인사가 차지한다. 그리고 사장이 된 사람은 즉시 자기 '사람들'로 조직의 요직을 채우기 시작한다. 지금까지 부사장이나 이사의 자리에 있던 사람들이 형편없었기 때문이 아니다. 다만 그들은 전임 사장의 사람들인 것이다. 전임 사장 또한 새로운 회사로 옮겨간 경우라면 자기 사람들을 함께 끌어갈 것이다. 만약 전임 사장이 자기 사람들을 끌어가지 않는다면, 새로운 사장은 점잖게, 혹은 강제적으로 전임자들을 밀어내고 자기 사람들을 위한 자리를 만들 것이다.

나는 최고 경영진이 뒤바뀌는 사건을 두 번 겪었다. 한번은 일 년 동안 중역 한 사람만 빼놓고 몽땅 다 해고를 당했다. 두 번째 경우에는 중역들이 그대로 남아 있고 새로운 경영진들을 맞아들였다. 하지만 결과는 새로운 경영진들이 중역들과 마찰을 빚고 자진해서 떠나버렸다. 결과는 마찬가지였던 것이다. 새로운 경영진들은 '자기 사람들'을 데려왔고 조직은 두 진영으로 갈린 것이다.

스타를 좇아서 이 회사에서 저 회사로 옮겨 다닐 때 받는 보상에 대해서 이야기해보자. 항상 봉급과 특혜가 많은 것은 당연한 일이다. 그것은 게임의 규칙과도 같다. 또한 세력이 보장된다. 당신은 보스의 사람이기 때문이다. 엉망이 된 조직도 순식간에 바꿔놓을 수 있다. 커다란 조직에 단신으로 맞서는 것과 달리 어떤 팀의 일원이라는 소속감 또한 빼놓을 수 없다. 팀이 훌륭하고 스타가 승승장구한다면, 당신은 스타 팀의 일원으로서 승승장구할 것이다.

그렇다면 나쁜 점은 무엇일까? 스타가 몰락하면 당신도 몰락한다. 일단 한 스타의 뒤를 따르기 시작하면 당신은 영원히 그 뒤를 따르거나 새로운 스타를 찾아야만 한다. 여기에는 분리적인 대가도 뒤따른다. 옳고 그름의 판단 같은 것은 더 이상 중요하지 않게 된다. 당신의 스타가 원하는 일이라면 무조건 옳은 일이다. 스타에게 이익이 되는 일이 아니라면 무조건 나쁜 일이다. 회사에 좋은 일을 할 것이냐, 스타에게 좋은 일이냐 하는 갈등 같은 것은 더 이상 갈등도 아니다. 아무리 회사에 불리한 일이라 할지라도 스타는 승리해야만 한다.

왜 회사들은 이런 적대적인 탈취를 하는 것일까? 주주들의 이익을 보호하고 싶은 순수하고 이타적인 열정 때문일까? 탈취는 적대적일 수밖에 없다. 권력을 쥔 자들이 절대로 빼앗기려고 하지 않기 때문이다. 그들은 주주들을 대표하지 않는다. 그들은 자기 자신을 보호할 뿐이다. 경영진들이 주주들에게 주가보다 더 많은 배당금을 원하느냐고 물어보는가? 피할 수만 있다면, 절대 그렇게 하지 않는다! 그들은 순전히 이기적인 이유 때문에 싸우는 것이다.

한 회사 내에서 스타를 따르는 것은 어떨까? 어느 정도 수준에 도달할 때까지는 효과가 있다. 그 수준에서는 스타의 조직에 속한 사람들 모두가 스타의 뒤를 따르게 마련이다. 중역들은 멍청이가 아니다. 그때가 되면, 당신은 스타가 충성심에 의해서가 아니라 다른 판단의 기준에 따라서 승진시킬 수 있는 그런 사람이 되어야만 한다. 만약 당신이 스타가 될 만한 재목을 골라낼 수 있을 만큼 똑똑하다면 이 전술을 권하고 싶다. 하지만 당신의 선택이 잘못되었을 때, 당신은 겨우 중간 간부급에서 벗어나지 못할 상사를 위해서 평생을 낭비하게 될 수도 있다.

나의 경우는 어떠한가? 나는 나의 개인적인 이익이나 회사의 이익이 상충되지 않는 한 상사에게 전적으로 충성을 바쳤다. 하지만 회사에 사기를 치거나 부정을 저질러야 할 순간이 되었을 때, 나는 상사로부터 등을 돌렸다. 그런 경우가 두 번 있었다. 다행히도 나는 운이 좋아서 올바른 선택을 했으며 보호를 받을 수 있었다. 하지만 두 번 모두 회사를 떠나야만 했다. 더 이상 믿을 수 없는 사람으로 낙인 찍혔기 때문이었다. 물론 나를 직접 해고하지는 않았지만 아무도 나의 후원자가 되려고 하지 않았다. 그리고 자기 팀에 끼워주려고 하지 않았다.

나의 한 친구는 자기가 뒤따르는 스타에 대해 이런 이야기를 했다. 그 스타는 이사회 회장의 아들로 자기 아버지와 똑같은 이름을 가진 똑똑한 대학생이었다.

"나는 그 친구 이름을 듣는 순간, 앞으로 크게 될 재목이라는 걸 단박에 알아차렸지."

정리

승진을 하려면 기술과 전술이 필요하다. 우리는 승진을 하기 위한 몇 가지 방법을 살펴보았다. 그리고 승진에 도움이 되는 덕목들에 대해서도 이야기를 했으며 기술적인 전문가가 되는 것과 다른 자리를 알아보는 것과 상사에게 다른 자리를 알선해주는 것 등에 대해서 논의했다. 부디 당신이 추천서의 중요성에 대해 깨달았기를 바란다. 다른 회사에서 일자리를 구하는 문제와 스타의 뒤를 따르는 일에 대해서도 살펴보았다.

경영전략가의 책략
파헤치기

이 장은 경영전략가가 회사 조직을 이용하여 호감이 가지 않는 부하 직원의 경력이나 장래를 파괴하는 방법들에 대해서 다루고 있다. 경영전략가가 그런 방법들을 쓰는 가장 일반적인 이유들 중의 하나는 부하 직원이 자신에게 충성하지 않기 때문이다. 경영전략가는 또한 충성스럽지만 부주의한 직원도 파괴하는데 그것은 그 직원이 조직의 생리를 이해하지 못하기 때문이다.

어느 부서의 누구 밑에서 일할 것인지를 세밀하게 규정하는 회사 조직도는 부하 직원이 조직의 목표(즉 경영전략가의 목표)를 완수하도록 돕거나, 아니면 방해를 할 수 있는 강력한 무기이다. 빈틈없는 경영전략가는 자신이 세운 목표가 달성되도록 부하 직원들을 조직할 것이다. 그의 목표가 충성스럽지 못한 부하 직원을 파괴하는 것이라면 조직을 그런 방식으로 구성할 것이다. 만약 실제로 무언가를 달성하고 싶다면 그때는 또 다른 방식으로 구성을 할 것이다. 혹은 경영전략가가 호감이 가는 부하 직원을 성공하도록 도와줄 의도를 갖고 있다면 조직의 역량이 그 총아에게 집중되도록 조직을 구성할 것이다.

나는 매달 조직도를 바꾸는 한 회사에서 근무를 한 적이 있었다. 내가 그 이유를 물어보면 언제나 이런 대답이 돌아왔다. "참신한 아이디어가 필요하다네." 혹은 "이 문제를 처리해야만 하는데 그 사람은 계속 기대에 부응하지 못했다네." 앞서 설명한 대로 회사 조직도는 경영전략가를 위해 움직이는 표적과 같다. 사람들이 계속해서 바뀌면 외부의 구경꾼들은 경영진이 문제를 해결하려고 노력한다는 인상을 받게 된다.

"우린 그 자리의 적임자를 구하지 못했었지. 그러나 이제 적임자를 구했어. 그러니 모든 일이 잘 풀려 나갈 거야. 우리를 믿으라고!"

그러나 그 적임자가 어쩌다가 불만이라도 늘어놓으면, 그는 당장 쓸모 없는 고깃덩어리로 변하고 다른 사람으로 대체된다. 그렇게 되면 구경꾼들은 공정한 처리였다고, 그리고 '내일은 오늘과 다를 것'이라고 믿는다.

조직은 오직 경영전략가가 움직이기를 원할 때만 움직인다. 만약 경영전략가가 조직을 성공적으로 키울 마음이 있다면, 그가 무능한 사람이 아닌 한 조직 또한 능률적으로 움직일 것이라고 확신해도 좋다. 경영전략가는 자신이 바라는 것을 얻기 위해서 무슨 일이든지 한다. 그의 목표가 기능적인 조직을 만드는 것이라면 조직은 기능적으로 될 것이다. 하지만 그의 목표가 한두 명의 부하 직원을 분쇄기로 보내는 것이라면 조직은 그들이 고깃덩어리가 될 때까지 기능 장애를 일으킬 것이다.

당신이 이 전술을 완벽하게 익힌다면 경영전략가가 되는 길 위에 올라서는 셈이다. 이 장을 읽으면서 조직이 어떻게 부하 직원을 실직시키고, 강등시키고 혹은 굴욕적으로 만드는지 그 방법을 배워라. 실패할 수밖에 없는 조직과 체계, 서서히 부하 직원을 제거하는 조직, 그리고 부하 직원을 소진시키는 조직을 만드는 방법을 배워라. 이 장은 또한 필요 인력을 제때에 제공하지 않아 부하 직원을 굶겨 죽이는 방법, 보잘 것 없는 일을 시키거나 불성실한 부하 직원을 그 직원 밑으로 보내는 방법들에 대해서 설명할 것이다.

당신이 지금 살아남기 위해서 노력을 하고 있다면 이 전술들의 정체를 충분히 파악하고 대응 방안을 준비하도록 하라. 왜냐하면 당신의 목표가 무엇이든지간에 비열한 전술들이 점점 다가오고 있으므로!

경영진이 일거리를 주지 않을 때는?

> 어떤 조건에서든 잘 조직화된 폭력은 그에게 가장 빠른 지름길처럼 보였다.
>
> _레온 트로츠키(1879~1940)

모든 사람들이 자신을 소중한 존재로 느낄 필요가 있다. 일자리도 없고 책임도 없고 할 일도 없다면 무익한 인간이 된 기분이 든다. 당신에게 아무 도움이 되지 않는 사람은 남자든 여자든 무익한 존재들이다. 무익한 사람들과 무슨 일을 하겠는가? 제거하여 분쇄기로 보낼 수밖에 없다.

아무 할 일이 없는 직장에 다녔던 적이 있는가? 아니면 해도 그만안 해도 그만인 잡무들만을 처리하며 시간을 보냈던 시절이 있는가? 당신이 나와 비슷한 사람이라면 그런 처지가 매우 불편했을 것이다. 나는 일이 힘들고 정신없이 바쁜 것을 좋아했다. 할 일이 없어지면 나는 불안해졌다. 마치 내가 꼭 해야만 하는 몫을 다하지 못하고 있는 기분이었다. 나는 바쁘게 움직이는 다른 사람들을 지켜보면서 내가 그들 속에 낄 수 있기를 원했다. 나는 움직이는 사람이고 싶었다.

하는 일 없이 몇 달 동안 자리만 지켰던 적이 있다. 조직 개편에 걸려서 목장으로 방목된 것이다. 방목은 새로운 직장을 찾을 때까지 고용관계를 유지하겠다는 뜻이다. 어쩌면 드물게 특별한 임무를 맡을지도 모르지만 지속적인 일은 아니다. 나는 사무실에 앉아서 천장을 응시하고 있었다. 끔찍한 기분이었다. 봉급은 받았지만 봉급을 받을 만한 일은 아무것도 하지 않았다.

경영진은 나를 해고하지 않았다. 그렇다고 나에게 일거리를 준 것도 아니다. 그들은 내가 그만두기를 원했을까? 물어보나마나다. 그러나 나는 그들이 나를 해고하지는 않으리라는 확신이 있었다. 재무 담당자들이 인구 조사를 해서 인원 감축을 결정하기 전까지 나는 안전했다. 하지만 머지않아 내 이름이 인원 감축 명단의 제일 꼭대기에 올라가게 될 것임도 잘 알았다. 나는 이력서를 새로 썼고, 결국 더 많은 봉급을 제시한 다른 회사에 들어갔다. 경영진들의 전술이 나에게 효과를 발휘한 것이다.

부하 직원에게 일거리를 주지 않고 널리 그 사실을 알리는 것은 경영전략가가 즐겨 사용하는 방법 중의 하나이다. 인원 감축은 항상 있기 때문에 매년 이사들이 예산 이행을 평가할 때가 되면 일거리를 받지 못한 부하 직원이 제일 먼저 공격을 받게 된다. 경영전략가들은 간단하게 자신의 상사를 설득해서 아무 예고도 없이 부하 직원을 내쫓을 수가 있다.

만약 경영전략가가 실제로 그 부하 직원의 이미지를 망쳐놓든지, 부하 직원이 경영진을 성가시게 하도록 조종했다면 그런 일은 훨씬 더 빨리 일어날 것이다. 그 부하 직원에게는 새로운 직장을 구하도록 석 달 정도의 시간이 주어질 수도 있고 그렇지 않을 수도 있다. 어느 쪽이든 경영전략가는 승리자이고 부하 직원은 패배자이다.

나는 직장 생활 2년 만에 이 전술을 처음 경험했다. 그때 나는 열심히 일하는 젊은 대학 졸업생이었다. 내가 예로 드는 그 사람은 두어 달 전만 해도 부장이었다. 그는 몹시 얻어맞기라도 한 듯이 의기소침해 있었다. 내 친구들(경영자가 되기 전에는 나에게도 친구들이 있었다!)과 나는 그 사람이 몇 달 동안 아무 일도 하지 못하는 것을 지켜보았다. 정말 아무 일도 하지 않았다! 함께 일하는 여직원 한 명이 그의 봉급을 말해주었을 때, 우리는 경악했다. 그는 하느님보다도 더 많은, 거의 빌 게이츠만큼이나 많은 봉급을 받고 있었다. 그런데 아무 일도 하지 않았다. 그는 정시에 출근했다가 정시에 퇴근했지만 하는 일이 없었다. 단지 자리를 지킬 뿐!

어떻게 그런 일이 있을 수가? 아마 당신은 그렇게 반문할 것이다. 회사가 직원을 놀게 놓아둔단 말입니까? 물론 그럴 리가 없다. 그러나 회사는 목장으로 방목한 그 남자에게 아무것도 요구하지 않았다. 그런 사람들은 단지 풀을 뜯으면서 천천히 죽어가는 일밖에는 할 수가 없다. 오래 머물면 머물수록 풀도 점점 사라지고 결국에는 경영진들에 의해서 쫓겨난다.

그 일이 나에게 일어났을 때, 나는 최후의 칼날이 떨어지기 전에 회사를 나와버렸다. 그러나 이따금씩 목장으로 방목된 사람들이 끝까지 버티면서 천천히 다시 주위의 관심을 끄는 것을 목격하기도 했다. 그것은 아주 길고 힘든 과정이지만 어쨌든 결실을 맺을 수가 있었다. 어떻게 했을까? 엄청난 자유 시간이 생기자 그들은 모두가 밀쳐놓은 문젯거리를 집중해서 파고들었다. 그들은 업무에 바쁜 다른 직원들이 미처 손댈 엄두조차 내지 못했던 문제들을 처리할 수가 있었다. 그리고 아무도 원하지 않는 과제에 도전해서 멋지게 그 일을 해결했다. 자신들의 독창적인 기술로 어느 누구도 할 수 없는 일들을 처리한 것이다. 목장으로 방목된 사람들이 살아남기 위해 찾아낸 해법은 자신이 처한 그 환경에서 생산적인 일거리를 찾아낸 다음 다른 사람을 능가하는 것이었다.

또 다른 좋은 예가 제조 공장의 생산관리 부장이었던 한 나이 든 신사에게 일어났던 일이다. 회사에 새로운 경영진이 들어오자 그들은 노신사가 너무나 고리타분하다고 판단하고 노신사를 내보내고 싶어했다. 그러나 노신사는 이미 20년 이상을 그 회사에서 근무한 베테랑이었기 때문에 쉽게 그를 해고할 수가 없었다. 대신 경영진들은 그를 슬그머니 방목했다. 오랜 세월 동안 공장에서 일하면서 일개 노동자에서 생산 관리 이사의 자리에까지 오른 노신사는 공장 구석구석을 눈을 감고도 훤히 그릴 수 있을 정도로 잘 알고 있었다. 그는 공장의 모든 일을 속속들이 알고 있었고 그의 신세를 지지 않은 사람은 단 한 사람도 없었다. 그런데도 새로운 경영진은 노신사가 건물 한 쪽 구석의 사무실에 처박혀 있기만을 바랐던 것이다.

얼마 후에 우리는 부품 부족으로 곤란을 겪게 되었다. 우리가 새로 도입한 환상적인 컴퓨터 시스템은 전혀 생산을 촉진하지 못했고 우리는 오히려 모든 부품이 부족한 상태에 빠졌다. 나는 물론 절대 끼고 싶지 않았지만 나의 상사는 서둘러 공급 부족 문제를 해결하도록 나를 그 말썽 많은 팀으로 발령을 내렸다. 상사는 앞으로 우리의 출세는 그 일의 성패에 좌우될 것이라고 강조했다. 그는 이렇게 말했다.

"이번 일이 자네 출세의 고비일세."

그 말은 문제를 해결하라, 그렇지 않으면 앞으로 자네가 갈 곳은 변두리 도축장이라는 의미였다. 하지만 나는 팀의 지도자가 아니라 단지 구성원일 뿐이었다. 우리는 그 일을 해결하기 위해 많은 인력을 투입했다. 사업에 있어서 우리가 가장 먼저 배워야 할 것들 중의 하나가 인력 문제이다. 충분한 인력이 공급된다면 어떤 문제든지 해결하지 못할 것이 없다. 그건 한 여자가 아이를 낳기 위해서는 아홉 달이 걸리지만 아홉 명의 여자를 얻으면 한 달에 한 명씩 아기를 얻을 수가 있다는 말과도 같다. 하지만 우리가 처한 문제는 그 최악의 경우에 해당했다. 아홉 명의 여자가 한 달에 한 명의 아기도 낳지 못했을 뿐 아니라, 우리가 의뢰한 공급업자들은 부품 부족 문제를 해결하지 못했다.

결국 우리는 그 문제를 어떻게 해결했을까? 우리는 전직 생산 관리 이사였던 그 노신사를 팀에 데리고 와서 그의 조언을 들었다. 그는 수년 동안 생산 공정을 조사했고 모든 상황을 환하게 파악하고 있었다. 3개월 후에 우리는 그를 팀의 일원으로 정식 임명했으며 부품 부족률은 경영진이 납득할 만한 수준으로 떨어졌다.

경영자가 당신을 방목한다면 무슨 수를 써서 살아남겠는가? 당신은 아는 사람들에게 닥치는 대로 전화를 걸고 다시 생산적인 일을 맡게 되기를 간절히 희망할 것이다. 물론 그렇게 해서 다시 기회를 얻을 수 있다면 확실히 좋은 방법이다. 그러나 일거리를 구하지 못하거나 어렵게 얻은 일을 잘 처리하지 못하면 그때는 경영진이 최후의 승리자가 된다. 그러므로 차라리 재빨리 다른 직장을 찾는 편이 낫다. 그렇지 않으면 분쇄기에서 당신의 살점이 갈리는 소리를 듣게 될 것이다.

경영진의 좌천 전략 알아보기

> 신들은 시지푸스에게 계속해서 굴러 떨어지는 바윗돌을 산 꼭대기로 올려놓는 벌을 내렸다. 무익하고 희망 없는 노동보다 가혹한 형벌은 없다고 생각했기 때문이다.
>
> _알베르 카뮈(1913~1960)

몇 년 전에 나는 쓰라린 패배를 경험했다. 그때 나를 굴복시킨 그 경영전략가는 그저 내쫓는 것만으로는 분이 풀리지 않아서 나를 좌천시켰다. 정말이지 좌천이었다. 그전까지 나는 자재 부장이었는데 나의 지위를 재무 분석가로 끌어내렸던 것이다. 완전한 추락이었다. 실무를 집행하는 고상하고 높은 자리에서 재무를 담당하는 더러운 구렁텅이의 바닥으로 떨어진 것이었다. 나를 그 자리에 밀어넣은 것은 굴욕감을 안겨주고 당황하게 만들어서 결국 다른 직장을 구하게 하려는 속셈이었다.

하지만 나는 절대로 사표를 쓰지 않았다. 끈질기게, 계속해서 그 자리를 지켰다. 그리하여 거의 6년 동안 그 자리를 유지했다. 나를 밀어낸 사람들은 목적을 이루었을까? 천만에 말씀이다. 나는 회사를 제 발로 걸어 나오지 않았다. 나의 목적은 이루어졌을까? 그렇다. 그 당시에 나는 네 명의 아이들이 다른 도시로 이사해서 생활이 바뀌는 혼란을 겪지 않고 무사히 고등학교를 마칠 수 있도록 노력하고 있었던 것이다.

대개의 사람들은 이런 방법을 거들떠보려고도 하지 않는다. 그들은 일반적인 상식에 따라 자존심을 내세운다. 그들은 강등을 당하면 그때부터 농땡이를 부린다. 나의 상사 한 사람이 좌천을 당했다. 그는 자신의 능력보다 훨씬 떨어지는 일을 할당받았다. 그는 그 상황을 증오했고 일 년도 안 돼서 다른 곳으로 이사를 했다.

대부분의 사람들이 인정받기를 열망한다. 경영전략가가 당신을 곤경 속으로 밀어넣으면 당신은 스스로에게 이것이 얼마나 중요한 일인지를 자문해야만 한다. 당신은 자존심에 상처를 입고 괴로워할 것이다. 그러나 적어도 당신이 진정으로 원하는 다음 행선지가 결정될 때까지는 버틸 수 있지 않을까? 끝까지 버티면서 냉정하고 초연하게 그 상황을 평가하라. 경영전략가가 당신을 물먹였다. 그리고 당신은 지금 부하 직원들 중의 하나가 되었다. 당신은 처음부터 다시 시작하든지, 아니면 그대로 버티면서 한동안 인생을 즐기든지, 아니면 배를 갈아타고 다른 직장으로 떠나든지 할 수가 있다.

나는 그대로 버텼고 처음부터 다시 시작했다. 내 아이들 중 세 명은 같은 고등학교를 졸업했고, 넷째는 같은 고등학교를 다니고 있다. 나는 2년 전에 곤경에서 빠져나와 강등당하기 전에 했던 일과 비슷한 일을 맡아 다시 시작했다.

절대로 잊지 말아라. 경영진은 늘 바뀐다. 당신의 목을 내리쳤던 그 사람들 역시 수년 안에 더 큰 물고기에게 잡아 먹혀서 구석진 방에서 근무를 하게 되든지 다른 곳으로 떠나게 될 수가 있다. 새로운 경영진은 당신의 죄를 기억하지 않으며 그들은 언제나 일을 맡길 수 있는 적임자를 물색하고 있다.

내 친구 하나가 내가 당한 것과 똑같이 독이 든 요리를 먹었다. 그러자 그녀는 나와 똑같이 행동했다. 그녀는 경리 부장이었는데 강등을 당했다. 그녀는 배를 갈아탔을까? 천만에. 그녀는 버텼다. 그리고 자기 아이들을 고등학교와 대학까지 무사히 졸업을 시켰고, 차곡차곡 퇴직 연금을 쌓았다. 약 5년 동안 나는 우리가 함께 으스대며 다른 일을 찾아 떠날 수 있게 되기를 기대했다.

그런 방법이 있다는 것을 고려하라. 특히 당신이 마흔 살이 넘은 중년일 경우엔 더욱 그렇다.

왜 그들은 단칼에 당신을 해고하지 못하는 걸까? 왜 당신에게 계속 급여를 주는 걸까? 왜 당신 목을 자르고 당신을 문밖으로 쫓아내지 않는 걸까? 왜 그들은 당신을 해고하는 대신 강등하는 친절을 베풀었을까? 그 대답은 바로 인사부(그들 말대로라면 인력자원부)에 있다. 인사부 사람들은 아주 엄격하게 무능력이 입증된 경우가 아니라면 당신을 해고하지 않는다. 그리고 당신이 인사부를 찾아갈 때마다 그 엄격함의 정의가 매번 바뀐다. 명심하라. 인사부 사람들은 멍청이들이다. 그러니 경영전략가의 입장에서 인사부 사람들의 엄격한 기준이라는 것을 이해하느니 차라리 저절로 죽든지 또는 새로운 일자리를 찾을 수 있도록 방목하는 편이 훨씬 더 수월한 것이다.

내가 아는 어느 누구보다도 멋진 남자가 있었다. 나는 그 남자가 자신의 직업과 생활, 정력을 어떻게 조직적으로 관리해 가는지 지켜보았다. 그는 독립적으로 행동했고 비록 대학을 나오지는 않았지만 내가 모셨던 상사들 중에서 가장 빈틈없는 사람이었다. 그는 사람들을 조종하고 일을 성사시키는 방법을 알고 있었다. 그는 진정한 프로였으며 아랫사람들이 일을 하지 않을 수 없도록 만들었다. 그런데 개새끼들이 그를 엿먹였다.

내가 생각하기에, 우리는 오직 그 남자 덕분에 문을 닫기 직전의 공장을 살려낼 수가 있었다. 그는 기술 부서의 표준을 세웠고 사람들에게 빡빡한 일정을 강요했으며(내가 그런 광경을 본 것은 그때가 처음이자 마지막이었다) 주문 명세서를 전산화했다. 또한 부품들이 늦지 않게 주문될 수 있도록 구매부를 조직했으며 관례적인 블랙홀이 발생하지 않도록 인수와 검사 시스템을 재정비했다. 한마디로 그는 우리가 갖고 있는 모든 문제들을 해결했으며 재생의 길을 보여주었던 것이다. 그러므로 새 경영진이 도착했을 때 우리는 거의 회복 단계에 들어와 있었다.

새 경영진이란 새로운 사람들을 의미한다. 당신이 이 책에서 얻을 수 있는 한 가지 진실이 바로 이 문장이다. "새 경영진이란 새로운 사람들을 의미한다" 나의 영웅은 이미 나이 먹은 사람이었고 새로운 문화에 '적합하지 않은' 사람이었다. 새로운 경영진은 그를 엿먹였고 구석진 곳으로 내몰았다.

구경영진과의 약속을 지키기 위해서 새 경영진들은 그를 해고시키지는 않았지만 그의 자부심과 강한 자신감, 그리고 성공적인 인생을 빼앗아갔다. 몇 년 후에 그는 자살했는데, 나는 새로운 경영진들이 그를 무가치하게 다룬 결과라고 생각한다. 그들의 조처가 그에게 회복할 수 없는 상처를 주었다. 방목된 그는 하릴없이 풀이나 뜯어먹으며 죽어가는 것밖에 허락되지 않았다. 그래서 그는 죽음을 선택한 것이다.

나는 지금까지 모셨던 그 어떤 상사들보다 그를 가장 좋아했다. 그는 도덕적이었고 그의 목표들은 언제나 고귀했으며 내가 만난 경영전략가들 중에서 유일하게 전형적인 경영전략가가 아닌 사람이었다. 그의 죽음 이후에 나는 그의 주장을 실천하려고 노력하며 많은 시간을 보냈다. 나는 그처럼 강인한 성격과 능력을 갖게 되기를 바랐다.

베트남에 있을 당시 나는 20대 초반이었고, 그때 나는 죽게 될 수도 있다는 생각을 눈곱만큼도 하지 않았다. 아마도 내 생각이 옳았던 모양이다. 지금 이 자리에 내가 있는 걸 보면 말이다.

패기만만한 젊은 간부로서, 틀림없이 당신 역시 똑같은 감정을 느끼고 있을 것이다. 절대 패배하지 않으리라는 감정 말이다. 당신은 건방지고 자신만만하고 자기 능력에 대해서 거의 오만하기까지 할 것이다. 어땠을까? 나 역시 다르지 않았다.

처음 직장 생활을 시작한 후 10년 동안 나는 연봉을 4배로 만들었다. 나는 초고속 승진을 거듭했고 부사장의 자리에 올랐다. 나는 명민

했고 고학력자였으며 일을 끝내는 방법을 알고 있었다. 그들은 나를 '마법사' 혹은 지금 식대로 '전문가'라고 불렀다. 나는 모든 일을 어떻게 처리할지 그 방법을 알고 있었다. 그러나 모든 것에 능하고 뛰어나다고 해도 그게 전부가 아니었다. 나는 한 방 먹었고 아무 할 일이 없는 자리로 처박혔다. 당신이 지금 한창 기고만장해 있다면 회사에서 살아남을 수 있는 법칙들을 기억하도록 하라. 나는 '제1법칙'을 망각했다. 그 법칙을 망각한 사람들은 덫에 걸린 자신의 모습을 발견하게 되고 그런 다음 중대한 결정을 내려야만 할 것이다.

목숨을 부지할 것인가, 직업적 성공을 할 것인가? 요리사가 될 것인가, 고깃덩어리가 될 것인가?

회사 조직도는 어떻게 이용되는가

> 위대한 목표를 실패하는 것보다 더 가혹한 지옥은 없다.
>
> _존 키이츠(1795~1821)

경영전략가들이 갖고 있는 가장 잠재적인 무기들 중의 하나가 회사의 조직도이다. 이 종이 한 장으로 회사는 당신을 출세시킬 수도 있고 파괴시킬 수도 있다. 그리고 당신에게 점수를 줄 수도 있고 다른 사람을 감점시킬 수도 있으며 원하는 대로 조종을 할 수가 있다. 회사의 조직도를 이용하여 경영전략가는 당신의 직업적 성공을 통제한다. 당신이 복잡한 컴퓨터 시스템을 되살리는 책임을 맡으면 회사는 당신에게 프로그래머들을 할당해주든지 아니면 다른 사람에게 프로그래머들을 할당하고 당신은 그저 손놓고 그들이 일하는 것을 지켜보게 할 것이다. 차이점이 무엇일까? 프로그래머들이 당신을 위해서 일하지 않고 다른 누군가를 위해서 일을 한다면 중요한 결정권자가 되는 것은 당신이 아니라 바로 다른 사람이다.

경영전략가들은 수술을 집행하는 외과 의사만큼이나 정확하게 이 무기를 이용한다. 그들은 자르고 싶은 사람이 있으면 언제든지 자른다. 그렇지 않다면 난 이 책을 쓸 수 없었을 것이다. 그런 다음 부하직원을 솎아내기 위해 조직도를 이용한다. 여기 전형적인 실례가 하나 있다.

나는 경영전략가와 총탄이 쏟아지는 살벌한 전쟁을 벌여온 어떤 남자로부터 구매 담당직을 인수했다. 경영전략가가 마침내 승리한 것이었다. 내가 채용되고 그 남자를 방목했으니까 말이다. 처음부터 그 조직은 실패할 수밖에 없도록 고안되었다. 모든 구매원들과 감독자들은 배후 실권자를 위해서 일했다. 그들은 프로그램의 기본적인 사항들은 보고했지만 실질적인 보고선은 그 실권자에게 있었다. 하지만 그 실권자는 우리 프로그램이 아니라 다른 프로그램을 맡고 있었다. 그 조직은 순전히 나의 전임자를 파괴하려고 조직된 것이었고 그 목적을 이루었다. 나중에 내가 보고 라인에 대해 불평을 하자 상사는 나에게 직접 보고받을 수 있는 권한을 선뜻 내주었다.

회사 조직도를 이용하여 당신을 죽이는 또 다른 사례가 있다. 부품 부족 상황이 너무나 심각해져서 어떤 조처든지 필요하게 되면, 대개의 경영진들은 두 가지 방법 중 하나를 선택할 수가 있다. 구매팀이 상황을 개선하든지 생산관리팀에게 임무를 맡기는 것이다.

그 당시의 공장 책임자는 구매 담당 이사를 싫어했다. 그러니 누가 그 임무를 맡았겠는가? 생산 관리팀은 즉각 부품 공급이 늦어지는 것에 대한 비난을 구매팀에게 퍼부었다. 오래지 않아서 구매 담당 이사는 곤란한 입장에 빠지게 되었다. 그는 문제를 해결할 수가 없었다. 상황을 위로 보고하는 조직을 장악하지 못했기 때문이었다. 결국 구매 담당 이사가 무슨 일을 하든지, 아무리 뛰어난 활약을 해도 상부에 올라가는 보고는 늘 부정적이었다. 구매 담당 이사는 교체되었다.

또 다른 실례를 보자. 앞서 예로 들었던 구매 당당 이사와 교체된 남자는 공장 책임자의 총애를 받았다. 그 새로운 이사가 생산 관리와 구매를 하나의 부서로 합병하자고 제의하자, 그의 의견은 즉시 받아들여졌다. 그 후 부품 부족 문제가 사라졌다. 새로운 이사는 모든 정보와 상황을 통제했고 이제는 언제나 기술팀 쪽이 골칫거리로 지목되었다. 기술팀이 늦게 도착했다, 실력이 좋지 않다, 아무도 그걸 할 사람이 없다 등등 불평이 끊이지 않았다. 이제는 기술팀이 나쁜 사람들이었다.

내가 우리 회사가 필요로 하는 물품을 계획하고 일정을 짜는 새로운 컴퓨터 시스템 설비 업무를 맡게 되었을 때, 그 조직은 실패할 수밖에 없도록 구성되어 있었다. 나는 프로그램 관리 부장이라는 환상적인 직함을 받았지만 아무도 나에게 업무 보고를 하지 않았다.

프로그램 관리 부장이라는 위치에 대해서는 이 책에서 여러 번 언급할 것이다. 조직을 좌우하는 것에는 많은 것이 있을 수 있다. 일반적으로 프로그램 관리 부장이란 자신만의 특별한 프로그램 혹은 임무를 갖고서 '무슨 일이 일어나게 만들어야 할' 책임이 있는 사람들이다. 그들은 일반적으로 예산을 관리하고, 업무를 분배하고, 작업 일정을 맞춰야하는 책임이 있다. 프로그램 관리 부장을 부르는 다른 표현이 사업 부장, 팀장, 생산성 부장 등이다.

어쨌든 내가 프로그램 관리 부장이라는 새로운 직책을 맡자 모든 사람들이 나에게 부정기적인 보고를 했지만 연속적인 보고는 하지 않았다. 내가 하는 일은 새로운 시스템을 가져와서 우리가 필요한 사항들이 제대로 반영이 되었는지 검사하고 검증한 후에 사용자들을 훈련하고 그 시스템을 이행하는 것이었다. 문제될 게 없었다, 그렇지 않은가? 하지만 내 상사의 상사를 제외하고는 아무도 그 시스템을 원하지 않는다는 것이 문제였다. 나는 대세를 거스르고 있었고 어느 지점에도 도착할 수가 없었다. 내가 상사에게 불평을 하면 그는 단지 웃기만 할 뿐이었다. 나는 실패할 수밖에 없는 조직을 이끌었고, 결국 실패했다.

조직도를 이용해서 경영전략가가 당신을 골탕먹이는 방법에 대한 또 다른 실례가 영화 「투엘브 어클락 하이」에 등장한다. 영화에서 장군으로 나오는 그레고리 팩은 낙오자들을 끌어모아 한 부대를 만들었다. 그러자 그 부대의 지휘를 맡은 장교조차 무능력한 사람으로 보였다. 물론 영화 속의 장군은 그 오합지졸들이 자신의 처지에 수치감을 느껴서 더 잘 싸워주기를 바랐던 것이다.

그러나 경영전략가가 원하는 것은 그들 모두가 실패하는 것이다. 나는 회사 생활을 하는 동안 수없이 그런 사례들을 보아왔다. 한번은 우리 부서의 이사가 특별 기획팀이란 명칭의 팀을 조직했다. 이사는 자기 밑에 있는 못마땅한 실패자들을 몽땅 그 팀에 배치했다. 그들의 임무는 새로운 컴퓨터 시스템을 이행하는 것이었다. 어떻게 되었겠는가? 이사는 그들에게 자신이 원하는 것이 무엇인지 조금도 언질을 주지 않았고 그래서 그들은 아무 일도 하지 않았다. 이사는 그들을 주력 공장으로 내보낼 수 있도록 커다란 트레일러를 한 대 빌렸고 머지않아 아무도 그들의 소식을 알 수가 없게 되었다. 이사는 그들을 차례대로 하나씩 해고할 수가 있었던 것이다.

어떻게 이런 일을 해낼 수 있었을까? 자신이 찍어둔 사람들을 분쇄기로 보내기 위해서 조직도를 이용했을 뿐이었다.

경영전략가가 누군가를 죽이기 위해서 회사 조직도를 이용하는 또 다른 방법은 임무는 주되 그 임무를 완수할 수 있는 권한은 주지 않는 것이다. 이미 한 가지 예를 언급했지만 이것이 경영전략가가 부하 직원을 제거할 때 쓰는 가장 일반적인 방법이다.

만약 기술적인 문제가 발생하면 그 문제를 해결하도록 누군가를 임명한다. 하지만 그 기술과 연관된 인력을 지원하지 않은 채, 단지 그 사람만 달랑 그 자리에 보내서 문제를 해결하도록 하는 것이다. 그래서 그가 실패하면 시말서를 쓰게 하든지 해고를 하든지 할 수가 있다. 경영전략가는 아무리 물품 부족으로 곤란을 겪어도 구매팀에게 협조하라는 지시를 내리지 않는다. 단지 구매팀의 도움 없이 문제를 해결할 수 있는 방법을 찾으라고 부하 직원에게 지시할 뿐이다. 자기 영역을 매우 완강하게 고집하는 족속들인 구매팀은 그의 모든 노력들을 거부할 것이므로 그는 반드시 실패할 수밖에 없다. 그렇게 되면 경영전략가는 매우 기뻐하며 분쇄기의 스위치를 올릴 것이다.

경영전략가가 자기 밑의 직원들 중 한 명을 성공시킬 생각이 있다면 그 회사의 조직도는 그 부하 직원을 완벽하게 지원하도록 변형된다. 그 부하 직원은 경영전략가의 지원을 얻을 뿐만 아니라 그의 편의를 봐주도록 변경된 회사 조직도를 얻게 된다. 우리는 그것을 승진으로 나아가는 "마법의 양탄자를 탔다"라고 말한다. 반대로 경영전략가가 성공시키고 싶지 않은 사람이 있다면, 필요한 인력은 몽땅 다른 누군가를 위해 이미 쓰여지도록 회사 조직도가 짜여질 것이다. 우리는 그것을 한 번 올라타면 지옥으로 직행하는 "가미가제(2차 세계 대전 당시 일본의 자살 비행 편대)를 탔다"라고 말한다. 경영전략가는 자신이 원하는 바가 일어나도록, 아니 확실히 일어나도록 회사 조직도를 조정한다.

회사 조직도가 회사 내에서의 당신의 입지를 역풍을 안고 가도록 설정했다면 어떻게 하겠는가? 그 조직도가 수정될 수 있는 것인지 한 번 물어보라. 만약 당신의 상사가 실수로 그런 것이라면 수정을 받을지도 모른다. 그러나 상사가 의도적으로 조직도를 짰다면 무슨 노력을 하든지 당신과 상사의 시간을 낭비하는 일이 될 뿐이다. 인사부의 멍청이들에게 우는 소리를 할 수도 있겠지만 그들이 할 수 있는 일은 당신과 함께 손수건을 쥐어짜는 것이 전부다. 일기장에 불타는 복수심을 적을 수도 있겠지만 실패는 되돌릴 수 없다.

당신의 상사가 당신이 불리한 입장에 놓이도록 회사 조직도를 짰다면 어떻게 할까? 신발을 벗어놓고 작별 인사나 하는 게 좋을 것이다. 당신은 이미 죽은 목숨이므로.

한 번에 조금씩 떨어내기

슬픔은 조금씩 다가오는 것이 아니라 한꺼번에 밀려오는 것.

_윌리엄 셰익스피어(1564~1616)

아티초크의 껍질을 벗길 때에는 한 번에 한 잎씩 떼어내야 한다. 바로 그것이 경영전략가가 부하 직원의 조직을 해체하는 방법이다. 경영전략가가 일격에 부하 직원을 쓰러뜨린다면 당장 부당하다든지 잔인하다는 비난을 받을 것이다. 그러나 한 번에 하나씩 야금야금 떼어낸다면 그럴듯한 구실을 만들거나 이런저런 근거를 들어서 자연스럽게 제거할 수가 있다.

몇 년 전에 나는 상사로부터 바로 그런 일을 당했다. 상사는 내 뒤를 쫓고 있었고 나는 그의 지휘 계통에 너무나 꽁꽁 묶여 있었기 때문에 꼼짝없이 방목당할 수밖에 없었다. 상사는 나를 한 번에 조금씩 무너뜨렸다.

상사가 취한 첫 번째 행동은 우리 회사의 가장 큰 납품업자와 맺은 도급 계약을 빼앗아가는 것이었다. 납품업자의 덩치가 너무 커져서 추가 감시와 통제가 필요하다는 것이 상사가 내세운 이유였다. 그리고 중간급 기술자를 채용해서 자신의 수하에 두고 도급 계약관리자를 그 기술자의 부하 직원으로 임명했다. 그 도급 계약 관리자는 바로 내 밑에서 일하던 부하 직원이었던 것이다. 나는 거세게 항의했지만 상사는 내 말을 무시했고 나는 결국 패배했다. 결국 그 경영전략가는 내가 관리했던 구매부의 예산 절반을 가져다가 다른 사람의 통제 밑에 두는데 성공했다.

다음 단계로 상사는 제품 선적과 인수 업무를 인계해서 제조 관리팀에 맡겼다. 내가 할 일은 완성된 부품을 그저 뒷문까지 날라오는 것뿐이며, 그 뒤부터 필요한 부품을 적절한 곳에 분배하는 것은 제조 관리팀이 해야 할 일이라는 것이 상사의 주장이었다. 나는 최후의 전투를 치르는 병사처럼 격렬하게 싸웠지만 역시 패배했다. 이렇게 해서 그 경영전략가는 내 밑에서 일하던 부하 직원들의 절반을 빼앗아갔다.

상사의 다음 행동은 물품 구매 계획 업무를 빼앗아서 생산팀에 넘기는 것이었다. 그 다음 행동을 기다릴 필요도 없이 나는 추락할 대로 추락한 내 자리에서 더 이상 버틸 수가 없었다. 머지않아 상사는 더 많은 기술자를 채용해서 자기 밑에 두고 내 거래처들을 몽땅 그들에게 넘길 계획이었다. 그리고 나에게는 단순한 관리 업무만 남겨둘 생각이었던 것이다. 물론 제일 마지막에는 그 업무마저 빼앗아갈 것이 분명했다. 상사가 나를 물먹이는 건 단지 시간문제였다.

상사가 차근차근 추진해온 그 일들이 오직 나를 제거하려는 동기에서 비롯되었을까? 아니면 합리적인 사업적 결정이었을까? 누가 알겠는가? 어쨌든 나는 나를 제거하기 위해서였다고 생각한다.

이 전술이 효과가 있을까? 나의 경우에는 확실히 효과가 있었다. 나에게는 상사를 막을 수 있는 방어 수단이 전혀 없었다. 혹시 내가 다른 상관 밑에서 일했다면 세상에 그런 일은 없다고 생각했을지도 모른다. 하지만 회사 정치라는 세계 속에서는 어떤 일이든지 일어날 수가 있다. 만약 한 경영전략가가 어떤 일에 대해서 강력하게 밀고 나가면, 다른 경영전략가들은 대체로 그와 부딪치는 것을 피하게 마련이다.

나 역시 이 전술을 내 밑의 직원에게 써먹은 일이 있음을 고백하지 않을 수 없다. 그때 나는 업무 수행 능력이 없는 직원들을 거느리고 있었는데 계속해서 그들을 빈둥거리게 놓아둘 수가 없었다. 나의 생존이 달려 있는 문제였기 때문이다. 그들이 어느 한 분야에 대한 명세서를 맞추지 못하면, 나는 그들이 그 명세서를 제대로 맞출 수 있을 때까지 다른 업무들을 하나씩 빼앗았다. 만일 그들이 그 명세서조차도 제대로 맞추지 못하면 결국 할 일이 하나도 남지 않을 것이다. 직원들이 나를 위해 아무 일도 하지 않을 때, 그리고 나 또한 그들이 필요 없을 때, 나는 그 직원들을 제거할 방법을 찾기 시작한다. 칼은 언제나 양날을 갖고 있는 법이다.

이 전술과 싸우는 방법은? 나의 경우에 상사가 나를 파괴하기 위해 내 조직을 빼앗아가려고 했던 적이 또 한 번 있었다. 상사는 열 명의 상사에게 직접 보고하는 매트릭스를 두려고 했다.

이번에 나는 상사에게 협조하는 척하면서 전체 조직을 상사의 실무 담당자에게 넘겨주었다. 상사는 나를 이겼다고 생각했지만 결과는 정반대로 나타났다. 밑에 데리고 있는 직원이 한 명도 없었기 때문에 나는 어떤 일에도 책임을 질 필요가 없었다. 반면 상사의 부하들은 모든 일을 완수할 책임을 갖게 되었다. 그들이 책임을 다하지 못하면 나는 곧장 상사의 사무실에 직격탄을 날렸다.

나는 상사의 부하들이 내가 맡았던 프로그램을 수행하고 나를 지원하는 데 무능력하다는 사실을 계속 드러냄으로써 상사를 지치게 만들기 시작했다. 상사의 전술은 오히려 상사를 불리하게 만들었다. 결국 프로그램에 관련된 사람들이 모두 나의 쪽으로 돌아왔고 우리는 그에게 치명적인 타격을 입혔다. 나중에는 조직 전체가 다시 나에게 할당되면서 그 상사의 통제권에서 완전히 벗어날 수가 있었다. 또다시 칼에는 양날이 있음을 실감한 경험이었다.

또 다른 사례가 물품 담당 부사장의 총애를 잃은 구매부 이사의 경우이다. 그 이사는 마음대로 사무실을 바꿨는데, 그 행동이 부사장의 눈에는 권위에 대한 도전처럼 보인 것이다. 그렇다고 눈에 거슬리는 상대를 다짜고짜 해치울 수는 없는 법이다. 부사장은 그 이사의 권한을 조금씩 빼앗아서 다른 이사들에게 넘겨주는 방법을 택했다.

언제나 자재 부족이 문제가 되었으므로 당연히 그것이 첫걸음이었다. 부사장은 부하 직원들을 모두 데려다가 자재 관리 이사에게 할당했다. 그리고 자재 관리부가 자재 부족 문제나 공장 운영과 더 밀접한 관계가 있기 때문에 훨씬 더 적극적이고 열성적으로 납품업자들을 다그칠 수가 있다는 이유를 내세웠다. 또한 이런 조처를 통해서 구매 이사는 자재 구매 예산을 맞추는 데 좀더 신경을 쓸 수가 있다는 것이었다. 그렇게 해서 구매 이사 밑에 있던 부하 직원들 중 4분의 1이 떠났다.

다음에 부사장은 기술 지원팀에 손을 뻗었다. 그 팀은 구매부가 부딪치는 기술적인 문제들을 해결하고 물품 공급업자들과 함께 기술적인 변화들을 처리하며 함께 입찰 가격을 정하는 일을 맡기려고 만든 조직이었다. 그 팀의 인원은 구매부 전체 직원의 10퍼센트 정도를 차지했다. 부사장은 자재 관리 이사가 기술직 출신이라는 이유를 내세워서 이 팀을 자재 관리부로 이동시켰다. 기술팀이 기술 조직을 잘 알고 있는 사람 밑에서 일하는 것보다 더 좋은 일이 어디 있겠는가? 부사장은 자신의 뜻을 관철시켰고 이제 구매 이사의 위상은 예전에 비해서 절반으로 떨어졌다.

다음 단계는 자재 견적팀이었다. 그들은 구매 계획안들을 준비하고 견적을 내고 그것이 올바로 수행되는지를 조사하는 일을 맡고 있었다. 부사장은 그 일을 수행할 새로운 관리 부서를 따로 만들었다. 순식간에 또다시 구매 이사 밑에 있던 부하 직원의 10퍼센트가 다른 곳으로 넘어갔다.

다음 행동은 무엇이었을까? 부사장은 구매부를 주요 도급 계약을 처리하는 팀과 잡동사니(재고와 일용품 등) 계약을 처리하는 팀으로 나누었다. 주요 도급 계약을 처리하는 팀은 구매부 경비의 90퍼센트를 운용했고 나머지 팀이 10퍼센트를 운용했다. 누가 그 잡동사니 팀을 맡았을까? 물론 구매 이사였다. 구매 이사의 세력이 이 정도로 위축되자, 부사장은 구매 이사를 완전 포위했다. 이제 구매 이사가 무릎을 꿇고 조직을 떠나는 것은 단지 시간 문제였다.

이 전술은 놀랄 만큼 강력한 효과를 발휘한다. 경영전략가 자신의 조직에서 하위 직원을 잘라내고 싶을 때면 천천히 조금씩 숨통을 조일 수가 있다.

나무에 비유한다면 경영전략가는 도끼로 한 방에 쓰러뜨리든지, 한 번에 하나씩 잎을 뜯어낼 수가 있는 것이다. 어느 쪽이든 부하 직원은 죽을 수밖에 없다.

소진 전략

사람들이 자신의 일에서 행복을 느낄 수 있으려면 다음 세 가지 요건이 필요하다. 우선 적성에 맞아야 하고 너무 과로해선 안 되며 그 일에서 성공할 수 있다는 생각을 갖고 있어야만 한다. 다른 사람의 검증을 받아야만 하는 그저 막연한 느낌이 아니라, 세상 사람들이 무슨 말을 하고 어떻게 생각하든지간에 나는 지금까지 많은 일들을 잘해왔으며 풍성한 결실을 맺었다는 확고한 인식과 자신감이 있어야만 하는 것이다.

_W. H. 오든(1907~1973)

경영전략가는 부하 직원에게 능력 이상의 짐을 지워서 기운을 소진시킨다. 그는 계속해서 부하 직원에게 점점 더 많은 임무를 할당해준다. 부하 직원이 담당하는 조직과 임무가 많아질수록 경영전략가가 결점을 찾아낼 수 있는 영역 또한 넓어진다.

이 전술은 특히 경영전략가가 정말로 뛰어나고 유능한 부하 직원을 데리고 있을 때 효과적이다. 그 부하 직원이 한 영역에서 탁월한 능력을 발휘하면 경영전략가는 그가 잘하지 못할 것 같은 다른 영역을 찾아서 그에게 맡긴다. 그를 공격할 수 있는 영역을 찾아낼 때까지 경영전략가는 계속 새로운 임무를 넘겨준다.

이 전술은 대체로 두 가지 결과를 낳는다. 첫 번째는 경영전략가가 부하 직원의 약점을 찾아내서 일반적인 축출 단계를 밟는 것이다. 다

른 하나는 부하 직원이 모든 일을 유능하게 처리해서 오히려 경영전
략가를 곤경에 빠뜨리는 것이다. 차례로 일을 떠맡은 부하 직원이 마
침내 상사의 조직 대부분을 자기 수하에 두게 되면, 그 상사에게 무슨
일이 일어나겠는가? 위험에 빠지지 않겠는가? 두말하면 잔소리다.

직장 초년병 시절에 나는 실제로 그런 사례를 보았다. 지금도 그
경영전략가가 부하 직원을 소진시킬 의도를 갖고 그랬는지 아니면
그 일을 처리할 부하 직원을 찾는 것이 너무 급해서 그랬는지 알 수
가 없다.

어쨌든 그 부하 직원은 나의 상사였는데 주로 물류 창고를 담당하
고 있었다. 그리고 얼마 후에는 생산 관리 업무를 맡았으며 그 다음에
는 구매 업무를 인계받았다. 결국 그는 상사의 조직 대부분을 떠맡게
되었고 나중에는 부사장까지 승진했다. 만약 그의 상사가 의도적으로
그런 일을 계획한 것이라면 상사의 전술은 실패한 셈이었다.

그 후 나의 상사는 매우 빈틈없는 경영전략가가 되었다. 그는 내가
이 책을 쓰게끔 동기를 부여해준 사람들 중 한 사람이었다. 사실 이
책에는 그가 이용한 전술들이 많이 나와 있다. 그의 행동은 단지 앞에
서 지켜보는 것만으로도 경외심을 불러일으켰다.

여기 또 다른 실례가 있다. 그 당시에 나의 상사는 자재 담당 이사
였다. 그 밑에는 물류 창고를 운영하는 부하 직원이 있었다. 우리는
그를 '형광등'이라고 불렀는데 말과 행동이 굼뜨고 보기에는 멍청하
지만 무척 유능하기 때문이었다. 어느 날 내가 물품 인수와 검사 과정
(당시에 이 일은 형광등의 업무가 아니었다)에 구멍이 있다고 불평을 하자,
나의 상사는 형광등을 불러서 물품 인수와 검사 업무를 맡으라고 지

시했다.

우리는 물품 인수와 검사 과정에서 일부 자재가 사라지는 것을 '블랙홀'이라고 불렀는데, 그것은 사라진 자재들이 어디론가 흘러들어 가서 결코 다시 나오지 않기 때문이었다. 형광등이 업무를 맡은 뒤에도 상황은 전혀 나아지지 않았다. 아니 점점 더 나빠졌다. 나는 그에게 모든 책임을 떠넘겼고 블랙홀을 해결할 방도를 찾아내라고 다그쳤다. 몇 주 동안 나는 거의 날마다 형광등에게 중요한 사안들을 떠넘겼고, 나의 불평을 받아들인 사장은 형광등을 아무 할 일이 없는 공장 구석으로 이동시켰다. 형광등의 후임자는 자신의 일을 잘 파악하고 있었고 문제는 사라졌다.

나의 상사는 원하던 것을 얻었다. 새로운 부하 직원에게 창고와 물품인수 업무를 맡겼던 것이다. 나 또한 원하던 것을 얻었다. 적시에 다른 부서로 이동할 수 있었던 것이다. 결국 그 불쌍하고 멍청한 창고지기 한 사람을 제외하고는 모두가 승리한 셈이었다.

이 전술의 또 다른 변형은 '의자 빼앗기 놀이'라고 부르는 것이다. 의자 빼앗기 놀이는 경영전략가가 담당자들의 자리를 자꾸만 회전시키는 것을 말한다. A 부장과 B 부장의 일을 바꾼다. 겉으로 보기에는 아주 멋진 생각 같지 않은가? 이렇게 함으로써 부장들은 다른 부서의 업무를 이해할 수 있게 된다. 조직을 더욱 강하게 만들고 부하 직원들의 경험을 넓혀주며 더욱 유능한 직원을 만들 수가 있다. 그럴듯한 평계는 많다.

하지만 당신은 경영전략가가 이 전술을 쓰는 진짜 이유를 추측할 수 있겠는가? 그것은 바로 부하 직원을 어렵고 힘든 부서로 이동시키기 위해서다.

나는 이 의자 빼앗기 놀이를 매우 빈번하게 목격했다. 그 중의 하나가 우리 부장(그는 물류 창고를 담당했다)과 봅이라는 이름의 기획 부장(이 사람 역시 부사장에게 직접 보고를 할 수 있었다) 사이에서 벌어진 세력권 다툼이었다. 구매팀에 갑자기 일이 많아지자, 우리 부장은 부사장을 설득시켜서 봅(우리는 그를 귀여운 노친네 봅이라고 불렀다)을 구매 이사가 지휘하는 구매팀으로 보내도록 했다. 봅이 재배치된 자리는 당연히 우리 부장 밑의 자리였다.

그런데 봅이 자리를 옮겨야만 하는 이유가 참으로 걸작이었다. 구매팀은 큰 도움이 필요한데 바로 봅이 구매팀에 새로운 활력을 불러일으키리라는 것이었다. 비록 오랫동안 관리직에서 근무하긴 했어도 봅은 한 번도 구매팀에서 일한 적이 없었고 구매에 대해서는 아무것도 몰랐다. 봅은 배 위로 끌어올려진 물고기처럼 구매팀 주변에서 퍼덕거렸다. 그는 필사적인 노력을 했지만 오래지 않아서 고깃덩어리 신세가 되었다.

우리 부장은 심지어 봅의 상황을 더 악화시키기 위해서(어쩌면 호전시키기 위해서였을지도 모른다. 그건 마음대로 판단하라) 경험이 많은 부하직원을 보내어 봅을 도와주는 것이 좋겠다고 부사장을 설득했다. 그리고 나를 추천했다. 그 당시에 나는 무슨 일이든 해결할 수 있는 적극적이고 유능한 친구로 알려져 있었기 때문에 부사장은 쉽게 설득을 당했다.

하지만 나 역시 봅과 마찬가지로 한 번도 구매팀에서 일을 한 적이 없었다. 봅의 부하 직원들 절반이 내 지시를 받게 되었고 나머지 절반은 그다지 능력이 있다고 할 수 없는 다른 사람의 지시를 받게 되었다. 봅을 구울 불판이 점점 뜨거워지고 있었다. 우리 부장은 결코 내색하지 않았지만 봅 태우기가 완전히 끝났을 때, 나는 봅을 도우려 했다는 부장의 계획을 의심하지 않을 수 없었다. 결국 봅은 방목장에서 풀이나 뜯는 신세가 되었다. 얼마 후에 나는 그 회사를 떠났지만, 나의 후임자는 결국 구매 담당 이사가 되었고 부사장의 자리에까지 오른 나의 전임 상사 밑에서 일했다.

그래도 선량한 사람들에게는 반드시 좋은 일이 있는 법일까. 나의 전임 상사는 부사장직을 거친 후 더 높은 자리로 계속 승승장구했다. 한편 봅은 새로운 경영진의 호의로 방목장에서 다시 회사로 돌아와 부사장의 지위에까지 올랐다. 선량한 남자에게 합당한 행복한 결말이었다.

당신은 이 전술에 어떻게 대항하겠는가? 처음에 예로 든 나의 상사처럼 행동한다면 성공할 수 있을 것이다. 그렇지 않다면 경영진이 인원 감축 명단에 당신의 이름을 넣을 때까지 할 일 없는 목장에서 생계를 꾸려나갈 계획이나 세우고 있어야 할 것이다. 당신은 더 많은 책임을 맡으라는 회사의 요구를 거절할 수가 없다. 그렇게 되면 모든 혜택이 중단될 것이기 때문이다. 당신은 피터 드러커의 표현대로 '종착역'에 도달한 자신을 발견할 것이다. 그건 당신이 그 이디도 가지 못한다는 뜻이다. 영원히!

포상과 징계

인간의 성격이 오늘날처럼 난폭하고 비극적이게 된 많은 이유들 중의 하나는 바로 사회 조직이 필수적인 것인 동시에 치명적인 것이라는 데에 있다 사람들은 편리를 위해서 끊임없이 어떤 조직들을 만들고 자신들이 만든 그 괴물에 의해 끊임없이 자신들이 희생되고 있음을 발견한다.

_올더스 헉슬리(1894~1963)

어느 조직이든 조직도는 그 회사에 재직하는 사람들의 지위를 나타낸다. 어떤 사람이 부사장을 위해서 일하면 그는 지위가 높은 사람이다. 봉급이 적다든지 시시한 일을 한다든지 그런 것은 상관없다. 그가 조직도의 윗단계로 올라가면 더욱 높은 지위를 갖게 된다. 예전에는 부장을 위해서 일했는데 지금은 이사를 위해서 일한다면 그는 더 높은 지위를 손에 넣은 것이다. 급여 등급과 봉급은 바뀌지 않을 수 있지만 그의 지위는 향상된다.

부하 직원과 문제가 생겼을 때 경영전략가가 이용하는 전술들 중의 하나가 그 직원의 지위를 없애는 것이다. 경영전략가는 결코 그 직원의 봉급이나 등급을 깎지 않고 인사부의 명칭이들과 관련된 그 어떤 일도 하지 않는다. 하지만 경영전략가는 자신이 원하는 대로 조직도를 이용할 수가 있다.

언젠가 나는 자재 명세서를 담당하는 두 팀을 한 팀으로 통합하라는 임무를 막 마무리짓고 있었다. 자재 명세서는 요리의 조리법과 같아서 무언가를 만드는 데 필요한 모든 부품들이 적혀 있다. 그리고 그 팀은 바로 이 명세서를 작성하는 남자와 여자들로 이루어져 있었다. 한 팀은 공장에 위치하고 있었고 다른 한 팀은 회사 사무실에 있었다.

나는 각각의 팀을 이끌던 두 남자 중의 한 명에게 통합된 팀을 운영하는 지휘권을 주어야만 했다. 한 남자는 계속해서 자신의 지위를 지키게 되겠지만 다른 한 남자는 자신의 지위를 잃게 될 것이다. 나는 두 사람의 직무 능력을 참조해서 결정을 내렸다. 한 남자는 전문 기술자였다. 그는 자재 명세서 구성과 기술 부문에 대해서 내가 만난 그 어떤 사람보다도 꼼꼼했다. 다른 남자는 사람들을 다루는 기술이 뛰어났다. 그는 사람들을 설득시켜서 자신이 원하는 바를 얻을 수가 있었고 모든 사람들과 잘 어울렸다. 나는 두 번째 남자를 선택했다.

나는 전문적 기술을 가진 친구를 일반 업무직에 배치했다. 그를 징계할 뜻은 전혀 없었다. 그 자리는 그 친구가 예전에 소속했던 자리였고 조직을 위해서도 가장 잘 능력을 발휘할 수 있는 자리였다. 하지만 내가 미처 생각하지 못한 점이 있었다. 지금까지 그는 나에게 직접 보고를 하는 간부직 직원이었다. 그런데 이제 불특정 다수의 사람들을 위해서 일을 하는 평범한 일꾼이 된 것이다.

나는 그에게 상처를 주었고 심지어 상징적인 의미소자 빼앗은 것이었다. 그는 나를 찾아왔다. 나는 그를 일만 업무직에서 빼내서 나의 조직도에 집어넣었다. 그는 전과 똑같이 자재 명세서와 관련된 일을 했지만 이제는 나의 조직도 안에서 일을 했다. 직무는 예전과 하나도 다를 게 없었지만, 나를 위해서 일하는 지위는 계속 유지할 수 있게 된 것이다. 경영전략가가 조직도 안에 있는 모든 사람들을 설득하고 행복하게 만들기란 극히 어렵다.

경영전략가는 이 전술을 어떻게 이용할까? 그는 자신이 싫어하는 직원들을 데려다가 자신이 좋아하는 직원들이 이끄는 조직 속에 끼워 넣는다. 이것은 그 부하 직원의 앞날이 캄캄하고 입지가 점점 악화될 것이라는 신호이다. 지위를 상실한 부하 직원이 그래도 다른 직장을 찾지 않으면, 그때부터는 죽을힘을 다해 일을 해야 할 것이다. 왜냐하면 어떤 결정을 얻기 전까지 뚫고 지나가야 할 경영층이 하나 더 늘어났기 때문이다. 그 직원이 겨우 여러 단계를 거쳐서 경영전략가에게 도달하면 이런저런 핑계로 자꾸만 지연을 당할 것이다.

회사 생활을 하는 사람에게 있어서 조직도의 급수에서 떨어지는 것보다 더 자존심 상하는 일은 없다. 그것은 그의 자부심을 손상시키고 이전보다 덜 중요한 사람이라는 느낌을 갖게 만든다.

징계하고 싶은 직원이 있으면 경영전략가는 그 부하 직원의 조직에서 성과가 좋은 업무들을 빼앗아서 다른 조직에 준다. 포상하고 싶은 부하 직원이 있으면 다른 조직에서 성과가 좋은 일들을 뺏어서 그에게 준다.

경영전략가는 포상과 징계에 자신의 조직도를 이용한다. 경영전략가가 당신을 몰락시키려 한다면 그는 당신의 조직도에서 성과가 좋은 업무들을 가져가버릴 것이다. 물론 항의할 수는 있지만 그래서 좋은 것은 하나도 없다. 아무리 소리 높여 주장해도 빼앗긴 업무는 다시 돌아오지 않는다. 경영전략가는 당신의 조직에서 좋은 부분은 모두 가져가고 좋지 않은 부분들만 남길 것이다. 당신에게 돌아오는 것은 더 어렵고 좋지 않은 부분들뿐이다. 경영전략가는 이런 말로 자신의 조치를 정당화한다.

"에, 자넨 정말 훌륭했어. 이번 일도 자네가 잘 처리해주었으면 하네."

뭐라고 대꾸하겠는가? 머리가 좋은 사람이라면 그 말의 의미를 이해할 것이다. 정말 운이 좋은 사람이라면 다시 점수를 딸지도 모른다. 그러나 할당된 일을 훌륭하게 끝내지 못하면 곧 당신은 실업 수당을 받게 될 것이다.

자신의 뜻대로 조직을 조직하는 경영전략가를 막을 수 있는 방법은 아무것도 없다. 당신이 조직도 급수에서 떨어졌을 때 내가 해줄 수 있는 말은 계속 노력하면서 포기하지 말라는 것뿐이다. 일단 포기를 하든지 다른 방안을 강구하든지 당신에게 남은 시간은 길지 않다.

절차 시스템

> 미국에서는 돈이든 사랑이든 매우 단순하므로 실패라는 것이 없다. 그것은 언제나 일종의 배반과 그림자와 공유된 희망이다.
> _그레일 마커스(1945~)

나는 이 전술을 아주 좋아한다. 왜냐하면 아주 많은 회사들이 이미 이 전술을 스스로에게 써먹고 있기 때문이다. 정말 어리석고 미친 짓이다. MBA 출신 친구들과 절차에 대한 그들의 지나친 강박관념 덕분에 이 전술이 어떻게 효과를 발휘하는지 한 번 예를 들어보자.

여기 어떤 기술프로그램 수행에 필요한 구매 주문을 하기 위해서 요구되는 절차들이 있다. 나의 전임 상사는 나에게 그 물품 구매 문제를 조사하고 해결하라고 지시했다. 그 절차들은 아래와 같았다.

1. 한 기술자가 부품이 필요하다는 결정을 내린다. 그는 청구서를 작성한다.
2. 수석 기술자가 반드시 그 청구서에 동의를 해야만 한다.
3. 기술 부장이 반드시 그 청구서에 승인을 해야만 한다.
4. 그 청구서는 반드시 밤 동안 구매부가 위치해 있는 회사 사무실의 컴퓨터에 전자우편으로 도착해 있어야만 한다.
5. 재무부의 승인이 있어야만 한다.
6. 기획부의 승인이 있어야만 한다.
7. 품질 관리부의 승인이 있어야만 한다.
8. 다시 구매부로 청구서가 돌아간다. 그들은 구매 주문서를 만들고 구매 가격을 결정하며 반드시 추가 승인을 얻어야만 한다.
9. 적정 예산인지 구매팀장이 반드시 승인을 해야만 한다.
10. 적정 예산인지 구매 부장이 반드시 승인을 해야만 한다.
11. 적정 예산인지 구매 이사가 반드시 승인을 해야만 한다.
12. 적정 예산인지 구매 담당 부사장이 반드시 승인을 해야만 한다.
13. 적정 예산인지 총 책임 이사가 반드시 승인을 해야만 한다.
14. 적정 예산인지 사장이 반드시 승인을 해야만 한다.

자, 이제 당신에게 묻겠다. 무려 14개나 되는 이렇게 많은 절차들이 정말로 필요할까? 7센트짜리 부속품 하나를 사려면 여덟 번의 절차를 거쳐야 하는 걸 알고 있는가? 우리는 그런 것을 바로 '관리'라고 부른다. 단돈 7센트를 쓰기 위해서 기술자, 수석 기술자, 기술 부장, 재무부 직원, 기획부 직원, 품질 관리부 직원을 거쳐서 비로소 구매원에게 주문 부품이 들어간다. 7센트를 지출하는 데 일곱 명의 승인이 필요하다는 것을 생각해보라. 그것이 관리가 아니면 뭐란 말인가?

이 복잡한 시스템은 마치 구매 과정 자체를 불가능하게 하려고 의도적으로 만들어놓은 것처럼 보인다. 그리고 실제로 그런 역할을 한다. 꼭 기술부에 화가 난 경영전략가가 일부러 기술부를 응징하기 위해서 만든 시스템 같다. 물론 이 경우가 그렇다는 말은 아니다. 하지만 이 실례는 어떤 작업을 어렵게 만들려면 무슨 방법을 써야 하는지를 분명하게 보여준다. 또 한 가지 재미있는 사실이 있다. 예산이 엄청나게 초과가 되었지만, 너무나 많은 사람들의 결재를 거쳤기 때문에 정작 그 일에 대해 책임을 질 사람은 아무도 없었다는 것이다. 재미있는 일이 아닌가? 우리는 관리를 하지만 실상은 관리 밖에 놓여 있었다.

경영전략가는 자신의 조직 내에서 수행되는 절차들을 규정한다. 만약 당신을 강등시키거나 막다른 골목으로 몰고 싶으면, 경영전략가는 복잡한 절차를 강요해서 당신을 곤란하게 만들 수가 있다. 절차가 많을수록 규칙도 많아지고 그에 따라 일은 더욱 느리게 진행된다.

나는 부품 하나를 구매하기 위해서 14번의 절차를 거쳐야만 하는 실상을 상사에게 어떻게 보고할 것인지 고민했다. 잘못 조언을 하다가는 그저 또 다른 절차와 두세 개의 결재 과정만 더 덧붙이는 결과를 낳을지도 몰랐다.

기술 담당 이사가 직접 결재를 하면 안 될까? 어쨌든 그는 기술 담당이사이니까 말이다. 우리 회사에는 업무 진행을 감시하는 재무 분석가들도 있다. 이 친구들이 모든 구매를 승인하면 안 되는 걸까? 그렇다면 나는 어떤가? 나는 프로그램 책임자이다. 그렇다면 나도 당연히 서명을 해야 하는 게 아닐까? 빌어먹을, 차라리 망할 놈의 조직 전체를 결재에 참여시키자, 1백30명 전부를 말이야. 그래서 현장의 한 기술자가 1백 30명의 서명을 얻은 후에 회사의 결재를 받도록 하는 거다.

임무를 달성하지 못하고 결국 실패할 수밖에 없는 시스템의 또 다른 예를 들어보자. 내가 속한 기술팀은 본사의 관리를 받았다. 옛날에는 모든 기술팀이 본사에 있었다. 본사에 있던 기술자들이 노동조합을 조직한 이후로, 회사는 각 공장마다 기술부를 따로 만들었다. 내가 근무했던 공장에는 기술부가 있었지만 어음 발행이 허락되지 않았다. 그들은 회사의 승인을 받아야만 했다.

우리 공장의 비노조원 기술자가 제출한 인출 청구서가 본사 사무실로 올라가서 노동조합에 가입한 기술자들의 감시와 승인을 받게 되었을 때, 무슨 일이 벌어졌을까? 짐작대로 그들은 그 인출 청구서를 들여다보고 다시 수정하라고 돌려보냈다. 심지어 생산 라인 교체 결정조차 노조원과 비노조원의 분열에 막혀서 진행되지 못했다. 노동조합이 그 상황에 도움이 되었을까? 관리가 그 상황에 도움이 되었을까? 두 가지 다 비효율적인 조직을 만든 것이었다.

기술 관리 체계는 또 어떤가? 그것은 참으로 정밀 검사가 요구되는 시스템이다. 내가 한때 근무했던 또 다른 공장에서 어떤 일이 벌어졌는지 살펴보자.

제조부는 기술적 문제 때문에 아무 일도 할 수가 없었다. 그들은 문제 보고서(Problem Report: PR)라고 칭하는 서류를 작성하고 그 서류는 반드시 '잡동사니 나부랭이를 해치우는 공장 경영진의 승인을 받아야만 했다. 산업 기술자가 그 문제가 기술적이라는 데 동의를 하면 그들은 매주 상황을 보고하는 또 다른 형식의 기술 조치 요구서(Engineering Action Required: EAR)라는 것을 작성했다. 우리는 하나의 형식을 만든 다음 똑같은 내용을 다른 형식의 서류에 옮겼다. 기술 조치 요구서는 마치 보증서와 같은 것이어서, 기술진은 40시간 내에 그 문제를 해결해야만 했다. 만일 더 많은 시간이 필요하면 기술자들은 왜 40시간 안에 문제를 해결할 수 없는지에 대한 이유를 해명하고 이해를 받아야만 했다.

이것 때문에 종종 생산 공장을 위해서 일하는 산업 기술자들과 부사장 직속으로 일하는 설계 기술자들 사이에 격렬한 충돌이 일어났다. 일단 임무 수행을 위한 새로운 예산이 세워지면 기술진은 그 임무가 완수될 때까지 매주 진행 상황을 재무부와 기획부 양쪽에 보고를 해야만 했다. 만일 기술팀이 사전 승인 없이 허용받은 예산을 초과하면 그때는 기술부 예산으로 초과분을 채워야만 했다. 따라서 진행 중인 임무들도 예산이 수정될 때까지 중단했다가 다시 시작하고 또다시 중단하곤 했다. 드문 일이긴 했지만 어쨌든 문제가 해결될 때까지 그런 일들이 반복되었다.

당신은 너무 지나친 낭비가 아니냐고 물을 것이다. 그저 기술팀에 전화를 걸어서 조에게 잠깐 도와달라고 하면 왜 안 되는가? 간단한 문제라면 조는 한 시간도 안 돼서 해결해줄 것이다. 그런데 왜 그렇게 하지 않을까?

오래 전에 좋지 않은 일이 있었다. 당시 제조 공장의 부사장은 기술부가 공장에서 일어나는 기술적 문제들을 이용하여 기획 업무까지 장악하고, 아무 할 일이 없을 때에도 공장을 배회하고 다니지 않을까 걱정했다. 부사장은 할 일 없는 기술자들에게 봉급을 주고 싶지 않았던 것이다. 또 서두르자고 마음만 먹으면 하루에 끝낼 수 있는 일을 2주일이나 붙잡고 있는 꼴도 보고 싶지 않았다. 그래서 어떻게 했을까? 그런 일을 미연에 방지하기 위해서 부사장은 이 정교한 시스템을 확립했고 그것을 관리할 정규직 직원을 채용해서 봉급을 지불했다.

이제 공장은 기술 조치 요구서를 관리하도록 두 명의 정규직 직원을 두었다. 설사 기술 조치 요구서를 작성하는 일이 발생하지 않는다 해도 그들은 계속 봉급을 받는다. 정말로 뛰어난 경제 감각이 아닌가. 두 명의 직원을 관리하기 위해서 두 명의 직원을 고용한다. 아니면 네 명을 채용하자, 그럼 두 배의 능률을 올릴 수 있을 것이다. 아니면 매년 20만 달러의 경비를 관리하기 위해서 10만 달러를 쓰자. 우리는 멍청이들이다. 달리 뭐란 말인가? 이런 시스템들은 심각하게 재고할 필요가 있었다.

이 이야기의 교훈은 무엇일까? 경영전략가가 당신을 방해할 생각이 있다면 강제로 복잡한 절차를 이용할 수가 있다는 말이다. 그럼 당신은 어떻게 그에 대항하겠는가? 고위 경영진을 찾아가서 따지겠는가? 나는 우리의 그런 일처리 방식이 정말 한심하다고 생각한다. 그것은 참으로 바보 같은 짓이며 막대한 돈과 인력을 낭비하는 일이다. 혹시라도 내가 한때 몸담았던 회사의 경영진이 이 글을 읽게 된다면, 그런 바보 같은 짓을 해결하기 바란다.

아사 전술

> 「주기도문」에 나오는 첫 번째 탄원은 일용할 양식이다. 텅 빈 배로는 아무도 신을 영광스럽게 하거나 이웃을 사랑할 수가 없다.
> _우드로우 윌슨(1856~1924)

나는 이 전술 때문에 두 번이나 골탕을 먹었다. 과연 어떤 전술일까? 간단하게 말해서 부하 직원이 필요로 하는 인력을 제공하지 않는 것이다. 그렇게 되면 부하 직원은 힘을 잃고 어떤 임무도 완수할 수가 없게 된다. 그리고 충분한 시간이 흐르면 그 직원은 '임무를 완수하지 못한 것' 때문에 저절로 교체된다. 나의 경우에 이 전술이 어떻게 쓰여졌는지 읽고 나면 당신은 경영전략가의 수완에 놀라지 않을 수 없을 것이다.

처음 그 일이 일어난 것은 두 가지 이유 때문이었다. 첫 번째는 상사가 내 자리에 자기 사람을 앉히고 싶어했는데, 그 이유는 나는 그의 사람이 아니기 때문이었다. 두 번째는 프로그램 담당 상사가 나를 싫어해서 자신의 조직도에서 쫓아내고 싶어했기 때문이었다. 물론 나는 그의 사람도 아니었다. 그때 나는 맡은 일만 잘하면 상사들이 나를 저절로 좋아하게 될 거라는 순진한 생각을 갖고 있었다.

신들(경영전략가들)이 더 이상 나를 총애하지 않기로 결심하자, 나는 불시에 거의 80명에 이르는 사람들로 구성된 커다란 조직을 그들로부터 넘겨받았다. 하지만 사람들이 조직을 떠날 때마다 나는 그 빈자리를 대체할 수가 없었다. 결재 서류는 언제나 두 상사 중의 어느 한쪽 사무실에서 지연되는 것 같았다. 내가 이 함정에서 벗어나려고 노력할 때마다 나에게 돌아온 대답은 잠깐 기다려라, 그리고 대체 인원이 없으면 정말로 곤란한지 한번 두고 보자는 말뿐이었다. 이런 일이 계속되자 내 조직에는 10여 명의 결원이 생겼다. 곧이어 재무 담당자가 찾아오더니 현재 인원수에 맞추어 10퍼센트 예산을 삭감했다. 나는 다시 여섯 명의 직원을 잃어야만 했다. 나에게는 임무를 수행하기 위해서 꼭 필요한 직원이 무려 열여섯 명이나 부족했다.

내가 임무를 완수하지 못했을까? 당연한 일이다. 그렇다고 일을 그만두었을까? 물론 나는 일을 계속했다. 하지만 사실상 별로 시시한 다른 프로그램으로 이동되었다. 나의 상사가 자기 사람에게 내가 했던 일을 넘겨주었을까? 두말하면 잔소리다! 그렇다면 새로 임무를 맡은 그 남자는 조직을 운영하기 위해서 열여섯 명의 새로운 직원을 보충할 수 있었을까? 물론이다. 그것도 당장에 보충할 수가 있었다. 나는 어떻게 했을까? 회사를 그만두고 얼마 후에 곧 다른 일을 찾았다.

두 번째로 그 일을 당했을 때에도 첫 번째와 거의 똑같은 방식으로 진행되었다. 나는 한 조직을 개편하는 임무를 맡았다. 원래 이 조직은 장기 도급 계약을 체결하는 일을 했었는데, 새로 구성되는 조직은 단지 관리만 할 예정이었다. 원래 조직은 30명의 인원으로 구성되었지만, 새로운 조직은 필요 인원이 겨우 5명으로 산정되어 있었다. 나는 곧 5명의 인원으로는 충분하지 않다는 사실을 금방 깨달았다. 그리고 나의 상관들에게 이 사실을 알렸다. 그들은 이렇게 말했다.

"걱정하지 말게. 필요한 직원은 다 보충해줄 테니까. 일단 감축된 인원으로 한번 일을 해보게. 그래도 더 필요하면 그때 지원해주겠네." 나는 그 조직을 인수했고 조직 이행 작업을 시작했다.

이행 작업이 막 끝날 즈음 나를 채용했던 경영진들이 몰살을 당했다. 나를 채용했던 나의 실무 담당 부사장과 프로그램 담당 부사장, 그리고 그들의 상사인 총 이사가 해고되거나 은퇴를 한 것이다. 이런 마당에 필요한 인원을 보충해주겠다던 약속쯤이야 문제도 되지 않았다.

새로운 실무 담당 부사장은 주어진 예산 안에서 모든 일이 진행될 거라고 굳게 믿고 있었다. 그리고 우리 조직은 단지 5명의 예산밖에 세워져 있지 않았기 때문에 내가 가질 수 있는 인원은 5명이 전부였다. 새로 온 부사장은 정략적인 임명을 받은 사람으로 매우 영리하고 프로다운 근성을 지닌 남자였지만 실무 능력은 없었다. 그는 내가 하는 일을 이해하지 못했다. 나의 새로운 프로그램 담당 부사장 또한 정략적인 임명을 받은 사람으로 그 역시 실정을 모르기는 마찬가지였다. 이제 스토리는 뻔하지 않은가? 나는 할 수 있는 모든 노력을 다했지만, 상사들은 전혀 도움을 주지 않았다. 내 밑의 직원들은 일주일에 60시간을 일했고 우리는 지치기 시작했다. 소 귀에 경 읽기였을까? 그렇다. 나는 내가 쓸모 없는 존재가 되었음을 깨달았다. 결국 나는 6개월을 버티다가 강등을 당했다. 후임자는 부족한 직원을 보충할 수 있었을까? 물론이다. 그리고 보충된 직원들 중의 하나가 바로 나였다.

자, 이 전술은 어떻게 시행하는 걸까? 경영전략가는 부하 직원이 요구하는 도구를 주지 않는다. 그러나 부하 직원의 업무 수행 능력은 충분한 지원을 받고 일할 때와 똑같은 기준으로 측정한다. 경영전략가는 그가 적은 인원으로 조직을 관리할 수 없으면 다른 사람이 대신 그 임무를 맡게 될 것이라고 말한다. 경영전략가는 계속해서 불가능한 일정을 맞추도록 하고 그가 실패할 때마다 기록을 한다. 부하 직원이 공정하지 않다고 불평을 하면 경영전략가는 이렇게 대답한다.

"머리를 써, 괜히 몸만 고생시키지 말고."

그는 부하 직원에게 인원 보충이 만병통치약은 아니라고 말한다. 그때쯤 되면 부하 직원은 인정 많은 인사부 사람들조차 도울 수 없을 정도로 불리한 평가 기록들을 잔뜩 얻게 될 것이다.

나는 또한 경영자들의 몰이해 때문에 부하 직원이 죽도록 당하는 경우를 여러 번 보았다. 분명히 당신도 그런 경우를 보았을 것이다. 경영자들은 업무를 잘 알아서가 아니라, 단지 높은 사람을 잘 안다는 이유만으로 형편없는 멍청이를 책임자로 임명한다. 그런 책임자일수록 자신의 무능함을 보충해줄 수 있는 가장 훌륭한 부하 직원을 끌어가게 마련이다. 하지만 책임자는 너무나 자주 점심 약속이 있기 때문에 부하 직원이 인원 보충을 요구할 때 그 상황을 이해하지 못한다. 결국 부하 직원은 실패하고 책임자는 그를 교체하라는 압박을 받는다. 물론 후임자는 필요한 인원을 갖게 될 것이다.

당신은 이 전술에 어떻게 대응할 것인가? 방어책은 오직 하나뿐이다. 바로 앞서 소개한 제1법칙, 인맥이다. 당신은 상사의 사람이 되어야 한다. 나의 경우에 나는 상사의 사람이 아니었다. 첫 번째 경우에는 인맥 따위를 하찮은 문제로 생각하는 우를 범했다. 두 번째 경우에는 뜻하지 않게 내 위의 상사들이 시베리아행 유배선을 탔고 나는 나를 원하지 않는 새로운 상사들 손에 남겨졌다. 당신이 직업적 성공을 원한다면, 당신은 당신을 지켜줄 거물 한 명쯤은 반드시 갖고 있어야만 한다.

그런데 당신이 상사의 사람이 아니라면 어떤 방법으로 그 전술을 방어할 것인가? 해줄 말이 없다. 나의 전적을 살펴보면 2:0으로 완패를 당했다. 그들의 사람이 아니었기 때문에 나는 이미 두 번이나 분쇄를 당했다. 돌이켜보면 이 전술에 대응하기 위해서 내가 생각할 수 있는 것은 오직 하나, 지휘 계통을 한두 단계 건너뛰어야 한다는 것이다. 그러기 위해서는 먼저 당신의 상사가 그 위의 상사와 어떤 관계인지를 면밀히 따져보아야 한다.

당신의 상사는 윗사람의 총애를 받고 있거나, 처형당할 명단에 올라갔거나, 아니면 그저 평범한 인물일 것이다. 만약 상사가 윗사람의 총애를 한 몸에 받고 있는데 당신이 윗사람을 찾아간다면, 나치의 강제수용소에서 샤워실로 걸어들어가는 것과 같은 짓이다. 만약 상사가 목숨이 얼마 남지 않은 운명이라면, 윗사람의 수하로 들어가서 상사를 제거하는 일에 협력하는 것이 현명하다. 상사와 윗사람의 관계가 그저 그렇다면 접근 방법에 따라서 다음과 같은 두 가지 결과가 나올 수 있다.

결과 1: 최고 책임자가 인원 부족을 호소하는 당신 설명을 듣고 인원을 보충해주도록 조처해준다. 하지만 당신은 여전히 같은 상사 밑에서 일하도록 내버려둔다. 그것은 곪은 상처를 잠시 가리는 것과 같다. 임시 방편일 뿐이다. 잠깐은 목숨을 구할 수 있을지 모르지만, 결과적으로는 당신을 더 멀리 몰아내게 만들 뿐이다. 더욱더 심한 고문이 뒤따르고 결국은 죽음을 맞게 된다.

결과 2: 당신은 상사가 망쳐놓은 일들, 그의 무능력에 대한 증거, 그밖에 그를 비방할 수 있는 자료들을 잔뜩 준비해서 가져간다. 그 자료를 본 최고 책임자는 당신의 말에 귀를 기울인다. 마침내 당신은 조직의 지휘 계통을 깨뜨린다. 그 결과로 당신은 더 많은 직원을 배정받고 당신 상사는 수치를 당하든지 곧 실업 수당을 받는 줄에 끼게 될 것이다.

조직의 지휘 계통을 뛰어넘을 때, 생길 수 있는 또 다른 결과는 언제 자신마저 뛰어넘을지 모른다는 두려움을 느낀 최고 책임자가 당신을 살벌한 전쟁터로 이동시키는 것이다. 그러므로 이 전술을 이용하면 당신이 바라지 않는 부작용이 발생할 수도 있으니 조심하라. 반면 당신의 상사가 이 아사 전술을 당신에게 이용하고 있다면 혹은 이 책에서 소개한 다른 전술을 이용하고 있다면, 당신이 고기 분쇄기로 들어가는 건 시간 문제일 뿐이다.

풋내기 사원과 한 팀이 될 경우

일반화한다는 것은 천치가 된다는 뜻이다. 특수화한다는 것은 뛰어난 장점을 갖는다는 뜻이다. 그러므로 일반적인 지식이란 천치들의 지식을 말한다.

"부하 직원에게 인력을 줄 때에는 반드시 바보들만 주어라."

경영전략가의 모토이다. 부하 직원을 죽도록 굶길 수 없다면 영양가 없는 음식만 돌아가도록 해야 한다. 경영전략가의 앞길을 방해하는 부하 직원이 '불량 전구'만을 거느리게 되면 어떤 일도 성취할 수가 없다. 40와트부터 120와트까지 어디에나 달려 있는 전구를 생각해보라. 사람들이라고 전구와 다를 것이 없다. '불량 전구' 직원은 완전한 전구가 내는 밝기의 절반밖에 빛을 내지 못하는 사람이다.

그 일이 나에게 일어났었다. 나는 상황을 깨닫고 미친 듯이 항의를 했지만 결국 불량 전구에 걸리고 말았다. 나의 상사는 나보다 훨씬 더 교활한 사람이었다. 상사는 구매 업무를 기술적으로 도와줄 사람이 필요하다는 결정을 내리고, 당장 업무를 도와줄 수 있는 20년 경력의 노련한 프로가 아니라 공대를 막 졸업한 풋내기를 채용하게 만들었다. 그리고는 나더러 그 풋내기를 훈련시켜서 인원 보충을 요구한 구매팀에 합류시키라고 말했다. 기술적 지식을 가진 구매원이라면 중간 중간 기술자의 설명을 들을 필요 없이 공급업자와 대등한 논쟁을 벌일 수 있을 것이기 때문에, 그 풋내기의 미래를 보고 투자를 하라는 것이었다.

나는 구매원이 하는 말의 90퍼센트가 계약과 관련된 용어이며 실제 기술자들의 도움을 받아야 할 기술적인 용어는 거의 없다고 대꾸했다. 그리고 상사에게 실전 경험이 많고 전투 방법을 잘 알고 있는 노련한 전문가를 달라고 요구했다. 나는 신출내기가 아니라 최고 전문가가 필요했다. 하지만 나는 공대를 막 졸업한 풋내기를 갖든지 아무 지원도 받지 않든지 둘 중 하나를 선택해야 했다. 결국 나는 그래도 없는 것보다는 낫겠지 하는 심정으로 풋내기를 선택했다. 그러나 그 선택은 엄청난 실수였다.

그 신출내기는 화근 덩어리였다. 첫째, 그 친구는 우리 일을 단지 기술직처럼 받아들였다. 둘째, 구매에 관해서는 아무것도 몰랐다. 셋째, 그는 기껏해야 약간의 스트레스에도 퓨즈가 타버리는 불량 전구에 불과했다. 그는 의욕적이지도 적극적이지도 않았다. 나는 그를 데리고 일하려고 노력했다. 그에게 충고를 해줄 선배 구매원을 지정해주었고 나의 조직에 계속 몸담을 계획이라면 학교에 등록을 해서 구매 관련 학과나 구매 관리자 협회 강좌를 수강하라고 조언했다.

하지만 그는 절대로 만족하게 일을 하지 못했다. 자기가 맡은 일을 하긴 했지만 언제나 뭔가가 부족했다. 불성실했고 작업은 수준 이하였다. 상사가 매주 풋내기의 업무 진척과 훈련 과정에 대한 보고를 하라고 했기 때문에 나는 그를 해고할 수가 없었다. 상사는 그를 해고하라는 나의 충고를 듣지 않았다. 그 풋내기의 문제가 무엇이든지 그 책임은 그를 제대로 훈련시키지 못한 나에게 있었기 때문이었다.

나는 나에게 크게 신세를 졌던 기술부 사람들에게 전화를 걸어서 제발 그를 데려가 달라고 요청했다. 그러나 불량 전구를 데려가려는 사람은 아무도 없었다. 그들 역시 결원 보충의 압박을 받고 있었지만, 그들이 원한 것은 풋내기가 아니라 숙련된 경험자였다. 그들은 이렇게 말했다.

"필, 그러지 말고 다른 부탁을 하게나. 그 일만 빼고는 뭐든 말이야.

우린 지금 극심한 인력난에 빠져 있고 뛰어난 기술을 가진 전문가를 절박하게 찾고 있어. 자네가 말한 그 사람을 데려갈 여유가 없다네. 어쩌면 몇 달 뒤에는 가능할지도 모르지. 하지만 지금은 아니야."

마침내 우리 부서에 또 다른 결원이 발생했다. 내 밑에 있는 최고 전문가들 중의 한 사람이 더 높은 연봉을 받고 회사를 옮긴 것이다. 상사가 다시 풋내기를 대려다가 훈련시킬 것을 주장했을 때, 나는 다시 그래야 한다면 회사를 그만두겠다고 항의했다. 우리는 불량 전구라도 얻든지 하나도 못 얻든지 하는 게임을 시작했고 이번에 나는 상사를 기다리게 만들었다. 나는 우리 조직이 실패한 일을 설명할 때마다 꼭꼭 그 풋내기가 거치적거렸다는 말을 덧붙였다. 만약 또다시 기술적 배경을 가진 풋내기가 들어온다면 구매팀은 공장을 망하게 할 것이라고 주장했다. 그러나 상사는 꿈쩍도 하지 않았다.

이제 나는 나와 같은 직급에 있는 사람들을 모두 찾아가서 내가 데리고 있는 풋내기를 데려갈 생각이 있는지 물었다. 그들은 한결같이 심지어 나의 적조차 그를 데려갈 생각이 없었다. 나는 심지어 인력 예산을 주겠다는 약속까지 했지만 돌아오는 대답은 똑같았다.

이러한 자료를 가지고 나는 상사를 찾아갔다. 그리고 나에게 합당한 인력을 고용하도록 허락해주지 않는다면 보다 높은 고위 책임자를 찾아가겠다고 위협했다. 그는 마음을 바꾸었고 나에게 값비싼 희생을 치르게 했던 그의 시도는 실패로 돌아갔다.

그 신출내기는 행복한 결말을 맺었다. 일류 구매원으로 성장한 것이다. 그렇다, 그는 결국 성취했고 나는 그를 다시 채용했다.

한편 상사가 의도적으로 집어넣은 머저리들 때문에 한 남자의 경력이 서서히 침몰하는 광경을 직접 목격한 적도 있다. 그 남자 프레드는 꽤 유능한 사람이었지만 누가 봐도 알 수 있을 만큼 상사와 서로 사이가 좋지 않았다. 프레드는 물품 선적과 인수 업무를 담당했고 두 가지 업무 모두 공격을 받기가 쉬운 분야였다.

우리는 인쇄된 회로 카드 조립품을 공급하는 커다란 규모의 장기 계약을 맺었다. 그 일에는 많은 부품을 매입해야만 했다. 구매 주문이 개시되자 부품들이 트럭에 실려서 들어오기 시작했다. 프레드의 조직은 큰 계약에 앞서서 생산 단계를 지원하는 부서였고 프레드는 도움을 요구했다. 새로운 계약을 진행하기 위한 예산 속에는 프레드를 도와줄 5명의 인력을 보충한다는 내용이 포함되어 있었으므로, 프레드는 간단히 인원 보충을 허락받았다. 하지만 그의 상사는 다른 업무 분야의 실패자들을 데려와서 프레드에게 주었다. 그 상사는 신규 채용자들 보다 사내 경험자들을 부하 직원으로 쓰라고 주장했고, 프레드 또한 경력자의 도움이 필요했다.

상사는 '도움'을 베풀어서 프레드가 채용 과정을 생략하도록 허락했고 프레드는 즉각 직원을 증원받았다. 경영전략가는 프레드를 더 힘들게 만들려는 속셈으로 프레드의 조직에서 핵심 인물 여러 명을 다른 조직으로 이동하도록 선동했다. 프레드는 사형 선고를 받은 셈이었다. 그는 무경험자들과 남게 되었고 사실상 그들의 이전 경력을 고려할 때 훈련을 시킨다는 것도 불가능했다. 프레드는 회사를 그만두었고 경영전략가의 사람이 그의 후임으로 채용되었다.

당신이 경영전략가라면 이 사실을 어떻게 이용할 것인가? 누군가를 제거하고 싶다면 확실하게 아랫사람들을 불량 전구들로만 보충해주면 된다. 경영전략가는 반드시 그 조직의 빈자리에 지원한 구직자들을 직접 면접하고 영리하거나 유능해 보이는 인재는 모두 거부할 것이다. 그렇게 해서 그 부하 직원은 실패자들을 갖고 경영전략가는 부하 직원의 실패를 확신한다.

당신은 이 전술에 어떻게 맞설 것인가? 당신의 몸이 고깃덩어리로 갈려지는 운명을 어떻게 피할 것인가? 내가 쓴 대응책들을 설명했지만 그것이 언제나 효과적이라고 말할 수는 없다. 상사가 경영전략가이고 당신을 요리하는 데 이 전술을 쓰고 있다면 그때는 효과가 없을 것이다. 그렇다면 달리 무슨 방법이 있을까? 그저 시간을 끄는 수밖에 없다. 그래야만 한다. 그렇지 않으면 당신 조직의 업무 수행과 당신의 업무 수행과 당신의 앞길을 가로막는 부하 직원을 갖게 될 것이다. 인내하라. 당신이 기다리는 동안 임무를 수행하지 못한 모든 실패의 책임은 부족한 인력 탓으로 돌아간다. 일정을 맞추지 못한 것, 만기일을 놓친 것 등 모든 실패가 당신에게 적절한 인력을 주지 않은 상사의 탓으로 귀결될 것이다.

갑작스럽게 하는 일마다 실패하는 이유를 설명해야 할 순간이 찾아오면 미리 짜둔 각본대로 대답하라.

"저희 부서에 필요한 사람을 뽑는 데 있어서 상사님과 저의 의견이 달랐습니다. 상사님은 저에게는 뛰어난 업무 처리 능력을 기대하면서, 정작 사람을 뽑는 데에는 자신의 기준을 따를 것을 주장했습니다. 불합리한 조처였죠."

당신이 계속 그렇게 말하면 사람들의 시선은 상사에게 돌아가기 시작한다. 종종 경영전략가들은 하위 직원이 업무를 수행하는 데 필요로 하는 수단들을 반드시 마련해주어야만 한다는 기업 정책의 불문율을 무시하곤 한다. 그러나 그렇게 하면 하위 직원이 실패를 할지라도 그 직원을 마음껏 패줄 수가 없다. 오, 물론 하려고만 들면 그를 패줄 수는 있다. 하지만 상당히 어려운 일이 될 것이다. 반대로 부하 직원이 충분한 인력을 제공받고도 계속 실패했을 때에는 경영전략가가 그 직원의 목을 치더라도 아무도 비난하지 않는다.

이 전술에 대한 또 다른 대응책은 언제나 당신을 위해 일할 사람을 충분히 확보해두는 것이다. 나는 지금이라도 부르기만 하면 당장 달려올 사람들을 많이 확보하고 있다. 우선 그들은 나의 업무 방식과 원하는 것, 그리고 나의 성격을 잘 알고 있다. 그리고 나의 운영 방식을 좋아한다. 나는 그들에게 어떤 전술도 쓰지 않으며 그들은 그걸 알고 있다. 일단 나와 한 팀이 되면, 그들은 안전하다.

나는 그들의 이력서를 지니고 있다가 부족한 결원을 채우는 데 이용한다. 결원이 생기면 그 이력서들을 준비해서 상사에게 보여주는 것이다. 물론 공정하다고는 말할 수 없다. 어느 패를 뽑든지 나에게 유리한 카드패가 될 테니까 말이다. 그러나 어느 경영전략가에게 물어도 당신은 똑같은 대답을 들을 것이다.

제1법칙을 기억하라, 첫째도 둘째도 인맥이다. 언제든지 상사가 불량 전구 같은 인간들을 떠넘기려고 할 때면 나는 예전에 나를 위해서 일했고 내 의사와 방식을 잘 이해하며 상사가 안 된다고 말하기가 거의 불가능할 정도로 유능하고 숙련된 사람들의 이력서를 제출한다. 그렇게 해서 나는 성공적인 업무 실적을 쌓아봤다. 내 방식대로 하게 해달라. 그러면 그 일을 끝낼 것이다. 한편 나의 실패작들은 멍청한 상사들 밑에 있으면서 그들을 제대로 다루지 못했을 때 일어났었다. 방금 한 말을 가슴 깊이 새겨두어라. 상사와 지내는 데 도움이 될 것이다.

충신들로 자리 채우기

> 누구도 두 명의 주인을 섬길 수 없다.
> _신약 성서, 「마태복음」 6장 24절

멍청이들과 한 팀을 짜는 것과 비슷한 전략처럼 보이지만, 한 팀이 될 부하 직원이 아니라 경영전략가 자신에게 충성스러운 사람들을 준다는 점이 다르다. 더구나 그 사람들이 부하 직원을 싫어하고 그를 제거하는 일을 적극적으로 돕는다면 더 바랄 게 없을 것이다.

잠깐 생각해보라. 당신이 상사로부터 넘겨받는 사람들이 모두 상사에게 충실한 그의 사람들이라니. 프레드가 생각나는가? 분쇄기의 칼날이 살점을 도려내는 것이 보이는가? 악몽이 아닌가? 물론, 현실에서 일어나는 일이다. 당신을 제거하려는 경영전략가는 당신의 조직도에 자신의 사람들을 올려놓을 것이다. 그렇게 함으로써 첫째, 경영전략가는 당신의 조직 내에서 일어나는 일을 바로바로 알게 된다. 둘째, 당신이 매우 신중하게 계획한 일들을 틀어놓을 수가 있다. 당신은 끝장이다!

나는 이 전술을 한 번 이용했고 한 번 이용을 당했다. 이 전술을 이용한 것은 내 밑에 내가 뽑지 않은 사람들이 많이 들어왔기 때문이었다. 그들은 모두 담당 분야를 가지고 들어왔기 때문에 나는 그들을 받아들이지 않을 수 없었다. 그 당시에는 그들이 유일한 대안이었던 것이다.

만약 내가 경영전략가였다면(물론 내가 경영전략가라는 사실을 부인하는 것은 아니다), 분명히 나는 그들이 나에게 해를 끼치지 못하도록 그들을 제거하거나 '방목'하는 데 모든 시간을 썼을 것이다. 그리고 나를 좋아하는 사람들로 몽땅 교체할 수 있었을 것이다. 그러나 나는 그렇게 하지 않았다. 다만 '열성적인 상사 추종자들'을 이용하여 내 '충신들로 자리를 채우는' 전술을 사용했다.

열성적인 상사 추종자들은 손 안에 든 불붙은 다이너마이트와 같다. 빨리 무슨 조처를 취하지 않으면 당신 눈앞에서 터져버릴 것이다. 나는 내 조직을 안정적으로 유지하고 임무 완수를 확인하기 위해서 이 전술을 이용한다. 나는 믿을 수 없는 부하 직원을 직접 통제할 수는 없을지 모른다. 그러나 나의 사람들을 통제할 수는 있다. 그 부하 직원은 나의 사람들로 둘러싸이게 됨으로써 일거수 일투족이 감시를 당하게 된다.

나는 그보다 더 그의 조직을 속속들이 알게 된다. 그가 나의 상사에게 나에 대해 고자질이라도 한다면? 상관없다. 나는 그보다 더 그의 부서 사정을 잘 알고 있기 때문이다.

한때 나는 세 가지 직급에 80여 명으로 구성된 조직을 이끌고 있었다. 내 바로 밑의 직원들은 대부분 최고 경영자로부터 직접 임명을 받은 사람들로서 그들은 내가 아니라 최고 경영자에게 충실한 사람들이

었다. 그들 중 몇 사람은 거의 쓸모가 없었지만 아무튼 내가 다루어야
만 되는 사람들이었다.

사실 몇 사람은 매우 우수했고 나를 많이 도와주었다. 그들은 자신
들의 전문 분야에서는 모두 뛰어난 인재들이었다. 그러나 구매는 '그
들의 일'이 아니었다. 그래도 뛰어난 사람들은 매우 뛰어났다. 형편없
는 사람들은 거의 쓸모가 없었다. 그러나 대부분 형편없었다.

우리가 그들에게 '거세된 수소들'이라고 부른 걸 알면 우리가 그들
을 어떻게 생각했는지 쉽게 눈치챌 수 있을 것이다. 어쨌든 나의 상
사들 중의 한 명이 자기 사람을 내 조직도에 집어넣었는데, 나는 여러
부하 직원들 중에서 누가 상사의 심복인지 알 수가 없었다. 그러나 어
쨌든 백악관보다 더 심하게 우리 부서의 정보가 밖으로 유출되고 있
다는 것을 알고 있었다. 내가 보고를 하기도 전에 이미 상사가 진행되
는 상황들을 알고 있었던 것이다. 나는 곤경에 빠졌다. 정보 유출자를
찾기 위해서 애를 썼지만 확신을 할 수가 없었다. 나는 여섯 마리의
거세된 수소들 중에서 두 마리를 골라냈다. 그러나 둘 중에서 누가 상
사의 수족인지 판별할 수가 없었다. 나는 그 두 마리를 모두 내보냈고
정보 유출은 사라졌다.

나로서는 그 상사가 내 머리 가죽까지 몽땅 벗길 의도가 없었다는
사실이 천만다행이었다. 그 상사는 단지 나를 신임하지 못했고 계속
나를 감시하기를 원했을 뿐이었다. 만약 나를 죽일 생각이었다면 그
의 거세된 수소가 내부에 특공대를 구성했을 것이다. 그리고 내가 계
획하는 일마다 훼방을 놓고, 방해를 하고, 파괴했을 것이다. 나는 여섯
사람들 중에서 두 사람의 용의자를 가리는 데에 무려 일 년이 걸렸지

만, 그 동안 나의 상사는 나를 죽이려는 시도를 하지 않았다. 상사가 나를 죽이려고 했다면 나는 일 년이나 버티지 못했을 것이다.

당신의 부하 직원들이 상사의 사람들이라면 서둘러서 누가 정보 유출자인지를 밝혀내고 제거해야만 한다. 그자는 상사와 바로 연결되는 통로를 갖고 있으며 당신이 아니라 상사의 이익에 따라 움직인다.

당신의 비밀이 누출되고 있으며 당신이 원하지 않는 정보들이 상사에게 흘러가고 있다는 것을 알았을 때, 어떻게 당신 자신을 방어할 수 있는가? 간단하다. 정보가 새는 틈을 틀어막고 누출자를 징계하라. 간첩을 찾아낼 때까지는 당신 조직을 어떤 예외도 없이, 오직 정석대로만 운영하라. 일단 부하 직원들에 대한 살균 작업이 끝나면 그때 다시 평소의 운영 스타일로 돌아가라.

이 전술에 대응하여 똑같은 전술을 쓸 수 있을까? 가능하다고 생각한다. 그런 사람들을 이중 간첩이라고 하던가. 그런데 나는 나의 상사를 위해서 일하는 사람에게 어떤 미끼를 던져 나의 편으로 돌아서게 할 수 있을지 그 방법을 모르겠다. 나를 위해서 간첩 노릇을 하려고 했던 사람들은 여러 명 있었지만 나는 그들을 결코 신뢰할 수가 없었다. 상사는 언제든 나보다 더 많은 것을 약속할 수가 있는 위치에 있다. 그러므로 언제 다시 달콤한 제안을 할지 모른다. 반면 나로서는 상사의 제안을 능가할 만한 더 커다란 제안을 할 수 있을지 자신이 없다. 결국 나는 첩자를 믿지 않는다.

정리

<hr />

나는 경영전략가가 조직도를 이용해서 당신의 직업 경력을 파괴할 수 있는 방법들을 제시했다. 경영전략가는 당신을 아무 일도 하지 않게 만들 수 있다. 그렇게 함으로써 당신은 필요 없는 사람이 된다. 또한 당신을 조직도의 하위 단계로 강등을 시킬 수가 있다. 심지어 전능하신 하느님의 도움을 받아야 할 정도로 당신 조직을 완전히 바꿔놓을 수도 있고 당신을 파멸시킬 수도 있다. 그는 당신을 위해서 일할 사람이 한 명도 남지 않을 때까지 당신 몸에 붙은 깃털 하나마저도 뽑아낼 것이다. 당신에게 과도한 업무를 지우거나 경험과 지원이 없는 조직으로 이동을 시킬 수도 있다. 또한 자신의 의도대로 만든 조직에 당신이 싫증을 느끼고 그만두게 유도하려고 할 것이다. 그는 내부의 시스템과 절차들을 규정해서 당신이 낼 수 있는 최고 속도를 고물 자동차 속도 정도로 떨어뜨릴 수가 있고 당신의 임무를 완수할 수가 없도록 방해할 수 있다. 그는 당신이 요구하는 인력을 제공하지 않음으로써 당신을 무능하게 만들 것이다. 혹은 인력을 주기는 하지만 당신에게는 전혀 가치가 없는 무능한 직원들을 제공할 것이다. 또 당신을 잡아먹는 일에 협조할 충직한 상어를 제공할 수도 있다.

이것들 외에도 분명히 더 많은 전술들이 있을 것이다. 생존자가 되고 싶다면 이런 전술들을 알아두고 대비를 해야만 한다. 경영전략가는 한 번에 한 가지 이상의 전술을 이용할 수 있다는 것을 언제나 기억하라. 고깃덩어리를 다루는 요리사를 생각하라. 요리사는 사정없이 고기를 두드려서 부드럽게 만들거나 양념에 재워두거나 작은 고무 주걱으로 탁탁 치거나 하루나 이틀 동안 훈제를 하기도 한다. 그 밖에도 여러 가지 조리법이 있다. 경영전략가는 서너 개의 조직적 전술들, 대여섯 개의 방법적 전술들, 양방향 전술들, 그리고 징계 전술들을 동시에 이용할 수가 있다. 한꺼번에 여러 전술에 걸리면 정신을 차리기가 힘들다. 살아남기 위해서는 긴장을 늦추지 말아라. 그렇지 않으면 뜨겁게 달궈진 바비큐 그릴이 당신을 통째로 구워 버릴 것이다.

공격에 대비하라

경영자의 스타일은 문제에 접근하는 방식을 보면 알수 있다. 어떤 식으로 문제를 해결하는지 혹은 해결하지 않는지를 살펴보면 바로 경영 방식을 알 수 있는 것이다. 이번 장에서는 어떻게 경영전략가가 자신의 개인적인 스타일을 사용하여 부하 직원으로 하여금 자신이 원하는 대로 하도록 만드는지 그 방법을 살펴볼 것이다. 여기에 소개된 전술들은 동시에 다른 노력들을 병행하고 있는 경영전략가들에게 유용하게 쓰일 것이다.

1992년도판 『미국 표준 영어 사전』에 소개된 정의에 의하면 스타일이란 첫째, 화술이나 필체처럼 무언가를 말하고 행동하고 표현하고 혹은 수행하는 방식이며, 둘째, 문학이나 예술의 표현과 실행에서 나타나는 특징, 또는 특별한 개인, 집단, 학교, 혹은 지역을 특색 있게 만드는 행위라고 나와 있다.

잠깐 그 정의에 대해서 생각해보자. 그 정의에 의하면 스타일이란 누군가가 행동하는 방식을 의미한다. 그리고 기업 정책의 세계에 응용하면 업무를 완수하는 방식이라고 할 수 있다. 또한 경영전략가가 부하 직원의 경력을 파괴할 수 있는 방식이라고 할 수 있을 것이다.

이번 장에서는 경영전략가가 실행할 수 있는 열 가지의 방법을 다루고 있다. 여기에는 제일 먼저 경영전략가가 부하 직원의 부하 직원들을 직접 상대해서 부하 직원의 업무 수행 능력을 파괴하고, 공공연히 비방하고 또한 그 부하 직원이 믿을 수 없는 사람이라는 인식을 퍼뜨리는 전술이 소개된다. 그 전술은 부하 직원을 실패할 수밖에 없는 운명으로 몰아넣음으로써 완성되는데 잦은 실패는 그 사람이 실패자임을 입증하는 것과 다름없다.

경영전략가는 경영의 선두에 매복한 채, 자신의 부하 직원을 기다릴 것이다. 혹은 부하 직원에게 이상한 경영 스타일을 강요할 것이다. 그리고 결코 그를 돕지 않을 것이다. 경영전략가는 꼬치꼬치 따져 묻거나 결정을 지연하든지, 아니면 단도직입적으로 그만두라고 요구할 것이다. 이 전술들은 대응하기가 매우 곤혹스럽다. 그리고 많은 유능한 사람들을 바비큐로 만들었다.

부하직원의 부하직원을 직접 다루어라

> 나는 고통과 고문을 얼마나 참고 저항하느냐, 그리고 그것을 유리하게 이용하는 방법을 얼마나 알고 있느냐에 따라 인간의 의지를 평가한다.
> _프리드리히 니체(1844~1900)

경영전략가는 부하 직원의 능력을 파괴하기 위해서 이 전술을 사용한다. 어떻게 하는 것일까? 부하 직원의 부하 직원들이 상사의 상사와 직접 상대를 할 수 있다면 굳이 바로 위에 있는 상사와 상대할 필요가 있을까? 직원들은 반드시 해야 할 경우 이외에는 상사를 위해서 일하지 않을 것이며 자신의 상사를 무시하고 경영전략가의 뜻대로 행동할 것이다. 그렇게 되면 무슨 일이 일어날까? 그 부하 직원은 자신의 부하 직원에 대한 통제력을 잃고 그의 조직은 무정부 상태가 될 것이다.

경영전략가가 부하 직원의 업무 수행 능력을 파괴할 의도가 있다면 이 전술을 이용한다. 내가 지켜본 바로는 이 전술은 언제나 효과가 있었다. 한번은 이 전술이 부주의하게 사용되는 것을 목격한 적이 있다. 그때 그 상사는 부하 직원을 파괴하려고 의도한 것이 아니었다. 그러나 심지어 무심결에 발휘한 전술조차도 효과를 발휘했다.

부하 직원은 경영전략가로부터 구체적인 결과를 갖고 오라는 압박을 계속 받지만, 그의 밑에 있는 직원들은 일을 하지 않는다. 그래도 부하 직원이 자진해서 사직서를 쓰지 않으면 그때는 경영전략가가 임무 실패에 대한 책임을 물어서 사직 압력을 가할 것이다. 부하 직원이 상사가 자기 밑의 직원들에게 다른 일을 시키는 바람에 작업을 할 사람을 구할 수가 없다는 불평을 하면 경영전략가는 이렇게 대꾸할 것이다.

"나는 그 직원을 관리하라고 자네에게 보수를 지불하는 걸세. 그런데 그 일을 할 수 없다면 자네가 무슨 쓸모가 있겠나?"

이 말이 효과가 없으면 이런 말도 할 수가 있다.

"그렇다면 내가 그들에게 직접 지시를 해야만 되겠군. 자네가 내 지시를 그들에게 전달하지 못하니 말이야."

어느 쪽이든지 그 부하 직원은 궁지에서 벗어날 수 없고 그에 따른 결과를 감수해야만 한다.

실제로 이 전술이 쓰인 사례를 하나 들어보겠다. 작은 전자회사에서 특수 생산 라인의 생산 관리 책임을 맡고 있을 때였다. 나는 생산 관리부장 밑에서 일하고 있었다. 그의 직원은 모두 네 사람이었는데, 제각기 생산 라인을 하나씩 책임지고 있었다. 생산 관리 부장과 생산 담당 부장은 견원지간이었다. 생산 담당 부장은 우리가 공급업자로부터 부품을 가져오는 일을 하지 않아서 자신이 업무를 수행하지 못한다고 비난했다. 그 부장의 업무는 생산품을 출하하는 일이었는데, 그의 비난은 전혀 사실무근이었다. 부품은 충분했다. 다만 그의 부하 직원들은 계속해서 농땡이를 부리며 일을 지연시켰을 뿐이었다. 이 일로 인해서 우리 부장과 생산 담당 부장 사이에 불화가 격화되었다.

회사 조직이 재편됐을 때, 그 생산 담당 부장은 이사로 승진을 했고 우리 부장은 그의 밑에서 일하게 되었다. 새로운 이사는 우리 부장을 내쫓고 싶어서 안달이었지만, 우리 부장은 제 발로 회사를 나갈 생각이 없었다. 결국 새로운 이사는 우리 부장을 어떻게 제거했을까? 이사는 부장을 완전히 무시했다. 그리고 날마다, 어떤 경우에는 하루에도 두세 번씩 나와 다른 생산 관리팀 사람들을 사무실로 불러들여 회의를 열었다. 물론 부장은 항상 제외되었다. 우리는 해야 할 업무와 처리 방법에 대해서 이사로부터 직접 지시를 들었다. 우리 부장의 방침과 어긋나는 방침을 지시할 때면 이사는 이렇게 말했다.

"걱정하지 말게. 내가 알아서 할 테니까."

2주일도 못 돼서 우리는 부장과의 관계를 끊고 모든 업무를 이사와 상의하게 되었다. 한 달 후 우리 부장은 사표를 냈다.

다행스럽게도 이 이야기는 해피 엔드로 끝난다. 나는 부장 때문에 가슴이 아팠지만 그를 위해서 할 수 있는 일이 아무것도 없었다. 그는 자신의 사무실에 앉아서 천장만 응시할 뿐이었다. 그에게는 할 일이 없었고, 할 일이 있다 하더라도 이사가 그를 가만히 내버려두지 않았다. 이사로부터 직접 지시를 받은 우리는 부장의 지시를 무시했다. 오래지 않아서 그는 체념했다. 그는 퇴직을 하고 회사를 떠났다. 몇 달 후에 부장이 나에게 전화를 걸었고 나는 그가 들어간 새로운 회사로 자리를 옮겼다. 그리고 우리는 이전 회사에서보다 더 많은 수입을 벌어들였다.

나는 이 전술이 이용되는 것을 여러 번 목격했는데 이 전술은 부하 직원을 급속히 파멸시킨다. 대부분의 경우에 이 전술은 부하 직원이 '특별 임명'을 받게 될 것이라는 예고이다. 특별 임명이란 방목을 다르게 표현한 말이다. 경영전략가가 일단 이 전술을 사용하겠다고 결심을 하면 부하 직원의 생명은 바람 앞에 등잔처럼 위태로워진다.

또 다른 사례를 보자. 자재 담당 부사장은 부품 부족 때문에 날마다 제조 담당 부사장에게 씹혔다. 자재 담당 부사장이 어떻게 했을까? 그는 자기 밑에 있는 이사를 무시하고 부품 부족 대책 회의를 직접 관장했다. 이 회의는 곧 구매원과 그들을 감독하는 직원들에 대한 대대적인 숙청 작업으로 변했다. 그 이후로 자재부에서는 여러 번의 인사 이동이 있었다.

또 다른 사례는 생산부장 때문에 생산 일정이 계속해서 어긋났을 때 일어났다. 생산 부장은 대부분 아주 그럴듯한 수많은 핑계를 댔지만, 판매 손실을 만회할 수는 없었다. 부사장이 어떻게 했을까? 역시 당신이 생각한 대로이다. 그는 직접 생산부를 접수했고 마치 정원사처럼 생산 부장을 포함해서 많은 잡초들을 뽑아버렸다.

당신이라면 어떻게 이 전술에 맞서 싸우겠는가? 오직 신의 은총만이 이 전술을 멈추게 할 수가 있다. 정말이지 이 전술은 막기가 어렵다. 나는 아직 한 번도 이 전술에 당한 적이 없다. 그러나 이 전술이 나에게 적용된다면 당장 상사에게 달려가서 솔직하게 이야기를 할 것이다. 상사가 바라는 나의 역할이 무엇인지를 묻고 어떻게든 그의 사람이 되고 싶다고 간청할 것이다. 우리 부장의 경우에도 만약 그가 나처럼 행동했다면 그 이사는 단순히 그를 강등시키는 수준에서 만족했을 것이다.

생각해보라. 새카맣게 탄 고깃덩어리가 되는 것보다는 살짝 구워지는 고깃덩어리가 낫지 않겠는가.

화를 내는 전술

> 느닷없이 엄습하는 공포는 없다. 오직 공포를 예상할 때만 공포는 찾아오는 것이다.
> _알프레드 히치콕(1899~1980)

온갖 경영술에 대한 책들을 보면 한결같이 공개적으로 누군가를 비난하지 말라고 타이르고 있다. 차라리 상대를 당신 사무실로 데려가서 문을 꼭 닫은 뒤에 행동을 취하라고 씌어 있다. 왜 그럴까? 첫째, 그게 전문가다운 처신이며, 둘째, 그렇게 함으로써 고용인들은 자신이 한낱 고깃덩어리 이상의 존재라는 환상을 유지할 수가 있기 때문이다.

만약 당신이 어떤 직원을 잘근잘근 씹으며 굴욕감을 주는 장면을 다른 직원들이 목격하게 된다면, 그들은 자신들이 한낱 고깃덩어리에 불과하다는 사실을 깨닫고 두려워할 것이다. 그렇다면 이제 생각해보라. 경영전략가라면 어떻게 행동하겠는가? 그렇다. 당신의 짐작대로 그는 교과서의 지시와는 정반대로 행동을 한다.

나는 내 성격과 맞지 않아서 이 전술을 직접 이용하지는 않았다. 그러나 나는 여러 번 이 전술에 이용당했고 수백 번이나 이 전술을 목격했다. 언젠가 나는 너무나 화가 나서 회의 시간에 자제력을 잃고 한 부하 직원을 마구 몰아세운 적이 있었다. 하지만 곧 내가 잘못했다는 것을 깨닫고 그 직원에게 사과하느라 회의의 나머지 시간을 다 보냈다. 그러지 말았어야 했다. 결국 손해만 본 꼴이었다. 나는 내 밑에서 일하는 한 정당한 취급을 받을 것이라는 확신을 주기 위해서 일개 직원에게 쩔쩔매야 한다는 사실이 무척 기분 나빴다.

실제로 아무 때나 누구에게든지 화를 내는 경영자들이 있다. 그런 사람들은 깊이 생각하지 않고 행동을 한다. 생각하기도 전에 목표물을 겨냥해서 발사해버리는 것이다. 이 전술은 그런 것이 아니다. 이 전술이 효과를 보려면 매우 선택적으로 이용을 해야만 한다. 사람들은 늘 화를 내는 사람은 으레 그렇거니 하고 받아들인다. 그게 그 경영자의 경영 방식이라고 인식하고 혐오한다. 그러나 좀처럼 화를 내지 않는 경영자가 화를 내면 사람들은 그 사건을 아주 중요하게 받아들인다. 내가 화를 냈을 때, 사람들은 몇 달 동안이나 그때의 일을 두고 떠들었다. 고용인들은 나에게 곰이라는 별명을 붙이고 그 사건에 대해서 이렇게 평했다.

"사방에 진짜로 곰털이 날아다니더라니까."

잠깐 생각해보라. 비난을 받으면, 심지어 매우 부당한 비난을 받으면, 당신은 감정이 상한다. 그리고 굴욕감을 느낀다. 그나마 조용한 자리에서 공격을 받으면, 당신만이 유일한 목격자가 될 것이다. 하지만 공개적으로 공격을 당하면 모든 사람들이 굴욕을 당하는 장면을 보게 될 것이다.

"그는 형편없는 고깃덩어리야."

그 사건 이후로 그 부하 직원은 동료 직원들의 눈길을 피하게 마련이다. 그가 한낱 고깃덩어리에 불과하다는 것을 그뿐만 아니라 다른 사람들까지도 알게 되었기 때문이다.

자, 경영전략가는 이 전술을 어떻게 사용해서 부하 직원에게 사직 압력을 가할까? 그냥 써먹는다. 기회를 잡을 때마다 경영전략가는 부하 직원을 거세게 비난하고 되도록 많은 사람들이 그 장면을 목격하게끔 만든다. 그 경영전략가가 이 책에 소개되어 있는 다른 전술들까지 이용하고 있다면, 그는 이 전술을 이행하기에 적합한 여러 가지 상황을 만들었을 것이다.

이 전술에 맞서 방어를 할 생각인가? 어떻게? 큰 칼을 갖고 다니면서 다음에 나를 씹는 놈은 목을 잘라버릴 것이라고 말하겠는가? 유일한 방어책은 마틴 루터 킹 주니어의 주장대로 소극적 저항뿐이다. 물론 그렇다고 해서 회의 시간에 당신이 무참히 깨지는 것을 막을 수는 없지만 최소한 위엄을 유지하고 당당하게 머리를 치켜세울 수는 있을 것이다. 만일 상사가 너무나 자주 당신에게 이 전술을 이용한다면 인사부 사람들이 수상한 냄새를 맡고 그를 막을 것이다. 나는 가끔 이 전술에 당했지만 그때마다 전혀 수치심을 느끼지 않았다. 그 비난이 마땅히 받아야 될 비난이라면 나는 순순히 감수했다. 그것이 부당한 비난이라면 나는 오히려 어떤 우월감을 느꼈다. 소극적 저항은 살아남을 수 있는 유일한 방법이다. 좋다, 나는 고깃덩어리이다, 그게 어떻단 말인가!

이 상황을 어떻게 공격 무기로 바꿀 것인가? 당신은 인사부의 멍청이들이 끔찍하게 싫을 것이다. 그러나 그들 중 몇 사람, 아니 대부분을 당신의 동맹군으로 만들 수가 있다. 상급자의 권력 남용 행동은 법에 저촉되고 그런 일이 조직 내에서 일어나지 않도록 감시하는 책임은 대체로 인사부에 있다. 권력 남용의 증거들, 목격자들의 증언을 인사부나 당신 변호사에게 제시하라. 변호사들은 경영전략가들과 인사부의 멍청이들을 고깃덩어리로 만드는 것을 좋아한다. 무척이나!

단호하게 솔직히 말아라

> 첫눈에 서로를 싫어하게 된 여인들은 재빨리 환한 미소를 교환했다.
> _마르셀 푸(1925~)

부하 직원을 조직으로부터 떠나게 만드는 데에는 너를 좋아하지도 믿지도 않는다고 알려주는 것보다 더 좋은 방법이 없다. 그것은 부하 직원을 고깃덩어리로 갈아버릴 수 있는 또 다른 전술이다.

"나는 자네를 좋아하지도 믿지도 않네."

나의 한 친구가 경영전략가로부터 들은 말이다. 그 광경을 상상하는 것만으로도 나는 등골이 서늘해진다. 그것은 전쟁 선포와 같다. 그런 말을 들은 이상 이제 그 친구의 성공은 물 건너간 것이다.

그 경영전략가는 왜 그런 말을 했을까? 아마도 모든 복잡한 절차를 다 생략하고 단숨에 부하 직원을 다른 곳으로 쫓아내려는 일종의 도박이었을 것이다. 그렇게 함으로써 경영전략가와 부하 직원 모두 음모를 꾸미고 그에 맞서는 대응 전술을 펼치는 수고를 피할 수 있었다. 아무도 고의적인 게임을 할 필요가 없었고 조직력에도 흠이 가지 않았으므로 조직에도 도움이 되었다.

그 경영전략가는 자신의 본분을 다한 것일까, 아니면 판단 착오를 한 것일까? 내 친구의 경우에는 더없이 적절했다. 내 친구는 한 달이 안 돼서 회사를 떠났다. 만약 경영전략가가 나에게 똑같은 말을 했다면 이야기는 달라졌을 것이다. 나는 오히려 그 후에 이어질 맹공격에 철저히 대비했을 것이다.

대부분의 경영전략가들은 당신의 입지를 정확히 알려주지 않는다. 왜 그래야 할까? 일단 자기 편이라고 믿게 만들어놓으면 슈퍼마켓 냉동실에 산 채로 집어넣는다고 해도 아무런 저항을 받지 않는다. 자신이 사냥감임을 인식하지 못하는 무방비 상태의 부하 직원이라면 요리하기도 훨씬 쉽다.

그러므로 어느 면에서는 솔직히 말하는 것이 차라리 인도적인 태도

일 것이다. 이게 무슨 소리인가? 경영전략가들도 따뜻한 심장을 가진 인간이란 말인가? 터무니없는 소리라고 당신은 주장할 것이다.

하지만 그 경영전략가는 그 조직 내에서 내 친구의 직업적 성공은 끝냈다고 알려주었다. 그리고 내 친구는 그 경영전략가가 자신을 제거할 방법을 찾을 때까지 자리를 유지하거나, 아니면 다른 직장을 찾기 시작할 수 있었다. 이것이 경영전략가로서 해줄 수 있는 가장 인도적인 처사이다. 왜 부하 직원을 온갖 고통 속으로 밀어넣는가? 왜 자신을 온갖 고통 속으로 밀어넣는가? 그것은 마치 기간이 명시되지 않은 해고 통지서를 받는 것과 마찬가지다.

당신은 어떻게 이 전술에 대응하겠는가? 다시 앞에서 말한 제1법칙을 보라고 권유하고 싶다. 당신이 상사의 사람이 아니라면 어쩔 도리가 없다. 그때는 상사가 당신을 내동댕이치기 전에 나와야만 한다. 그런 후 다른 직장을 찾으면서 한편으로는 그들과의 관계를 개선시켜라. 그들 중에서 안면이 있는 사람들에게 알랑거리면서 혹시라도 누군가 경영전략가에게 당신에 대해 좋은 말을 해주기를 기도하라. 그게 실패하면 분쇄기를 피해서 재빨리 보따리를 싸라.

연 루 작 전

> 누구나 한 번씩은 허물어지고 있는 울타리를 밀어본다.
>
> _중국 속담

경영전략가의 법칙이 있다: 조직 내에서 일어난 모든 문제에는 확실하게 부하 직원을 연루시켜라. 그리고 문제를 조정하도록 부하 직원을 위원회로 보내라. 문제 해결에 실패하면 부하 직원이 문제를 조정하지 못했기 때문이라고 이유를 내세워라.

직장의 멍청이들을 다루는 방법에 대해서 나의 아버지는 일찍이 이런 조언을 해주셨다.

"네 자신이 오물을 뒤집어쓰지 않고는 그 똥 같은 놈들과 싸울 수가 없다."

인생의 정수를 담은 표현이다. 다시 말해서 멍청이와 싸우면 당신도 상처를 입게 될 것이라는 말이다. 혹은 자꾸만 실패와 관련이 되면 영원히 실패자가 된다는 말이다.

경영전략가는 어떻게 이 전술을 자신에게 유리하도록 이용할까? 그는 부하 직원을 한 명 선택하여 질 것이 뻔한 더럽고 치사한 전쟁터로 밀어넣는다. 번번이 부하 직원은 전투에서 패배하고 불쾌한 오점이 점점 진해진다. 그리고 몇 번의 패배가 되풀이되면 그 오점은 영원히 남는다. 그는 실패자다!

계속해서 질게 뻔한 전투장으로 끌려가는 부하 직원은 이제 스스로를 실패자라고 생각하게 된다. 다른 사람들은 그 직원이 할당받은 임무들을 보고 경영전략가가 이미 그를 쓸모 없는 사람으로 낙인 찍었음을 재빨리 깨닫는다. 그리고 그와 관련된 문제들로부터 발뺌을 할 것이다. 결국 그 직원은 혼자서 모든 문제를 떠맡아야 한다. 산자들 사이를 걸어가는 죽음의 신처럼…… 그가 패배하게 되는 건 너무나 당연하다. 불량 전구 인간들과 함께 어울리든지 아니면 짐을 꾸려서 이 땅을 떠나야 하는 것이다.

누군가를 제거하려는 경영전략가가 꼭 해야 하는 일들 중 하나가 결과의 정당성을 인사부 사람들에게 납득시키는 것이다. 그들은 쉽게 설득당하지 않는다. 그들은 멍청이들이다. 이 점을 기억하라. 당신이 인사부로 찾아가면 그들은 당신 편을 들지 않을 것이다. 그들은 당신이 조직의 이익을 위해서 그런 결정을 내렸다는 것을 믿지 않는다.

"어떻게 그럴 수가 있나요? 그 사람은 정말 좋은 사람이에요. 왜 당신은 그렇게 좋은 사람을 해고하려고……"

인사부 친구에게는 모든 사람이 다 '좋은 사람'이다. 그들은 결코 호감이 가지 않는 실패자를 만난 적이 없다. 경영전략가가 계속되는 실패의 기록을 가지고 가서 기준에 도저히 못 미치는 이 업무 결과에 어떻게 대응해야 하느냐고 문의하면, 인사부 친구들은 비로소 거미줄이 쳐지고 먼지가 소복이 앉은 몸을 움찔할 것이다. 당신은 그 흐리멍덩한 눈동자에서 비로소 아주 약간의 지적인 생기를 발견할 수 있을 것이다.

일단 부하 직원의 무능력을 입증하는 자료를 확인한 인사부 친구들은 들어 메치기 한판승이 아니라 사소한 징계로 모든 일을 끝내려고 할 것이다.

"일주일 감봉 처분이 어떨까요? 한 달 안에 업무 성과가 향상되지 않으면 해고를 하겠다고 말하면요?"

하지만 경영전략가가 인사부로 갈 무렵이면 그 부하 직원은 이미 죽은 목숨이다. 그는 단지 사형 선고를 기다릴 뿐이다. 경영전략가는 앞으로 진행될 과정을 이미 다 알고 있고 인사부 사람들이 그 부하 직원을 위해 어떻게 나올지도 알고 있다. "그 사람에게 한 번 더 기회를 주면 어떨까요?"

나는 인사부 사람들을 상대하는 데 지쳐버린 뛰어난 경영전략가를 상사로 모신 적이 있다. 인사부 사람들은 그가 누군가를 끝장내려하는 것을 절대 허락하지 않았다. 결국 그가 어떤 해결 방법을 찾아냈을까? 금요일 오후에 경영전략가는 부하 직원에게 월요일 아침부터 인사부에서 일하게 될 테니 인사부에 그렇게 알리라고 지시했다. 인사부 사람들은 그를 어떻게 해야 할지 몰랐다. 그렇지 않겠는가, 그들은 멍청이들이니까. 그 직원은 이틀 동안 인사부 사무실에 앉아 있다가 그 다음날부터 출근을 하지 않았다. 그 직원이 일주일 동안 나타나지 않아도 인사부 사람들은 그를 별로 찾지 않았고 나의 상사는 그의 무단결근을 내세워 인사부에 해고할 것을 요구했다. 이제 부하 직원의 문제는 인사 담당 이사의 책임으로 전가되었으므로 그 부하 직원에게는 당연히 해고 통지서가 날아갔다.

이 글의 요점은 경영전략가가 당신을 제거하려고 결심한다면, 당신은 어떤 일을 하든지 모두 실패를 볼 것이라는 점이다. 일단 실패자로서 명성을 얻으면 회사 내의 다른 조직으로 탈출할 수 있는 방법이 없다. 유일한 대안은 회사를 떠나는 것뿐이다. 기억하라. 깊이 새겨진 오점은 씻어지지 않는다는 걸.

매복

맹세코 나는 그대가 눈부시게 하얗다고 생각합니다.

지옥처럼 검고, 밤처럼 어두운 그대를.

_윌리엄 셰익스피어(1564~1616)

한 회사에서 쌓아올린 나의 화려한 경력은, 이 전술에 당하는 순간, 허물어지기 시작했다. 우리는 고객과 회사의 임원들(모두 다 우리 회사의 거물들이었다)을 신제품 발표회에 초대했다. 하지만 우리는 일정을 제대로 맞추지 못했고 도저히 따라잡을 수가 없었다. 기술팀이 계속해서 늑장을 부린 데다가 제품 생산이 시작되는 시기였던 것이다. 게다가 제품 디자인이 매일같이 바뀌는 바람에 우리는 새로운 부품을 구하기 위해서 정신없이 뛰어야 했다. 모든 일이 예정보다 늦어졌고 따라서 신제품의 생산도 늦어질 수밖에 없었다. 나의 잘못은? 물론 눈곱만큼도 없었다. 그러나 새로운 제품이 생산되기 전까지의 과정에서 구매팀이 제일 마지막 역할을 담당하고 있었으므로 우리가 주목을 받는 것은 당연했다.

우리 부서의 이사는 신제품 발표회에 대비해서 예행 연습을 시켰다. 나는 최소한 석 달은 지나야 신제품 생산에 들어갈 수 있으며 그것도 기술팀에서 약속한 날짜를 지켜야만 가능하다는 내용의 보고서를 발표했다. 그렇게 되면 나의 상사는 커다란 곤경에 빠질 수밖에 없었다. 앞으로 한 달 이내에 신제품을 보내주겠다고 모든 고객과 약속을 해놓았기 때문이었다. 석 달은 말도 안 되는 기간이었다.

예행 연습이 끝나자, 이사는 나를 자신의 사무실로 조용히 불렀고 내가 준비한 보고서를 고쳐 쓰도록 했다. 우리는 실상과 전혀 다르게 보고서를 작성했다. 상사는 이렇게 말했다.

"발표회 때에는 새로 쓴 보고서를 발표하고 예전 보고서는 치워버리게. 아예 갖고 오지도 말게. 이 보고서를 아무도 보지 않았으면 좋겠네."

훌륭한 군인이 되기 위해서는 무조건 상사의 명령에 복종해야 한다. 나는 상사의 지시를 따랐다. 마침내 내가 고객들과 회사의 거물들 앞에서 발표를 했을 때, 그들은 나의 보고 내용에 불만스러워했다.

"그래서 뭐란 말인가? 도대체 생산은 언제 시작될 예정이지?"

나는 도움을 구하는 눈빛으로 상사를 쳐다보았다. 상사가 나에게 아무것도 알려주지 말라는 지시를 내렸기 때문이었다. 하지만 상사는 나를 외면했다. 거물들은 계속해서 나를 공격했고 나의 상사는 조금도 나를 도와주지 않았다.

나는 아무 변명도 할 수 없었다. 이렇게 말할 수는 없는 일이 아닌가?

"여러분들! 저기 오른쪽에 앉아 있는 비열한 벌레를 보세요. 저 사람이 여러분에게 아무것도 알려주지 말라고 나에게 지시한 사람입니다. 그러니 내가 대답할 수 없는 질문들은 저 남자에게 물어보세요."

대답 한마디 하지 못하고 발표회가 끝났을 때, 회사 간부들은 완전히 나를 무능력한 직원으로 낙인 찍었다. 내 눈앞에는 굶주린 식인종들에게 둘러싸인 채 말뚝에 꽁꽁 묶인 내 모습이 번개처럼 스쳐갔다.

식인종들은 나를 보며 소리칠 것이다.

"우리에게 저 고깃덩어리를 줘!"

나는 나의 상사에게 매복 습격을 당했다. 몇 달 동안 상사의 자리를 보전해줄 제물이 된 것이다. 생산이 석 달이나 지체된 사실에 대해서 거물들은 어떻게 보고를 받았을까? 물론 짐작대로다. 모든 것은 필이 우리와 약속한 날짜를 지키지 않았기 때문이다. 필이 제 몫을 해주었다면 우리는 일정을 맞출 수 있었을 것이다. 사정이 이렇게 되면 필은 더 이상 자리를 지키지 못한다. 고깃덩어리가 될 수밖에 없다.

비슷한 결과를 낳은 또 다른 사례가 있다. 당시에 나는 막 어떤 조직을 책임 맡았는데, 그 조직은 굉장히 적극적이고 열정적인 직원들로 가득 차 있었다. 우리는 커다란 계약을 따내기 위한 전략을 기획 부장 앞에서 설명해야만 했다. 우선 나는 자료들을 갖고 우리 부서의 상사를 찾아갔다. 그리고 전체적인 설명은 내가 할 예정이지만 보다 자세한 사항에 대해서는 나의 부하 직원들이 대답할 것이라고 말했다. 나의 계획을 탐탁지 않게 생각하던 상사는 나에게 이렇게 지시했다.

"모두 각자 보고 자료를 준비해서 가져오라고 하게. 그리고 발표도 각자 시키도록 해. 기획 부장도 누가 누군지 알아두면 좋을 테니까 말이야. 게다가 그 방법이 자네가 혼자서 설명하는 것보다 훨씬 쉬울 거야."

상사의 지시대로 나는 부하 직원들에게 각자 자료를 준비해서 직접 설명을 하라고 명령했다. 물론 나는 직원들의 보고 자료를 일일이 읽어보지 않았고 다만 내 지시를 잘 따르고 있는지만을 확인했다.

그러나 상사의 지시를 순순히 따른 것이 나의 치명적인 실수였다.

나는 나의 상사가 살생부 명단에 내 이름을 집어넣었다는 사실을 몰랐다. 내 잘못이었다. 설명회가 시작되자, 나는 기획 부장에게 직원들을 차례로 소개하고 각자 발표를 한 후에 내가 전체적인 요약을 할 것이라고 알려주었다. 기획 부장은 그런 방식을 좋아하지 않았다.

"아니, 당신이 자재 과장이니까 당신이 발표를 하시오."

물론 나에게는 준비된 상세한 자료가 없었다. 나는 나의 상사를 바라보며 도움을 청했다. 그러나 그 개자식은 단지 미소만 지을 뿐이었다. 나는 어쩔 수 없이 발표를 시작했지만, 내가 전혀 준비를 하지 않았다는 사실이 곧 드러났다. 기획 부장은 계속해서 질문을 던지며 나를 공격했고 나는 번번이 내 부하 직원들에게 대답을 맡겨야만 했다. 심지어 나의 상사조차 몇 번이나 나를 공격했다. 마침내 설명회가 끝나자 기획부장은 나의 상사를 향해 돌아서서 말했다.

"당신들이 최선을 다해서 준비했다는 게 고작 이겁니까?"

물론 나를 지목한 말이었다.

이것이 그 상사가 나를 매복 기습한 첫 번째 경우였다. 두 번째는 우리가 입찰서를 제출했을 때였다. 나는 상사와 함께 최종 금액을 검토했다. 상사는 매우 만족해하면서 입찰서에 서명을 했다. 신청서는 회사로 올라갔다. 하지만 일요일 오후에 나는 상사의 호출을 받았다.

"필, 당장 사무실로 오게. 그 입찰서의 금액을 좀 줄여야겠네. 내일 아침 여덟시 전까지 끝내야만 해."

그날은 일요일이었고 나는 친구들과 파티를 벌이는 중이었다. 입찰 가격이나 논의하고 있기에는 정말 내키지 않은 시간이었다. 아무튼 나는 상사의 지시에 따랐다.

납품에 관한 기록 중에는 처음에 납품업자가 제안한 가격과 최종적으로 결정된 가격을 대비해놓은 자료가 있었는데 이것을 납품가 절감 기록이라고 부른다. 이 자료는 처음 제시한 가격이 협상을 통해 얼마나 많이 떨어질 수 있는지 판단하는 기준으로 이용되곤 했다. 그렇게 함으로써 앞으로의 납품 가격을 예견할 수 있었던 것이다. 내가 회사에 제출한 입찰서에는 납품업자들의 제안 내용과 과거의 납품가 절감 기록, 그리고 나의 부하들이 생각한 분석 자료와 설명이 담겨져 있었다. 나는 이미 내 부하들의 능력을 충분히 파악하고 있었기 때문에 매우 적극적인 입찰서를 제출했다. 그것은 구체적이고 현실적이며 실패할 위험성도 크지 않은 입찰서였다.

나의 상사는 몇몇 납품업자를 골라서 나에게 구매 가격을 더욱 낮추어보라고 요구했다. 내가 거절하자, 상사는 이렇게 대꾸했다.

"자네가 정 원한다면 자네 없이 나 혼자서도 이걸 할 수가 있네. 회사에서는 금액을 더 낮추고 싶어해. 나를 도와줄 건가 말 건가?"

결국 나는 협조했고 우리는 재무 담당자들이 원하는 금액까지 낮추었다. 하지만 그 금액으로는 도저히 일을 해낼 수 있을 것 같지 않았고 나는 그 사실을 상사에게 말했다.

"걱정하지 말게. 필요하다면 내가 자네를 도울 테니까."

그런데 그 상사의 도움이란 것이 참 기가 막혔다.

고객과의 계약이 체결되고 첫 번째 회계 감사가 시작되자 불똥이 나에게 튀기 시작했다. 나는 어떻게 그토록 낮은 입찰가를 제출할 수 있었는지 그 이유를 추궁당했다. 그것은 과거의 납품 제안서나 납품 기록들에 비추어 보았을 때 도저히 불가능한 금액이었던 것이다. 감사원들이 상사를 찾아왔을 때, 그의 대답은 한결같았다.

"필을 만나보시오. 그가 작성한 거니까."

본사에서는 내부 감사팀을 내려보내 조사를 했고, 조사가 끝났을 때 내 인생도 끝냈다. 회사는 계약을 따냈지만 수백만 달러의 손해를 보았다. 나의 상사는 감사팀이 나에게 화살을 돌리도록 도와주었다. 입찰서의 금액은 내가 쓴 것이었고 상사는 그것과 전혀 관계가 없었다.

나는 똑같은 사람에게 두 번씩이나 매복을 당했다. 당신은 첫 번째 일로 내가 어떤 교훈을 얻었으리라고 생각했을 것이다. 최고 기업가의 꿈을 꾸는 당신에게 이 글이 주는 교훈은 한 번 사기꾼은 영원한 사기꾼이라는 것이다.

이 두 가지 사례에서 나는 무슨 실수를 저질렀을까? 첫 번째 사례의 경우에 기획 부장이 여러 직원들의 설명을 듣고 싶어하지 않을 수도 있다는 것을 예상하지 못했다. 나는 나의 상사의 의향을 무시하고 처음 생각대로 설명회를 준비했어야만 했다. 두 번째 사례의 경우에는 절대로 내가 추산한 금액을 깎는 소신 없는 짓을 하지 말았어야 했다. 끝끝내 상사가 금액을 삭감하려고 하면 그가 직접 하도록 만들었어야 했다. 물론 그래도 잘못을 추궁당했을 것이다. 그러나 그때는 이렇게 말할 수 있었을 것이다.

"상사의 지시였습니다. 그분에게 물어보세요."

나는 다른 회사에서 이 대응 전략을 성공적으로 이용했다.

상사가 당신 앞길에 매복한 채 기습을 노리고 있다면 어떻게 대응하겠는가? 처음에는 아마 당하지 않을 수 없을 것이다. 하지만 또다시 똑같은 전술에 당한다면 그때는 순전히 당신 잘못이라고 하지 않을 수 없다. 당신이 어리석은 탓이니까 말이다. 혹시 당신에게 이 전술을 쓰려고 하는 경영전략가가 있다면 언제나 매복에 대비하라. 그리고 두 번 다시 그를 믿지 말아라. 그는 당신을 고깃덩어리로 생각하고 있으며 그의 날카로운 분쇄기는 언제든 당신을 갈아버릴 준비를 하고 있다.

스타일 강요

> 나의 스타일을 배워서 나를 파괴하는 사람이 나를 가장 명예롭게 하는 제자이다.
>
> _월트 휘트먼(1819~1892)

경영전략가들이 부하 직원을 떨어내기 위해 이용하는 또 다른 전술이 스타일 강요하기다. 경영전략가들은 포괄적인 시각으로 문제를 보는 직원에게는 꼼꼼하지 못하다는 비난을 한다. 꼼꼼하게 업무를 처리하는 직원에게는 포괄적인 시각이 없다고 비난을 한다. 그 부하 직원이 어떤 사람이든 상관없다. 그 부하 직원은 무조건 틀렸으며 경영전략가는 기필코 다른 스타일을 강요한다.

직장 생활을 하면서 나는 두 가지 비난을 모두 받았다. 처음 이 전술에 당했을 때, 나는 대학을 졸업한 지 겨우 5년밖에 되지 않은 풋내기였다. 그때까지 나는 전임 상사로부터 부하 직원들 중에서 유일하게 상황을 포괄적으로 파악한다는 칭찬을 받고 있었다. 그러다가 새로운 상사가 왔고 우리는 그와 전혀 맞지가 않았다. 그는 꼼꼼한 사람이었고 꼼꼼하지 않은 사람은 모두 덜렁이라고 생각했다. 한번은 그가 회의 시간에 나를 불러서 비난을 했다. 나의 경영 스타일은 "크게 보아라. 사소한 것들은 무시해라"였다. 그게 잘못이었다. 그 상사에게 경영이란 섬세한 레이스 뜨기와 같은 것이었다.

10년이 지난 후에 나는 너무나 꼼꼼하다는 이유로 비난을 받았다. 상사는 내게 이렇게 말했다.

"그렇게 모든 일을 꼼꼼하게 챙길 수는 없네. 자넨 사소한 일에서 벗어나야만 해."

그때 나는 겨우 40여 명의 사람들을 관리하고 있었고 그 일은 별로 힘들지 않았다. 그리고 나는 그들 각자가 하는 일을 알고 있어야만 했다.

사실 두 상사가 뭐라고 하든 나의 업무 스타일은 항상 똑같았다. 그러므로 두 사람이 나의 유형을 전혀 다르게 평가한 것은 참으로 흥미로운 일이었다. 어쨌든 그들의 조직에서 살아남기 위해서 나는 내 업무스타일을 바꾸든지, 최소한 바꾸는 척이라도 해야만 했다. 스트레스가 엄청 쌓였을 것이라고? 물론이다. 매번 그들을 만날 때마다 나는 그들이 좋아하는 업무 스타일을 기억하고 거기에 맞춰서 해결책을 제시해야만 했다.

그 두 사람이 나에게 어떤 영향을 미쳤을까? 그들은 나의 리듬을 깨뜨렸다. 달리기를 할 때, 사람들은 자신에게 맞는 리듬에 따라 결승전까지 달려가는 법이다. 하지만 두 상사들은 내가 일하는 리듬을 깨뜨렸고, 아무리 내 방식대로 업무를 계속 처리한다 해도 이전처럼 효과를 얻을 수가 없었다. 그들이 고의로 그랬을까? 두 사람 중 한 사람은 고의였고 다른 한 사람은 단지 고집 때문에 그의 방식을 따르기를 바랐다. 어쨌든 두 사람 다 나를 바꾸었고 내가 능력을 다 발휘하지 못하게 만들었다.

이것은 경영전략가가 부하 직원을 다룰 때 유리하게 이용할 수 있는 사소한 전술이다. 당신은 상사의 스타일과 타협을 해야만 한다. 당신의 스타일대로 일을 처리할 수는 없다. 나는 때때로 나의 스타일과는 전혀 맞지 않는 방식을 이용하는 것이 일을 끝낼 수 있는 유일한 길이라는 사실을 발견하곤 한다.

만일 당신이 그 전술에 당하는 사람이라면 어떻게 하겠는가? 당신의 리듬을 깨뜨려서 조금씩 당신의 속도를 느리게 만들려고 하는 경영전략가를 만난다면? 나는 나만의 업무 스타일을 개발한 이후로 그것을 바꾼 적이 없었다. 상사 앞에서는 스타일을 바꾼 척했지만, 골수까지 깊이 스며든 나만의 업무 스타일은 결코 변하지 않았다.

만일 당신이 이기고 싶다면, 그리고 생존하고 싶다면 한 가지 스타일을 개발하여 갈고 닦아라. 만약 경영전략가가 당신의 스타일을 파괴하도록 그냥 내버려둔다면, 그들은 당신과의 소규모 전투에서 승리를 거두게 될 것이다.

우 선 순 위 결 정

인간의 모든 결정은 자유이다. 비록 그 결과가 재앙으로 이어진다고 해도. 그런데 왜 그렇게 많은 사람들이 눈을 똑바로 뜨고 불행 속으로 곧장 걸어가는 것일까?

_엘리아스 사네티(1905~1994)

말썽에 휘말렸을 때, 당신은 누구에게 호소하는가? 아마도 상사를 찾아가서 도움을 구할 것이다. 상사의 임무는 당신을 고난에서 구하고 정책들을 실행하며 당신을 보살피는 것이다. 그리고 당신의 임무는 충성스럽게 상사를 보필하며 언제나 업무를 수행할 준비를 갖추는 것이다. 마치 결혼 서약 같은 소리이다.

당신이 상사를 찾아가서 도와달라고 요청한다면 무슨 일이 일어날까? 50개의 작업량이 떨어졌는데 당신의 조직은 30개를 소화해내기도 벅차다. 일에 차질이 생기리라는 것은 뻔한 일이고 그렇게 되면 누군가 징계를 받게 될 것이다. 그럴 때 당신은 상사를 찾아가서 도움을 요청한다. 그리고 어떤 일이 정말로 중요하고 어떤 일이 조금 덜 중요한지 결정해주기를 원한다. 정말로 중요한 업무는 반드시 꼭 해야만 하지만, 조금 덜 중요한 업무는 피치 못할 경우에 좀 등한시할 수도 있기 때문이다.

당신의 시각으로 보자면 상황은 꽤 명확하다. 누구든지 가장 목청이 크게 투덜거리는 사람의 업무부터 해결해주면 된다. 그러나 당신의 상사는 단지 목청이 크다고 해서 중요하게 생각하지 않을 수도 있다. 그러므로 상사가 어떤 기준을 가지고 일의 우선순위를 정하는지 반드시 알아두어야만 한다. 그것이 영리한 경영전략가다운 처신이다. 상사의 우선순위에 따라 업무를 처리한다면, 나중에 일이 잘못되었을 경우에도 살아남을 수 있는 기회를 얻을 수 있기 때문이다.

하지만 상사가 경영전략가라면 부하 직원에게 절대 자신이 어떤 일을 우선적으로 생각하는지 알려주지 않을 것이다. 그 이유는 무엇일까? 부하 직원이 그 말을 따라 일을 처리했다가 틀린 것으로 판명되면 바로 상사인 경영전략가가 대가를 지불해야만 하기 때문이다. 이 사회적인 상호 작용 안에서 누군가 반드시 고깃덩어리가 돼야만 한다면 경영전략가는 확실히 당신을 제물로 만들고 싶어할 것이다. 만약 상사가 아무런 조언도 해주지 않으면 당신은 스스로 결정을 해야 하며 일이 잘못되었을 때에는 모든 일에 책임을 져야만 한다. 즉 징계를 받게 된다는 의미이다. 경영전략가들은 멍청이가 아니다. 그들은 개인적인 감정으로 일을 처리하지 않는다.

당신이 감당할 수 있는 업무보다 더 많은 양의 업무가 맡겨진다면 어떻게 하겠는가? 업무의 우선순위를 결정해줄 수 있는 상사에게 도움을 요청하라. 끈질기게 요청하고 상사의 대답을 기록하라. 당신의 상사가 경영전략가라면 모호한 대답 이외에는 아무것도 기대하지 말아라. 설령 그가 뭔가 조언을 한다 해도 당신이 무기로 이용할 수 없는 모호한 말뿐일 것이다. 하지만 상사가 했던 말을 기록해둠으로써 당신이 말썽에 휘말렸을 때, 최선을 다했지만 상사로부터 아무런 도움도 받을 수 없었다는 증거를 보일 수가 있을 것이다.

이 전술이 당신의 생명을 구할지도 모른다. 그러나 실패한다면 앞으로 일어날 일에 대해 각오를 하고 있어야 한다. 어쨌든 당신은 임무를 수행하지 못했다. 그리고 그에 따른 징계를 피할 수 없다.

경영전략가가 되려는 꿈을 가진 당신을 위해서 한마디 조언을 하겠다. 부하 직원은 자신이 하고 있는 일에 당신을 끌어들이려고 애를 쓸 것이다. 그는 실패할 수밖에 없는 일에 당신의 서명을 얻어내려고 온갖 속임수를 다 시도할 것이다. 당신이 일단 서명을 한다면, 상사로서 당신은 부하 직원을 향해 날아오는 칼날을 막아줄 방패가 될 수밖에 없다. 그러므로 어떤 일이 있어도 섣불리 위험한 일에 서명해주어서는 안 된다.

당신은 부하 직원들에게 일을 시키고 봉급을 준다. 그러므로 그들이 임무를 완수하지 못하면 그땐 경영전략가로서 다른 유능한 사람을 구할 수밖에 없다.

부하 직원이 실패하기를 바란다면 그들 마음대로 일을 처리하도록 내버려두어라. 경영전략가에게 있어서 실패는 사형 선고와도 같다. 경영전략가는 절대 실패하지 않는다. 오직 경영전략가가 아닌 사람들만이 실패를 한다. 그 사실을 명심하라.

꼬치꼬치 따져라

> 내 생각에는 완벽한 수단과 혼란스러운 목표가 우리 시대의 특징인 것 같다.
> _알버트 아인슈타인(1879~1955)

이 전술의 의미: 부하 직원에게 출장 중 사용한 경비 내역을 동전 하나도 빼놓지 않고 설명하게 하라. 그리고 경비를 줄이지 못한 이유를

물어라. 그가 통화한 전화 내용을 모두 조사하고 왜 그렇게 통화가 많은지, 왜 그렇게 통화 시간이 길었는지 등등을 변명하게 하라. 전화를 불필요하게 많이 걸었다는 이유로 그를 징계하라.

이 전술은 부하 직원을 분노하게 만들어서 스스로 다른 직장을 찾도록 하는 방법이다. 만약 부하 직원이 경영전략가에게 경비 내역서를 제출하면 경영전략가는 시시콜콜 내용을 따지며 해명을 요구한다. 여기 한 실례가 있다.

상사: 저녁 식사로 20달러를 썼다는 게 무슨 뜻인가? 근처에 맥도널드 가게가 없었나?

부하 직원: 있었죠. 하지만 제 고객인 납품업자와 함께 식사를 했고 그가 음식점을 골랐습니다. 직업 윤리법은 납품업자로부터 식사를 대접받는 것을 금하고 있습니다. 어쩔 수가 없었어요.

상사: 그래도 다른 방법이 있었을 거야. 이건 너무 비싸. 또 이 전화 요금 청구서들은 뭔가?

부하직원: 아내에게 전화를 걸지 않을 수 없었습니다. 아내가 아프거든요.

상사: 그렇다고 15분 동안 전화통을 붙들고 있었단 말인가? 아내가 얼마나 아픈지 알아내는 데 그렇게 오래 걸린단 말인가?

부하직원: 아니오. 사실 더 짧게 끝낼 수도 있었습니다.

상사: 주의하는 게 좋을 거야. 그렇지 않으면 자네 인사 기록에 좋지 않은 평가서를 올리겠네. 여기 자네가 룸서비스를 받으려고 쓴 비용이 있군. 방에 앉아서 밥을 먹으려고 비용을 더 썼단 말이지.

부하직원: 기분이 좋지 않았습니다. 그래서 밖에 나가고 싶지 않았습니다.

상사: 겨우 방안에 처박혀 있기 위해서 예산을 초과했단 말인가? 그래서 뭘 주문했지, 가장 비싼 메뉴가 뭐였나?

부하직원: 모두 비쌌습니다.

상사: 그게 내 말의 요점이야. 게다가 자네는 공항에서 렌터카를 돌려주기 전에 기름을 채워넣지 않았어. 기름을 채워서 돌려주지 않으면 일반 주유소보다 두 배나 더 비싼 요금을 물린다는 사실을 몰랐나?

부하 직원: 차가 막혔습니다. 주유소에 들렀으면 비행기를 놓쳤을 겁니다.

상사: 그래? 회사 돈을 가볍게 생각하다니 심각한 문제로군. 이번이 마지막일세. 아니면 자네 인사 기록에 반드시 나쁜 평가서를 올리겠네. 그런 평가를 두 번 받으면 자넨 무급 휴가를 받게 될 걸세.

이렇게 경비 내역을 시시콜콜 따지다가 마침내 부하 직원의 인사 기록부에 나쁜 평가서가 첨부된다. 매달 전화 요금 청구서가 경영전략가의 책상 위에 놓이고 똑같은 의식이 시작된다. 왜 이 사람에게 전화를 했나? 왜 이렇게 통화 시간이 긴가? 이건 뭔가? 왜? 다시 더 많은 나쁜 평가서가 인사 기록에 올라간다. 그런 평가서를 몇 번 받으면 그 부하 직원은 일주일의 무급 휴가를 받게 된다. 그가 다시 사무실로 출근하면 똑같은 과정이 다시 시작된다. 그 부하 직원은 이제 어떤 일로 또다시 질책을 받게 될지 전전긍긍하게 된다.

이쯤 되면 경영전략가의 승리는 눈앞에 와 있다. 부하 직원은 매사에 두려워하고 경영전략가는 기뻐한다. 두려움은 부하 직원의 사기와 업무 태도에 매우 부정적인 영향을 미친다. 부하 직원이 경영전략가를 두려워하면 전투는 거의 끝난 것이다. 부하 직원이 상사에게 섣불리 저항하다가는 종말을 맞게 될 것이라는 생각에 감히 대항하지 못하게 되기 때문이다. 부하 직원은 무급 휴가 다음 단계가 퇴출임을 알고 있다. 대부분의 회사들은 직원에게 두 번씩이나 무급 휴가의 기회를 주지 않는다.

경영전략가에게 이 전술은 생일 케이크 위에 놓인 약간의 장식 같은 것이다. 그는 여러 전술들 중 하나를 이용해서 당신을 마구 두들기는 한편, 이 전술을 이용해서 당신을 조금씩 자극한다. 하나의 전술을 이용하는 것보다는 여러 개의 전술을 이용하는 편이 훨씬 더 효과적이다.

둘 이상의 전술이 적용되기 시작하면 상황은 체스 게임과 비슷해진다. 다음 공격이 어디에서 시작될지, 무엇을 잃게 될지 알 수가 없다. 당신의 상사가 경영전략가이며 당신을 제거하려고 한다면 당신에게 적용될 모든 전술에 대비하라.

이 전술에 대응하기 위해서는 식사 요금, 전화 요금, 팩스 요금 등 모든 지출 내역들을 자세히 기록해야만 한다. 당신을 파멸시키려는 경영전략가는 어떻게든 트집을 잡으려고 할 것이다. 이 게임에서 이길 수 있는 유일한 방법은 당신의 일기장 안에 모든 내용을 자세하게 기록하는 것이다. 상사가 당신의 인사 기록부에 좋지 않은 평가서를 첨부하면 당신은 그 평가서와 일기장을 들고 인사부에 있는 멍청이들을 찾아가라. 그리고 그 평가서의 부당함과 상사가 당신을 매도하고 있다고 주장하라. 항상 골치 아픈 소송에 휘말릴까 전전긍긍하고 있는 인사부 친구들은 반드시 당신의 상사를 부를 것이다.

지연 전술

> 인생이란 실제로 대부분의 사람들에겐 하나의 긴 유예이다.
>
> _헨리 밀러(1891~1980)

부하 직원은 종종 상사의 결정을 필요로 한다. 예를 들어서 당신이 맡고 있는 납품업자가 납품 기한을 지키지 않는다고 하자. 당신이라면 어떻게 하겠는가? 그 납품업자와의 계약을 끊고 다른 납품업자를 찾아야 하지 않겠는가? 경영전략가는 바로 이런 상황을 무기로 이용할 것이다.

경영전략가는 부하 직원이 도저히 손을 쓸 수 없는 지경에 이르도록 결정을 보류한다. 공급업자의 예를 보자. 거래 중인 납품업자가 납품 날짜를 지키지 않는다 해도 부하 직원은 상사의 허락 없이 거래를 끊을 수는 없다. 그래서 부하 직원은 결정이 떨어지기만을 기다리고 또 기다린다. 그 동안 납품업자는 점점 더 늑장을 부린다. 마침내 상사가 거래 중단을 허락할 무렵이 되면 이미 새로운 납품업자가 기한을 맞추기란 불가능하다. 그 결과 생산 일정에 차질이 생기고 경영진은 징계 대상을 찾는다. 그들이 누구를 희생양으로 삼겠는가? 부하 직원은 최초의 납품업자에게 제대로 납품을 받아내지 못했을 뿐만 아니라 능력이 없는 새로운 납품업자를 구했다. 이제 두말하면 잔소리다. 그 부하 직원은 참수를 당하고 분쇄기로 곧장 던져진다.

나에게 이와 비슷한 일이 일어난 적이 있었다. 그 당시에 나는 어느 회사의 구매 담당 부장이었다. 우리 기술자들은 한 납품업자로부터 여러 종류의 초소형 회로를 공급받고 있었다. 그 납품업자 때문에 곧 말썽이 일어날 것을 예감한 나는 제품 설계도를 변경하여 그 납품업자가 납품하는 부품을 제외시키자고 요구했다. 경영전략가인 나의 상사는 이렇게 대꾸했다.

"필, 그러지 말고 조금만 더 노력해보게. 지금 우리는 설계도를 변경할 예산이 없네. 게다가 생산 라인을 또 다른 디자인의 초소형 회로에 맞추려면 시간도 넉 달이나 더 걸릴 거야. 그러니까 자네가 문제를 좀 해결해보게."

나는 온 힘을 다해 그 문제에 매달렸지만, 납품업자의 주위를 끌기에는 내 힘이 너무 미약하다는 사실만을 깨달았을 뿐이다. 나는 곧 본사에 연락을 취했고 자재 담당 부사장과 함께 공급업자를 찾아갔다. 그래도 납품업자는 아랑곳하지 않고 계속 주문한 물건을 늦게 갖다주었다. 그때 내가 재직하던 회사는 상당히 거대한 기업으로, 우리 회사 전체에서 그 납품업자로부터 구입하는 물건만 해도 수백만 달러가 넘었다.

부사장은 내가 요구한 물건을 받을 때까지 회사 전체가 더 이상 그 공급업자에게 주문을 내지 않도록 조처했다. 비로소 깜짝 놀란 납품업자는 나와 부사장과 협상을 했다. 우리는 일단 늦은 일정을 만회하려고 주문 중단 조치를 철회하기로 동의했다. 납품업자는 약속을 지키려고 필사적으로 노력했지만 이미 그때는 우리의 생산 일정이 넉 달이나 늦은 후였다. 넉 달이면 새로운 납품업자를 구할 수도 있는 시간이었다. 우리 납품업자는 최초의 납품 기일을 넘겼을 뿐만 아니라 계속해서 생산 일정에 차질을 빚게 했다. 매달 새로운 핑곗거리가 생겼고 그에 따라 일정이 늦춰졌다.

지연된 넉 달에 대해서 누가 징계를 받았을까? 그렇다, 바로 이 책을 쓴 저자이다. 그 후 매달 일정이 늦어질 때마다 책임을 추궁받은 사람은 누구였을까? 역시 나였다. 나는 생산품의 디자인을 재설계할 수 있는 돈을 엔지니어들에게 마련해주고 그 공급업자의 부품을 빼버렸지만 이미 발생한 문제를 해결하는 데에는 아무런 도움이 되지 않았다. 상사가 적시에 결정을 하지 않고 나에게 문제를 떠넘겼기 때문에 나는 불미스런 일을 당한 것이다.

내가 이 전술에 이용을 당한 것은 상사가 나를 제거하려고 의도해서가 아니라 단지 결정을 내켜하지 않았기 때문이었다. 만약 어떤 결정을 내렸다가 그 결과가 나쁘게 나타나면 그때는 그들의 경력이 위협을 당했을 것이다. 상사는 위험을 감수할 생각이 없었다. 그래서 불쌍하고 멍청한 내가 그 대가를 치러야만 했다. 만약 경영전략가가 이 전술을 무기로 이용하려고 했다면 결과는 더욱 나빴을 것이다. 나의 실패를 꼬투리 삼아서 내가 납품업자 관리와 생산 지원에 무능력하다고 몰아세울 수도 있었을 테니까 말이다.

경영전략가는 부하 직원에게 상처를 주거나 그를 죽이려고 할 때 이 전술을 이용할 것이다. 사실 부하 직원이 어떤 일을 실행하기 전에 상사의 승인을 받아야 하는 경우는 아주 많다.

상사가 부하 직원을 해치려고 의도적으로 결정을 지연할 때 쓰는 몇 가지 방법이 있다.

1. 선정된 납품업자가 주문한 설비를 구입하기 위해서 당장 자금이 필요하다. 자금이 없으면 설비도 없고 6개월 이내에 생산을 할 수도 없다.

2. 새로운 기술 설계를 시험해야 한다. 비용이 드는 일이다. 실험되지 않고 생산성이 입증되지 않은 설계를 따르면 고위험이 발생한다.

3. 블랙 박스(비행 기록 장치)를 공급해야 하는 새로운 계약을 따냈다. 전기 기술자는 충분히 확보했지만 기계 기술자가 부족하다. 당신은 박스를 설계하고 당장 야기될 수 있는 급한 기술적 문제를 조종할 수 있는 기계 기술자가 필요하다. 기계 기술자가 없다는 것은 당신이 전기 기술자로 하여금 기계 기술자 일을 하게 할 것이라는 뜻이다. 그것은 재앙의 예고이다.

4. 당신은 예상 판매량을 예측하기 위해서 자본 설비가 필요하다. 그것이 없으면 생산율을 정확히 결정할 수가 없다. 리드 타임(제품 계획에서 완성까지의 시간. 혹은 기획에서 실시까지의 시간 - 옮긴이)은 일 년뿐이다. 지금 당장 주문을 해야 한다. 주문을 하지 않으면 설비를 갖출 수 없고 따라서 판매량을 예측할 수가 없다.

위의 보기는 상사가 제때에 결정을 하지 않음으로써 당신의 인생을 꼬이게 만들 수 있는 몇 가지 경우에 불과하다. 각각의 경우에서 상사는 결국 당신의 요구를 승인할 것이다. 하지만 최대한 늑장을 부릴 것이고 정작 요구한 것이 이루어질 때쯤이면 이미 당신은 고깃덩어리가 되어 있을 것이다. 상사가 당신을 잡아먹는 데 노심초사하는 사람이라면, 당신의 요구를 항상 늦게 승인할 것이다.

경영전략가가 결정을 지연하려고 이용하는 또 다른 방법이 팽이 돌리기다. 당신이 승인을 받기 위해서 보고서를 제출하면 상사는 트집거리를 찾아낸다. 그는 서류를 돌려보내고 당신은 다시 작성을 한다. 재작성한 서류가 다시 상사에게 올라가면 어떻게 될까? 상사는 계속 당신의 보고서에서 트집을 잡아낸다. 당신은 다시 서류를 돌려받고 상사가 좋아하지 않는 내용을 고친다. 다시 서류가 올라가고 다시 내려온다. 이런 과정은 영원히 계속될 수 있다. 당신이 이유를 물으면 경영전략가는 당신이 제대로 작성하지 않아서 사인을 할 수가 없다고 대답할 것이다. 물론 결국에는 상사가 보고서에 사인을 할 것이다. 그러나 그때는 이미 너무 늦은 후다.

이 전술을 어떻게 방어할 것인가? 항상 앞날을 예견하며 살라고 충고하고 싶다. 사실 대부분의 사람들에게는 불가능한 일이다. 당신은 이렇게 투덜거릴 것이다.

"이보게, 필. 나는 다음주에 일어날 일조차 알 수가 없네. 하물며 6개월 후의 일을 어찌 알겠나."

비행 학교에 가면 다음과 같은 말을 듣는다.

"조종석에서 머리를 내밀고 똑바로 전방을 주시하라."

수많은 조종사들이 나와 함께 비행 학교를 졸업했다. 우리들 대부분은 베트남으로 갔고 절반이 돌아오지 못했다. 하지만 죽은 사람들의 대부분은 자살이나 다름없었다. 그들은 앞을 보지 않고 머리를 조종석 안에 처박았다. 그리고 숲이나 나무 사이를 날아다니다가 부딪

치곤 했다. 정작 적의 손에 죽은 사람은 극히 적었다.

기업 정책도 다를 바가 없다. 머리를 바짝 쳐들어라. 그렇지 않으면 전몰자 추모비에 당신의 이름이 새겨질 것이다. 앞으로 닥칠 일을 미리 파악하고 당하기 전에 발빠르게 준비를 해야 한다. 상사가 고의로 승인을 지연하는 듯한 낌새를 보이면, 실제로 승인을 꼭 받아야 하는 날보다 한 달 앞서서 승인을 요구하라. 필요하다면 리드 타임을 허위로 조작하라. 실제로 준비 기간을 6개월로 예정하고 있다면 상사에게는 8개월이 걸린다고 말하라. 어쩌면 정말 8개월이 걸릴지도 모른다. 될수록 앉은 사람들에게 당신이 이미 결정을 요구했고 상사가 검토하고 있다는 사실을 알려라. 계속해서 상사를 압박하라. 당신이 아니라, 그를 고깃덩어리로 만들어라.

그만두라고 요구하라

> 사람들은 사랑이 아니라 두려움에 반응을 보인다. 물론 주일 학교에서는 이런 사실을 가르쳐주지 않는다. 그러나 사실이다.
>
> _리차드 M. 닉슨(1913~1994)

다른 모든 전술이 실패했을 때, 경영전략가는 단도직입적으로 당신에게 그만두라고 요구한다. 나 또한 그런 적이 있다. 놀랍게도 그 직원은 재빨리 다른 직장을 찾았다. 이 전술이 효과가 있는 것은 '네가 그만두지 않으면 너의 인생은 끝이다'라는 위협을 암시하고 있기 때문이다. 최소한 스스로 그만둔다면 제 발로 나갔다고 주장할 수가 있다. 반면 해고를 당한다면 경력에 오점을 남기는 셈이며 구직 과정에서 매번 그 이유를 설명해야만 할 것이다.

상사가 그만두라고 요구하면 어떻게 하겠는가? 나 같으면 그런 요구를 받기 전에 그만두라고 권하겠다. 물론 인사부의 멍청이들에게 달려가서 상사가 위협을 해서 불안하다고 불평을 늘어놓을 수 있다. 그러나 경영전략가라면 위협 따위는 하지 않는다. 나의 방법을 보기로 들겠다.

나: 자네 업무 실적이 내 기대치에 미치지 못한 걸 알고 있겠지.

부하직원: 이를테면 평가를 하시려는군요.

나: 자네가 다른 직장을 구하는 걸 고려했으면 싶네.

부하적원: 무슨 뜻입니까?

나: 우리 두 사람 다 이곳이 자네에게 적합하지 않다는 걸 알고 있네. 나는 자네의 업무 처리가 마음에 들지 않네. 자네도 나와 같은 생각일 거야. 그러니 자네가 변화를 갖는 게 어떤가 싶군.

부하직원: 제가 그러지 않겠다면요?

나: 어쩔 수 없이 내가 무언가 해야만 하겠지. 내가 형편없는 업무 실적을 관대하게 보아넘기지 않는다는 건 자네도 잘 알고 있지 않나. 어쨌든 자네가 원하는 대로 해줄 수 있을 걸세.

당신은 나의 경우를 보고 깨닫는 바가 있으리라고 생각한다. 나는 직원에게 계속 꾸물거린다면 갈아서 햄버거로 만들어버리겠다는 뜻을 알렸다. 그러나 노골적으로 말하지 않고 넌지시 암시를 했다. 대부분의 직원들은 한 번의 대화로 알아들었다.

떠나라는 요구를 받으면 떠나라. 상사는 당신에게 친절을 베풀고 있는 것이다.

정리

이 장에서는 경영전략가가 당신의 성공을 허물어뜨릴 수 있는 방법을 소개했다. 그들은 당신의 부하 직원들을 직접 관리함으로써 당신의 수족을 잘라내려고 할 것이다. 공개적으로 당신을 씹어서 모든 사람들이 당신을 고깃덩어리로 취급하도록 만들 것이다. 또한 당신에게 호감이나 신뢰를 갖고 있지 않다고 밝힐 것이다. 그것은 다른 직장을 찾아보라는 신호이다. 만약 그들이 조직에서 발생한 모든 실패에 당신을 확실히 연루시켰다면 절반은 당신을 실업 대열 속에 끼워넣었다고 할 수 있다. 그들이 경영자 앞에서 당신을 매복 공격했다면 이유는 단지 하나, 당신의 위상을 깎아내려서 불고깃감으로 만들기 위해서다. 당신이 무엇을 중요하게 해야 하는지 결정이 필요해서 요청하면 그들은 당신을 돕지 않을 것이다. 당신은 스스로 중요한 것이 무엇인지 파악하려고 노력해야 할 것이다. 때로는 꼬치꼬치 따지고 들어서 당신의 자신감을 점점 더 갉아먹을 것이다. 또한 당신이 죽을 지경이 될 때까지 결정을 유예할 것이다. 심지어 직접적으로 그만두라고 요구할 것이다.

상사의 목적이 당신을 해고하는 것이라면 이 전술들 중의 몇 개를 이용할 것이다. 어떤 상사들은 멍청하고 더 나은 방법을 모르기 때문에 이 전술을 이용하기도 한다. 그러나 일단 상사가 이 전술을 사용하고 있다면, 계획적으로 주도면밀하게 실행하는 것이라고 가정하라. 당신이 그를 멍청이로 생각한다면 그는 아마도 멍청할 것이다. 그러나 당신이 잘못 생각한 것이라면 당신의 몸은 밤새 고기 양념에 채워졌다가 이글거리는 불 위에서 구워질 것이다. 언제나 최악을 가정하라. 그런 다음 공격에 대비하라.

머리말에서 나는 당신에게 성공을 거두는 데 도움이 될 백여 개의 전술을 알려주겠다고 말했다. 이 전술들 중의 하나가 당신에게 도움이 됐다면 또는 도움이 된다면 당신은 헛되이 돈을 쓴 것이 아니다.

목적: 기업 세계를 정복하라

이 책을 읽은 후에 산의 정상에 오르고 세상을 지배하는 일에 관심을 갖게 되었다면, 이 책이 당신을 안내해줄 것이다. 이 책을 읽음으로써 당신은 이제 부하 직원, 당신의 동료, 그리고 기업 운영의 권한을 가진 경영자들을 다루는 방법을 알게 되었다. 멋진 사냥을! 당신은 이제 이 책을 손에서 내려놓을 수 있다. 그러나 당신이 뜻하는 것들을 얻을 수 있는 방법을 언제든지 다시 떠올릴 수 있도록 자주 이 책을 읽어보기를 권한다. 당신은 준비가 끝났다. 앞으로 나아가서 쟁취하라!

목적: 살아남기

직업적 성공을 위해서든 살아남기 위해서든 당신이 이 책을 샀다
면 반복해서 읽고 머릿속에 각인시켜라. 나는 당신이 죽음을 당할 수
있는 백여 개의 방법을 제시했다. 당신에게 닥칠 수 있는 모든 경우를
담았다고 말할 수는 없지만, 대부분을 담았다고 자신할 수 있다. 이
책을 다시 읽고 또 읽고 또 읽어라. 이 책이 당신을 구원해줄 것이다.

이 책의 내용과 더불어 공포가 사람을 죽인다는 사실을 기억하라.
상사가 내 뒤를 좇고 있다는 것을 알았을 때, 보통 사람들은 겁에 질
려서 어쩔 줄 몰라한다.

"오, 맙소사! 이 사람이 나를 때려눕히는 건 시간 문제야. 나는 죽었
어."아마 그럴지도 모른다. 그는 성공적인 기록들을 갖고 있고 숱한
사람들이 그의 손에 죽어서 부트 힐 묘지에 매장되었다. 당신은 공포
에 질린다. 당신은 어리석은 행동들을 하기 시작하지만, 그것은 단지
상사를 돕는 일일 뿐이다. 당신은 사방에 이력서를 뿌리고 상사는 그
사실을 알게 된다. 상사는 고위 경영자들에게 당신이 뭘 바라고 있는
지 이야기를 한다. 그 후에는 상황이 특별히 잘못되지 않는다 하더라
도 당신의 직업적 성공은 천천히 침몰한다.

절대 겁에 질리지 말아라.

나는 조종사로서 베트남에서 18개월을 지냈다. 나는 적에게 28번
사격을 당했고 두 번 부상을 입었으며 나의 승무원들 일곱 명이 부상
을 입었다. 하지만 나는 공포에 대한 자연스러운 반응을 억제할 수가
있었고 그 때문에 우리는 살아남았다. 내가 죽음을 가장 가깝게 느꼈

던 순간은, 나와 함께 비행하고 있던 조종사들이 너무나 겁에 질려서 항공기에 탄 모든 사람을 거의 죽일 뻔했을 때였다. 지금 내가 당신에게 하고 싶은 말은 경영전략가가 당신을 점심거리로 삼으려고 한다고 해서 미리 겁먹을 필요가 없다는 것이다.

이 책은 당신에게 닥쳐올 수 있는 거의 모든 전술들과 많은 대응 전술들을 제시하고 있다. 당신이 지레 겁에 질린다면 경영전략가는 싸움을 시작하기도 전에 승리를 선언할 것이다. 내가 제시한 여러 가지 전술들로써 당신은 싸움의 결말을 최대한 지연시킬 수가 있다. 나는 숱한 패배를 당했다. 그러나 나는 기회가 올 것을 믿고 조금씩조금씩 투쟁했다. 나는 일 년이나 성공적으로 경영전략가를 지연시켰고 그 시간은 우아한 탈출을 계획하기에 충분했다.

물론 나 또한 몇 가지 실수를 저질렀고 그에 대한 대가를 치렀다. 나는 당신이 나의 경험으로부터 배우고 나와 똑같은 실수를 하지 않기를 바란다. 기억하라, 공포가 죽음을 부른다는 것을, 그리고 인내가 많은 승리를 약속한다는 것을⋯⋯

경영전략가들이 당신 뒤를 좇아온다면, 그리고 어떤 기적이 일어나지 않으면 안 될 상황이 된다면, 신중하게 방어 계획을 세우고 이 책에서 소개한 모든 전술을 이용하라. 나의 충고를 지킨다면 당신은 고위경영자로서 살아남을 것이다. 기억하라, 경영은 먹느냐 먹히느냐의 싸움이다.

요리사가 될 것인가, 메뉴판에 올라갈 것인가? 모두 당신의 선택에 달려 있다. 행운을 빈다.

베테랑 직장인의 충고
먹어라 그렇지 않으면 먹힌다

1쇄 인쇄 2024년 1월 26일
1쇄 발행 2024년 1월 30일

지은이 필 포터
옮긴이 최인자
펴낸곳 굿모닝미디어
펴낸이 이병훈

출판등록 1999년 9월 1일 제10-1819호
주소 서울시 마포구 동교로50길 8 201호
전화 02) 3141-8609
팩스 02) 6442-6185
전자우편 goodmanpb@naver.com

ISBN 979-11-981417-4-3 03320